CONFRONTATION
OF THE CENTURY

世纪博弈

国际货币权力与中美金融关系
International Monetary Power and
Sino-U.S. Financial Relations

陈平◎著

时事出版社
北京

图书在版编目（CIP）数据

世纪博弈：国际货币权力与中美金融关系/陈平著.
—北京：时事出版社，2018.1（2022.12重印）
ISBN 978-7-5195-0164-8

Ⅰ.①世… Ⅱ.①陈… Ⅲ.①国际货币体系—研究 ②中美关系—对外金融关系—研究 Ⅳ.①F821.1②F832.6 ③F837.126

中国版本图书馆 CIP 数据核字（2017）第 317289 号

出 版 发 行：时事出版社
地　　　　址：北京市海淀区彰化路138号西荣阁B座G2层
邮　　　　编：100097
发 行 热 线：（010）88869831　88869832
传　　　　真：（010）88869875
电 子 邮 箱：shishichubanshe@sina.com
网　　　　址：www.shishishe.com
印　　　　刷：北京世纪优彩科技有限公司

开本：787×1092　1/16　印张：15.5　字数：240千字
2018年1月第1版　2022年12月第2次印刷
定价：98.00元

（如有印装质量问题，请与本社发行部联系调换）

教育部人文社科研究规划基金资助项目

目　录

第一章　导论 …………………………………………………（1）
　一、争议"货币战争" ………………………………………（2）
　二、现实与理论背景 ………………………………………（5）
　三、三大研究任务 …………………………………………（13）
　四、本书的内容结构 ………………………………………（15）

第二章　审视国际货币：三个维度 …………………………（18）
　一、国际货币的属性 ………………………………………（18）
　二、国际货币的功能 ………………………………………（23）
　三、国际货币的层级 ………………………………………（34）

第三章　国际货币权力与美元霸权 …………………………（39）
　一、权力的形态与层次 ……………………………………（39）
　二、国际货币权力 …………………………………………（45）
　三、美元霸权的识别与界定 ………………………………（49）

第四章　货币国际化与国际货币权力的生成 ………………（69）
　一、新综合现实主义 ………………………………………（69）
　二、货币权力生成的经济条件 ……………………………（75）
　三、货币权力生成的政治基础 ……………………………（87）
　四、美元霸权之谜 …………………………………………（96）

第五章　国际货币对抗：霸权国策略 ………………………（100）
　一、货币对抗的三个层次 …………………………………（100）
　二、货币对抗的目标与对手 ………………………………（102）

三、货币对抗：霸权国策略 …………………………………（104）

第六章　国际货币对抗：目标国策略 …………………………（121）
　　一、避让 ……………………………………………………（121）
　　二、转嫁 ……………………………………………………（123）
　　三、遏止 ……………………………………………………（124）
　　四、对抗 ……………………………………………………（128）

第七章　大国间的货币金融对抗 ………………………………（133）
　　一、美国对日本的货币掠夺与破坏（1983—1991）…………（133）
　　二、美国对俄罗斯的货币金融破坏（2014—2016）…………（151）
　　三、理解货币"帝国" ………………………………………（156）

第八章　21世纪以来的中美货币对抗 …………………………（161）
　　一、美国的对华战略遏制 …………………………………（161）
　　二、不可避免的中美货币对抗 ……………………………（164）
　　三、对华货币打击的条件与准备 …………………………（168）
　　四、阿喀琉斯之踵 …………………………………………（176）
　　五、不宣而战 ………………………………………………（179）
　　六、汇率"闯关" ……………………………………………（184）
　　七、惨重的代价 ……………………………………………（195）

第九章　世纪博弈的中国战略 …………………………………（199）
　　一、中国战略被动的根源 …………………………………（199）
　　二、特朗普当选与美国对华货币对抗的前景 ……………（205）
　　三、中国的分阶段应对策略 ………………………………（213）

参考文献 …………………………………………………………（226）

第一章 导 论*

随着中国的强势崛起，21世纪究竟是延续美国霸权还是进入中国世纪，一直为国际关系学界所热议。自格雷厄姆·阿利森（Graham Allison）提出"修昔底德陷阱"（Thucydides Trap）这一概念以来，作为新兴大国与当代霸权国，美中两国是否会因为权力争夺而落入"修昔底德陷阱"的问题，不时引起国际社会的担忧。有乐观的学者相信，在核子时代，基于最基本的人类理性，中美两国在21世纪很难重蹈两次世界大战的覆辙，不会为争夺世界霸权而在战场上展开殊死争夺。不过，绝大多数现实主义学者还是认为，即使中国不主动挑战美国利益，两国可以避免世界大战，两个国家在政治、军事、经济领域某种程度的对抗恐怕也难以避免。这是由霸权惯性，特别是守成大国与崛起大国之间的结构性矛盾所决定的。

本书把研究的重点聚焦于货币权力与中美货币金融关系。尽管学术界对"货币战争"这一概念存在不同观点，但与贸易对抗一样，国家间货币金融博弈是一个不可否认的现实存在。本书的基本判断是，中美两国已经处于货币金融对抗之中，这种对抗的概率还要持续较长时间，甚至成为决定两国21世纪国际地位转换的关键性影响因素。本书将就相关领域的一些问题，例如货币权力的概念、性质，货币权力的生成与操作机理，美国是否以及如何利用美元霸权对他国实施货币金融打击，中国如何应对美国可能的货币金融打击等问题进行深入系统的分析。

---

* 本书为教育部人文社科基金项目"国际货币权力与中国应对美元霸权策略研究"（项目编号：10YJAGJW002）的最终成果，相关研究亦得到大连海事大学基本科研业务费项目（项目编号：3132016361）的支持。

一、争议"货币战争"

在过去几年中，货币战争是经济领域最热门的话题之一。据不完全的统计，自 2007 年以来，以货币战争、金融战争、美元霸权等为题材的中文图书，仅仅国内出版的数量就超过数十种。特别是随着近年中美战略对抗的升级，各种唱空、做空中国的声音不时从西方传出，有关中美间货币金融博弈的研究、讨论日趋增多。大家在对中美货币金融关系给予极大关注的同时，围绕"货币战争"这一主题，在学术界、金融界和民间等不同层面展开了激烈的争论。

1. 强烈认同。部分学者、市场从业者以及媒体作者持有这种观点。其代表人物包括带有激进色彩的美国学者威廉·恩道尔（Frederick William Engdahl）、赫德森（Michael Hudson），华裔学者廖子光，日本学者吉川元忠，以及国内研究者宋鸿兵、丁一凡、雷思海、张庭宾等。其中，尤以宋鸿兵的 5 卷本《货币战争》和威廉·恩道尔的《金融海啸》产生的影响最大。这些作者认为，历史上西方大国内部以及大国之间围绕货币权力曾经展开长期、激烈的争夺。美元在二战后最终击败英镑成为国际主导货币，并在 20 世纪 70 年代后摆脱黄金和固定汇率束缚，成为真正的国际霸权货币。他们相信，被操纵的美元体系是一种经济武器；美国以及历史上不同时期的货币霸权，为获取经济利益或实现政治目标，以各种不同的方式操作和运用货币权力。在他们看来，所谓货币战争，既是国家间为争夺国际货币发行权而展开的对抗，也可以表现为关键货币国针对特定国家实施的货币金融攻击。

2. 断然否定。对"货币战争"持强烈反对态度的以金融市场精英人士为主，也包括一些在海外大学、研究机构任教或从事研究工作的华裔学者，代表人物主要有胡祖六、陈志武、王健等人。这些人普遍认为不存在国家间的货币战争，特别反对把众多历史事件的发生归因一小撮国际银行家争夺货币发行权的"阴谋论"观点。在针对宋鸿兵的《货币战争》一个早期版本的批评文章中，时任高盛集团董事总经理的胡祖六指斥该书对许多经济历史事件或人物的描述"缪误甚多，有些内容则断章取义、牵强附会、言过其实，或根本就是妄加猜测、肆意定论"，强调指控国际银行家制造金融危机的说法"离奇荒谬、有违常识"。① 另一位在美联储从事研究工作的华裔学者王健，也对少数政治精英或金融精英控制中央银行的观点持强烈的批评态度。②

3. 客观中立。与华裔金融精英条件反射式的否认货币战争的存在不同，学术界和部分市场人士对货币权力和货币战争持客观中立的态度。他们不认同神秘团体操纵一切的阴谋论观点，但也不否认货币权力和国家间货币对抗的现实存在。

关于货币权力，西方主流学术界不仅承认货币权力，对于货币权力的研究也已经非常深入。③ 在其经典著作《美元悖论》中，弗雷德·伯格斯滕（Fred Bergsten）在基本概念上区分了强弱两种权力——积极权力和消极权力（Bergsten，1975），并研究了两种权力的不同作用机制和来源。之后本杰明·科恩（Cohen，1977）和苏珊·斯特兰奇（Strange，1988），分别从不同的角度重新界定了货币权力，研究了货币权力的性质、类型、来源等基本理论问题。进入21世纪后，大卫·安德鲁斯（Andrews，2006）、科恩（Cohen，2013、2015）又在前述研究基础上，进一步深入将研究不同货币权力形态和决定，基本奠定了国际货币权力

---

① 胡祖六："子虚乌有的'货币战争'"，《财经》2007年第25期。
② 王健：《还原真实的美联储》，浙江大学出版社2013年版。
③ 西方关于货币权力研究的主要文献包括：Charles P. Kindleberger, *Power and Money*, New York: Basic Books, 1970; Fred Bergsten, *The Dilemmas of the Dollar*, New York University Press, 1975; Benjamin J. Cohen, *Organizing the World's Money*, New York: Basic Books, 1977; Susan Strange, *States and Markets*, Pinter Publishers, 1988; Jonathan Kirshner, *Currency and Coercion*, Princeton University Press, 1995; Adam Harmes, "Hedge Fund As a Weapon of State? Financial and Monetary Power in an Era of Liberalized Finance", YCISS Occasional Paper Number 57, 1999; C. Randall Henning, "The Exchange Rate Weapon, Macroeconomic Conflict and Shifting Structure of the Global Economy", EUI RSCAS Working Paper No. 11, 2005; David M. Andrews (ed.) *International Monetary Power*, Cornell University Press, 2006; Jonathan Kirshner, "Dollar Primacy and American Power: What's at stake?", *Review of International Political Economy*, 2008, 15: 3; Eric Helleiner and Jonathan Kirshner (ed.), *The Future of the Dollar*, Cornell University Press, 2009; Barry Eichengreen, *Exorbitant Privilege: The Rise and Fall of the Dollar and the Future of the International Monetary System*, Oxford University Press, 2011; Benjamin J. Cohen, *The Future of Global Currency: The Euro versus the Dollar*, Rutledge Publishers, 2011; Benjamin J. Cohen, *Currency and State Power*, in Martha Finnemore and Judith Goldstein eds, *State Power in a Contemporary World*, Oxford University Press, 2013。

研究的理论基础。

西方学界并不讳言货币地位的影响与大国对货币权力的追求。查尔斯·金德尔伯格（Kindleberger，1970）最早讨论了货币地位与国家权力的关系。伯格斯滕（Bergsten，1975）不仅最早明确分析了美元地位给美国带来的利益，同时指出货币权力可以使一国对其他国家施加影响或者免受其他国家的影响。① 几乎所有当代货币权力研究者都认为，货币、金融权力是国家权力的一部分。大国追求货币权力，一方面因为货币权力意味着巨大的经济权利、利益以及更多的宏观政策自主性；另一方面，通过货币权力的运用，还可以对他国实施强制，实现本国经济乃至政治和外交目标。可以说，作为最重要的国家权力之一，国际货币权力与一国政治与军事权力互为支撑。货币国际地位和货币权力的强弱，不仅关系到经济增长和稳定，也影响甚至决定一国在国际上的政治地位乃至兴衰成败。

自20世纪90年代中期开始，西方学术界开始将货币权力理论研究的重点转向货币权力操作。乔纳森·柯什内尔（Jonathan Kirshner）的《货币与强制》（Kirshner，1995）系统研究了货币权力操作的基本模式、策略和路径，是从学术角度系统、深入研究货币战争机理的第一部著作。东亚金融危机后，对冲基金（Harmes，1999）、汇率（Henning，2005）作为美国货币战争的工具和"武器"引起学界的关注。本·斯泰尔（Steil & Litan，2006）则分析了基于美元权力的美国金融权术的操作机理。国际货币基金组织中国处前处长埃斯瓦尔·普拉萨德在其《美元陷阱》（The Dollar Trap）一书中坦率地承认，美元的国际储备货币地位使美国享有通过债务货币化，"将主权债务违约成本转嫁外国投资者的特权"。② 这实际上含蓄地承认了某种形式货币战争的存在。

在中国国内，货币权力研究处于起步阶段，但过去的十几年中，有大量论文涉及"美元霸权"问题。研究的内容涉及美元霸权的来源、收益、可持续性（李海燕，2003；何帆、张明，2005；鲁世巍，2006；

---

① Bergsten, C. Fred, *The Dilemmas of the Dollar*, New York: New York Univ. Press, 1975, p.4.

② 参见该书的中译本：[美] 埃斯瓦尔·普拉萨德，刘寅龙译：《即将爆发的货币战争》，新世界出版社2015年版，第139页。

李向阳，2005；程恩富，2007；王湘穗，2009；陈平、管清友，2011）、对国际货币体系、外围国家经济以及国际关系的影响（黄河，2008；尹应凯，2009；王湘穗，2011；潘英丽，2012；陈平、何帆，2012）、与全球金融危机的关系等问题。在美国持续施压人民币升值之后，国内学者对美元霸权操作机理、应对策略的研究也逐步展开，并取得一些积极的成果（张斌、何帆，2004；丁志杰，2010、2014；华民，2010；姚大庆，2010；陈平、赵昌平，2016）。总体上看，中国主流学者虽然鲜有以"货币战争"为题发表研究成果，但大量与"美元霸权"相关文章的发表，表明中国学术界已经认识到大国货币金融对抗、博弈的历史客观性和现实可能性。

二、现实与理论背景

本书以货币权力为研究对象，试图通过历史和理论的分析，揭示国际货币权力的来源、类型、生成机制和操作机理，并在此基础上，针对当前中美货币金融博弈，提出中国的应对策略。提出这样的研究目标和内容，主要基于三个方面的原因和背景：

（一）中美紧张关系和中美货币金融博弈的升级

随着中国经济与军事实力的不断加强，美国对中国的战略敌意日益加深。自2011年美国推出"亚太再平衡"战略以来，美国不断强化对中国的地缘政治压力，在中国周边展开一系列军事和外交动作，刻意破坏中国和平发展的外部环境。与此同时，随着美国退出量化宽松政策，美元持续走强，各种"唱空"中国的言论甚嚣尘上，已经实际上揭开了对华货币金融打击的序幕。[1]

---

[1] 一个标志性事件是，在2016年1月瑞士达沃斯世界经济论坛年会上，公认的货币金融战前台操盘手索罗斯公开唱空中国，称"中国经济硬着陆不可避免"。随后，多家美资对冲基金开始在全球大肆做空人民币。

客观而言，美国不是世界上唯一拥有国际货币的国家，但美元无疑是世界上唯一的霸权货币。美元的霸权表现在：第一，在全世界所有货币中，只有美元拥有完全意义上的全部三大功能，也只有美元拥有全部三大货币权力，而瑞郎、日元、欧元要么几乎没有货币权力，要么只在部分层面具有非常有限的货币权力，远不能与掌控支付清算权和大宗商品定价权的美元相提并论。第二，鉴于美国的国际政治经济地位，美国操作美元权力几乎不受外部政治、经济条件约束。布雷顿森林体系解体，美元摆脱黄金"紧身衣"和固定汇率的束缚，使得美国有能力根据需要操纵汇率、商品价格和资产价格，针对特定国家实施战略性货币金融打击。

自美元登上全球舞台以来，美国对货币权力的经济和政治角色始终有着清晰的认知。货币权力作为美国金融权术（financial statecraft）的核心工具之一，也有着越来越重要的政治和经济影响。[①] 当前，对于极力阻挠中国走向复兴的美国而言，虽然不会放弃与中国进行军事对抗的手段，但在一些美国现实主义战略学者看来，与其与中国展开代价巨大而没有十足获胜把握的军事对抗，不如从根本上扼杀中国经济。只有削弱中国将经济资源转化为军事实力的能力，才是美国对抗中国"最后的王牌"。[②] 而要扼杀中国经济，具有巨大杀伤力而成本几乎可忽略不计的货币金融打击，是美国绝不可能放弃的优先选择。

作为美元体系中的一员，中国对美国主导的国际经济体系存在巨大依赖，这使中国在面对美元权力时处于十分不利的地位。中国是当今世界最大的对外贸易国、美国最大的贸易伙伴和美国最大的贸易逆差来源国，也是世界上最大的大宗商品进口国；中国对外贸易特别是大宗商品进口广泛采用美元计价结算；中国还积累了超过3万亿美元的巨额外汇储备——所有这些因素决定了中国对美元权力有着天然的敏感性。另外，中国超过40%的外贸依存度和超过60%的大宗商品进口依存度、

[①] 参见 Ben Steil and Robert E. Litan, *Financial Statecraft*, New Haven: Yale University Press, 2006, p.159。

[②] 参见 Peter Navarro, "Strangle China's Economy: America's Ultimate Trump Card?", *The National Interest*, February 1, 2016。

约60%的美元储备和美元结算占比，意味着中国相对美元权力的巨大脆弱性。[①] 虽然中国政府长期奉行稳健财政政策，在可以预见的未来，中国不太可能受到美元融资权的重大影响。但随着中国资本项目进一步的对外开放和汇率形成机制的进一步市场化，未来美元权力可能会在融资、支付清算、交易计价等方面对中国经济安全构成直接、巨大的威胁，中国对此不能不提前做好充分的研究和准备。

（二）反阴谋论与货币战争研究的污名化

近年来，由于一些反阴谋论者的话语权及其背后支持者的强大背景，对于货币战争问题的批评有扩大化、污名化的倾向。有关大国货币战争或关于货币权力的分析研究，很容易被扣上"阴谋论"的帽子。这并不难以理解——货币战争或货币对抗目前还缺少公认的概念界定和权威的理论研究；多数货币对抗研究都不是基于第一手的资料，各国政府也几乎从未公开过本国对他国发动货币战争的档案材料。权威史料的不足，使得货币战争问题成为国际政治经济研究中难度最大、最具争议的领域之一。

更令人尴尬的是，由于高度的政治属性，货币战争作为国家间激烈对抗的一种形式并未得到相关国家官方的公开证实，很难在正统学术界得到广泛认知和承认。一旦某位学者从事货币战争研究，很容易被扣上"阴谋论"的帽子，不仅遭受学术声誉上的损失，还会被排除在主流学术团体之外。货币战争与货币权力研究遭遇的这种尴尬，既反映了这一领域研究存在的一些问题和不足，也凸显出游走于国际经济和国际政治边缘的货币权力研究，一旦触碰到既得利益，其可能遭遇巨大的阻力和反弹。

我们并不认同阴谋论，也不会为任何形式的阴谋论辩护。在纷繁复杂的世界，认为各种重大政治、社会或经济事件都完全由一个神秘、庞大集团或组织阴谋策划，这种认识本身缺乏足够的历史和现实证据。一些民间研究者关于货币战争的研究，的确也存在论述逻辑上的缺陷和史

[①] 相关数据截至2014年底，数据分别取自中国商务部和中国人民银行网站。

料上的不足甚至失实。反阴谋论者对这类著作的批评，并非全无合理之处。然而，这并不能反证反阴谋论者的天然正确。相反，胡祖六等人的一些文章，在批评阴谋论的同时，其自身也存在明显的逻辑缺陷以及对部分历史事实的遮蔽和扭曲。

最为明显的一点是，即使反阴谋论者能够证明国际银行家没有为争夺货币发行权而策划阴谋，他们也无法否定货币发行权的重要性，更无法否定美国内部各个利益集团以及大国之间争夺货币发行权的事实。众所周知，美国历史上，不同利益集团之间为争夺货币发行权，两次设立中央银行未能成功。20世纪20年代之后，英国和美国围绕国际货币发行权展开持续40年之久的激烈争夺。欧元诞生以来，欧元对美元地位的潜在影响，也曾经一度让美国金融界和学术界忧心忡忡。

反阴谋论者的另一个逻辑缺陷，是他们未能提供足够的证据证明金融市场不会被私人机构或关键货币国所操纵。最近几年曝光的事实表明，包括外汇、黄金、石油在内，几乎所有主要金融衍生品都被高盛、摩根大通、花旗、巴克莱等美欧金融机构操纵，而这些操纵几乎都是建立在美联储操控联邦基金利率这一基础之上的。不仅如此，当这些国际投行在监管机构眼皮底下疯狂投机，最终引发2008年美国金融危机的时候，胡祖六关于"金融业是现代经济中竞争最激烈的行业之一"，是"现代经济中最受监管的行业"的说法，也就不攻自破。

反阴谋论者的第三个逻辑缺陷，是他们无法证明关键货币国政府，特别是美联储与私人机构之间不存在利益关系。反阴谋论者不得不承认，从代表最佳公共利益而言，中央银行理应是公共机构而非私有。几乎所有反阴谋论者都极力强调，美国联帮储储备体系不是纯粹的私人机构。然而，即使美国联邦储备委员会是政府机构，也无法否认地方储备银行的私人机构性质，无法否认美国货币政策最高决策机构中有约半数投票权明确掌握在代表私人金融机构的地方储备银行主席手中。当美联储与华尔街之间的旋转门以及财政部、美联储与华尔街投行之间种种难以言说的暧昧关系曝光之后，反阴谋论者所谓金融精英无法控制中央银行的观点就显得十分脆弱。当美联储不顾货币政策外溢效应，执意执行有利于本国而可能导致其他地区宏观经济动荡的货币政策的时候，所谓美联储的货币政策变化与新兴市场的金融危机仅仅是"巧合",① 美国无法通过美元的地位和美联储全球中央银行的职能为银行家谋私利,无法向全世界转嫁危机的观点,就更像是一种诡辩。

本书无意把反"反阴谋论"作为研究的主题。但反阴谋论者上述的逻辑缺陷表明,在对民间货币战争研究进行客观评价的同时,有必要从货币权力理论和历史与现实证据两个层面,对反阴谋论者的虚无主义认知及其内在的逻辑缺陷进行彻底的解析。在美国不断强化对华遏制,中美货币对抗近乎公开化的情况下,这种解析不仅有助于澄清事实真相,也将有利于排除意识形态偏见,把货币权力和货币战争研究推向深入。

(三) 主流货币权力理论研究的局限

在过去的20年中,作为国际政治经济学的一个分支领域,货币权力和货币对抗逐步受到主流学者的关注,特别是围绕美元权力、美元国际地位等问题,出版了一批重量级著作。然而,直到20世纪90年代,国际货币权力仍然是个"被忽视的研究领域"。时至今日,与国际关系的其他领域相比,国际货币权力的理论体系尚不完善,还存在很多研究上的盲区,特别是存在基本概念混乱、货币权力界定失范以及核心机理研究不够深入等问题。这些问题的存在,一方面极大地限制了货币权力理论在学术上的传承和积累,另一方面也无法为各国货币和经济外交实践提供有力的理论支撑,这不能不说是货币权力理论研究上的一个遗憾。

1. 基本概念体系混乱

国际货币权力研究发端于20世纪70年代,但在西方主流学术界,直到20世纪90年代中期才有学者开始以正式的理论术语定义货币权力的概念(Kirshner 1995; Lawton et al 2000; Andrews 2006a; Cohen 2000,

---

① 王健:"高端财访王健:还原真实的美联储",财经网,http://www.caijing.com.cn/2013-12-13/113687313.html。

2006）。或出于构建本人学术话语权的考虑，这些学者没有彼此协调建立统一规范的概念体系，而是各自命名了一套概念和术语体系，造成在权力基本概念上出现令人难以拆解的重叠和混乱。

例如，对于一国向他国施加的公开、直接的影响力或强制力，伯格斯滕命名为"积极权力"（positive power），科恩直接称之为"影响力"，斯特兰奇叫做"联系性权力"（relational power），而安德鲁斯则命名为"工具性权力"（instrumental power）。与"积极权力"相对的"免受强制的权力"，伯格斯滕叫做"消极权力"（negative power），科恩称为"自主"（autonomy），斯特兰奇和安德鲁斯则根本没有"消极权力"的概念。在斯特兰奇那里，与"联系性权力"相对的不是"免受强制的权力"，而是那种间接、非有意的权力（unintentional power），这种权力被她称为"结构性权力"（structural power）。在安德鲁斯那里，与"工具性权力"相对的也是间接、非有意的权力，但这种权力在他的"词典"里不是被称为"结构性权力"，而是匪夷所思地被叫做"联系性权力"——完全颠覆了斯特兰奇的概念体系。

更大的混乱来自所谓"结构性权力"概念。这一概念是科恩、斯特兰奇、柯什内尔等几代货币权力权威学者著作中都使用过的核心概念。斯特兰奇把"结构性权力"定义为"决定办事方法的权力，是构造国与国之间关系、国家与人民之间关系或国家与公司企业之间关系框架的权力"。[①] 科恩也认为"结构性权力"是"通过重写游戏规则获利的能力"。[②] 表面来看，两者含义似乎没有显著的不同，都强调某种结构、规则对于他人的影响。然而，仔细比较两位学者在不同文献中对"结构性权力"概念的使用，可以发现，他们对这一概念的理解其实有着非常巨大的差异。斯特兰奇的"结构性权力"概念虽然涉及对所谓结构——"关系框架"的构建，但她的结构性权力并非是指"结构"构建的能力，而是指来自"结构"的权力，特别是强调结构性权力以间接、非有意方式产生影响的特征。因此，在斯特兰奇那里，与"结构性权力"相对应的是那种公开、强制施加影响的权力——联系性权力。

[①] Susan Strange, *States and Markets*, Pinter Publishers, 1988, pp. 24–25.
[②] Benjamin J. Cohen, *Organizing the World's Money*, New York: Basic Books, 1977, pp. 54, 56.

科恩则不同,他将权力区分为"结构性权力"和"程序性权力",认为"结构性权力"是"导致规则改变的那种影响力和能力",而"程序性权力"是一种"在当前规则下获利的能力"。[①] 显然,科恩"结构性权力"的概念强调的是改变结构——"游戏规则"的能力和过程,而不是斯特兰奇那种由特定结构带来的间接、非有意的权力。就权力性质而言,科恩的"结构性权力"其实属于斯特兰奇"联系性权力"的一种。因为改变"结构"不仅需要公开运用权力,也必然是相关国家有意为之。

不幸的是,对于权力定义的混乱,在柯什内尔、安德鲁斯等新一代学者那里并没有得到解决。反而由于他们自我命名概念体系的加入,货币权力研究从知识的积累到理论体系的建构都面临更大的障碍,甚至由于概念歧义连正常学术交流也到了几乎无法进行的程度,以至于一些当代货币权力学者不得不专门撰文对相关概念内涵加以界定和澄清。[②] 尽管如此,问题并未得到有效解决,如何构建、形成关于权力和货币权力的一套统一、公认、权威的概念体系,仍然是当前货币权力研究面临的一个非常重要的课题。

2. 货币权力界定失范

如果说关于权力概念混乱的影响,还只局限于一般理论的层面,对货币权力识别界定失范,则直接影响到货币权力理论大厦的主体。一些学者,例如本杰明·J. 科恩,虽然认识到货币权力源于货币的国际功能和地位,但是由于基本概念的混乱以及对货币权力内涵理解的不同,西方学术界对货币权力的界定存在两个突出问题:第一,没有区分货币的权力和权利(利益)。主流学者没有清晰阐述货币权力和货币权利(利益)的关系,没有意识到这些利益并非独立于权力,而在很大程度上只是货币权力操作的结果。在一些文献中,货币权力被作为一种具体的国际货币收益(benefits),与诸如铸币税、宏观经济灵活性、威望等

[①] 尼克松政府于1971年废黜布雷顿森林体系,是美国利用其"结构性权力"改变国际货币体系结构一个非常显著的例证。

[②] Eric Helleiner, "Structural Power in International Monetary Relations". EUI Working Paper RSCAS No. 2005/10.

并列，其区别于货币利益的本质属性——强制和影响力，则被湮没在对于具体收益的陈说之中。① 第二，没有就界定货币权力的标准达成一致。主流学者多数只是从权力的一般性质——主动还是被动、直接还是间接、公开还是隐秘、具有明确意图还是无明确意图来界定权力，较少从国际货币的现实功能来界定、识别不同类型的货币权力并研究其生成和操作机理。即使是科恩这样的权威学者，也只是将货币权力仅仅局限在与国际收支相关的两个领域——延迟和转嫁调整的成本，② 未能基于国际货币的功能对国际货币权力加以完整、准确的识别，在事实上扭曲、遮蔽了真实的货币权力，大大降低了货币权力作为一种政治经济学概念被公众认知和接受的可能性。

3. 核心机理研究不足

未能正确地识别、界定货币权力，也就无法完整、充分地揭示货币权力研究的核心内容——货币权力的生成和操作机理。一些西方学者的研究只是孤立、静态研究货币权力的某一来源或影响因素，而非基于规范理论框架的多要素综合、系统研究。也有一些学者还纠结于权力一般属性的争论，实际上处于货币权力研究的核心议题之外。虽然后来的学者们试图做出一些尝试，但正如科恩所指出的，对货币权力的生成机理尚存在研究上的不足。③ 实际上，自伯格斯滕的奠基性研究——《美元悖论》出版之后，对于货币权力生成机理至今没有更加系统、超越性的著作问世。科恩虽然意识到货币权力与货币功能之间存在某种联系，但对货币权力的狭隘界定使其功亏一篑，而其明知错误却不愿进行对他而言轻而易举的理论修正更是令人费解。在货币权力操作机理研究方面，柯什内尔可能是一个例外。作为货币权力研究的新一代领军人物，他的代表作《货币与强制》（Currency and Coercion）对货币权力做出了迄今为止最具深度的研究。然而，他提出的货币操纵、货币依附以及体系破

---

① Benjamin J. Cohen, "Currency and State Power", In Martha Finnemore and Judith Goldstein eds., *State Power in a Contemporary World*, 2013, pp. 162 - 163.

② Benjamin J. Cohen, "The Macrofoundations of Monetary Power". In David M. Andrews eds., *International Monetary Power*, 2006, pp. 21 - 31.

③ Benjamin J. Cohen, "Currency and State Power", In Martha Finnemore and Judith Goldstein eds., *State Power in a Contemporary World*, 2013, p. 162.

坏只是货币对抗的三种形式，而不是他认为的三种货币权力。而且，就货币权力操作方式而言，柯什内尔的界定也并不严谨——三者既不在同一操作的层面，也不是同一个操作的主体。这不能不说是柯什内尔货币权力研究的一个明显缺憾。

三、三大研究任务

本书将阐述一个现实主义货币权力分析框架。围绕这一框架，我们试图完成三大主要任务：

首先，将阐述我们称之为"新综合现实主义"的分析框架的具体内容。这一框架包括功能、制度、智识、实力、结构等五大要素，我们试图将国际货币权力的来源、生成机理以及操作机理统一于这一框架，解释每一要素在货币权力生成中的角色以及它们对彼此的影响。我们认为，国际货币权力的最直接来源是国际货币功能，而国际货币功能的形成，受到国家实力、制度、智慧以及国际体系结构的影响。实力是整个分析框架中最根本的要素，这里的实力既包括一国的经济规模和竞争力，也反映该国的政治和军事能力。实力在货币现实主义框架中的重要性在于，它不仅是决定一国货币能否具备国际货币功能和国际货币权力的根本变量，同时它还通过影响制度的建构和智识的传播，间接地影响货币功能和货币权力的生成和操作。我们重视制度和智识在货币权力生成和操作中的作用，但我们认为，国家实力是更基本的变量，因为只有在一定的国家实力的基础上，制度和智识才能得以建构和传播，才能最终影响到货币功能和货币权力的生成。

也正是由于这个原因，就综合现实主义关注的主要是大国，特别是国际货币体系中的关键货币国。关键货币国具有最强的实力，最强的制度建构能力和智识生成、传播能力，其货币必然拥有最完备的功能和最强大的货币权力。在无政府的国际社会，大国通常最有意图运用货币权力来实现国家利益。小国则不然，他们没有实力推动本国货币的国际化，不可能构建任何形式的货币权力。相反，他们往往成为大国货币权力施加影响、获取利益的目标和对象。国际货币体系的结构很大程度上强化了这种局面：关键货币国拥有超过其他所有国家的货币权力，且较少受到外部约束，在该体系中居于主导地位，其他各国则处于该国货币权力的影响和威慑之下。

在我们的分析框架中，国家是国际货币关系中的主要行为体。我们承认非国家行为体——跨国企业、对冲基金、国际组织等在国际货币权力生成操作中可能发挥的作用和扮演的角色，但我们不认为非国家行为体有能力脱离主权国家独自操作货币权力。这不仅是因为非国家行为体依托于主权国家，更重要的是，只有主权国家才能提供国际货币权力的终极保证——实力。包括军事能力在内的国家总体实力，只有主权国家才可能具备。当然，也必须指出，军事实力虽然重要，但其也只是货币权力生成的必要条件，而非充分条件。

本书的第二项任务，是利用上述新综合现实主义分析框架，识别关键货币的货币权力，理解货币权力何以有效，认识货币权力的生成和构建的机理，认识关键货币国操作货币权力的策略和路径。我们将以美元为研究关注的重点，着重分析美元霸权的权力结构和生成基础，我们将主要结合布雷顿森林体系解体以来的国际货币对抗，分析美元霸权的操作路径和其他国家基本的应对策略。分析过程中，我们将试图对有关货币权力和美元霸权的争议问题，提出自己的观点。本书涉及的主要理论问题包括：

1. 如何定义货币权力，如何界定货币权力的属性和类型？为什么国际货币具有不同的层级，为什么实力在货币层级形成中会发挥决定性作用？

2. 货币权力来自何处，如何生成、获得国际货币权力？货币权力的生成是一个市场自发的过程，还是政府主动介入并施加影响的结果？为何布雷顿森林体系解体强化而非消解美元权力？为什么美元能成为国际货币体系中的顶级货币，而其他国家的货币最多只能成为次要的国际货币？

3. 美元有哪些货币权力？美元权力如何以及为何高度有效？大国为何追求货币权力？

4. 如何界定货币权力的操作路径？美国政府与私人金融机构在货币权力操作中各自扮演何种角色？美国操作货币权力可能实现何种国家利益？货币权力操作是否存在局限？目标国应对货币权力操作一般有哪

些策略？

本书的第三项任务，是把对货币权力生成、识别、操作的理解，应用于分析当前中美货币金融博弈。我们将分析美国为什么必然对华运用货币权力，分析美国对华货币金融攻击的目标、策略和最新进展。我们也将检讨中国应对美国货币金融攻击的策略及其失误，分析为什么人民币会成为中国宏观经济的软肋，为什么"8·11"汇改可能导致中国金融战败。我们将对特朗普时代中美货币金融对抗的形势做出预测并提出中国的应对策略。

应该说，分析当前国际货币对抗，对学者而言是一项艰巨的挑战。学者并不掌握来自决策层的可靠信息和政治、外交、经济方面各种事态的最新动态。我们只能根据各种可以公开获取的信息，对我们观察到的中美两国货币对抗的进展进行分析。这种分析未必非常精确，但通过廓清争议、做出预判并通过事态进展加以验证，我们仍然可以大致梳理出两国货币对抗的内在逻辑和现实影响，也可以大致检验新综合现实主义分析框架的有效性，这对于进一步完善货币权力理论，使其能够分析、指导国家间货币金融对抗具有非常重要的意义。

四、本书的内容结构

本书以下章节主要完成上面提出的三项任务。第二章，我们分析国际货币的基本属性、基本功能和地位层级。我们首先分析不同货币属性的涵义及其决定，了解货币功能的识别和界定，认识货币属性在货币功能生成中的角色和影响。我们综合了斯特兰奇、科恩等人对于货币地位的界定方法，从货币功能和货币权力两个维度，界定顶级货币、重要货币和一般货币三种不同层级的国际货币，分析它们的不同之处及其背后的决定因素，并将顶级货币作为本书研究的主要对象。

第三章，我们将定义货币权力，讨论货币权力的性质和类型，研究货币权力何以有效。我们首先从权力的形态和层次这两个不同层面，讨论权力的性质。在此基础上，我们界定国际货币权力的三个权力属性：实体权力、程序性权力、积极权力。接下来，我们以美元为对象，分析关键货币（顶级货币）的货币权力，识别并界定美元的三大实体权力，详细分析每一种货币权力的性质、来源。我们特别关注美元货币权力何以有效，详细分析每种货币权力的作用机理以及美国政府机构、美联储在美元权力作用机制中的角色和影响。这是本书最核心的内容之一。

第四章，讨论货币权力来自何处、如何生成和获得货币权力。我们将详细介绍新综合现实主义分析框架，识别、定义货币功能、制度、智识、实力、结构等货币权力的关键来源。我们将具体分析如何在经济层面推动货币国际化，研究政治和国家权力在推动货币国际化和货币权力生成中的关键作用和影响。本章乃至本书研究的一个重要问题是，为什么有的国家货币成为顶级货币，而有的国家的货币只能成为次要的国际货币，甚至根本无法实现国际化？借助新综合现实主义的分析框架，我们将分析德国马克、日元、欧元与美元在货币功能、制度、智识和国家实力上的差距及其对当今国际货币格局的影响。这将为我们更好地推动人民币国际化，有效生成和强化人民币的国际货币权力提供理论上的借鉴。

第五章和第六章将进入本书另一个关键的理论部分——货币权力操作机理和应对策略。第五章首先提出了货币对抗的三个层次，分析了货币对抗的目标和对象。本章的重点之一，是分析关键货币国如何操作货币权力实现国家利益，这也是本书研究的另一个重点和难点。我们试图超越西方已有研究的局限，识别、定义货币霸权国货币权力操作的四种策略，并对每种策略的操作路径和作用机制进行具体解析。第六章从货币权力操作目标国的角度，分析这些国家如何以有利于自己的方式对货币权力操作做出反应，我们提出了这些国家应对货币权力操作的四种基本对策，分析每种对策的内容、适用条件以及各自的局限。

第七章，在理论分析基础上，我们研究大国货币对抗的两个经典案例——美国对日本的货币掠夺、破坏以及美国对俄罗斯的货币金融破坏。我们将分析美国对两国发动货币战争的历史背景，拆解货币掠夺、破坏的主要策略、方法和路径；分析日本在货币对抗中的策略及其错误，澄清关于美日货币战的一些争议问题并提出我们的观点。

第八章和第九章，我们聚焦进行中的中美货币金融对抗。第八章将分析中美货币对抗发生的背景、必然性以及美方为此进行的准备，指出为什么人民币汇率是当前中国经济的"阿喀琉斯之踵"，为什么量化宽松退出意味着美国在货币金融方面对华不宣而战。在此基础上,本章重点研究中国"8·11"汇改的背景、失败的原因及付出的代价。第九章首先从理论上分析中国陷入战略被动的根源,结合特朗普政府的施政,研究未来中美货币金融对抗升级的可能性及影响,最后提出中国应对美国货币金融挑战的近期和中长期对策。

第二章 审视国际货币：三个维度

在具体展开对国际货币权力的讨论之前，我们有必要首先对国际货币做一个比较深入、全面的了解。我们将从三个维度来解析国际货币：一、货币属性。国际货币需要具备一些特殊的属性，才能被人接受并使用。需要明确具备哪些属性才能成为国际货币，以及如何才能具备这些属性。二、货币功能。具有一定的功能是成为国际货币的核心要件。需要了解成为国际货币需具备哪些功能，满足什么条件才能拥有这样的功能。三、货币层级。不同国际货币具有不同的功能和地位，处于国际货币体系中的不同层级。需要明确如何识别界定国际货币的地位和层级，是什么原因导致国际货币的分化。理解不同货币属性、功能的经济含义，认识不同国际货币的功能、地位差异和关键国际货币地位形成的复杂性，将为研究货币权力的来源以及生成、操作机理奠定基础。

一、国际货币的属性

一国货币要走出国境，在国际经济交易中扮演角色乃至获得一定地位和权力，必须具备一些基本的、对这种货币的使用者具有吸引力的特殊属性。

（一）安全性

安全性是影响货币持有者持有信心的首要因素。货币的安全性指一国货币不会因国内政治动荡或遭受军事安全威胁而影响货币的功能、信用甚至其存在。一国货币要成为国际货币，在国内要能够保持政治稳定

(Tavlas, 1997), 确保不会由内部政治方面的原因, 例如发生社会动乱、政权颠覆等情况而使该货币及其计价资产持有者的权利、利益受到侵害。在国际层面, 该国要能维护本国主权安全, 能够有效抵御外国入侵, 在与外国发生冲突甚至战争时能够赢得最后的胜利, 确保不会因为战争失败或者战争引起连带后果, 令该国货币及其计价资产持有者遭受权利和利益上的损失。

货币的安全性要求货币发行国具有稳定的国内政治制度, 并且是军事上的强国。历史上的英国和当今的美国均符合这样的条件。两国都拥有稳定的国内政治和法律环境, 都是军事强国。英国曾经拥有海上霸权, 美国坐拥当代全球军事霸权。在鼎盛时期, 作为世界军事和政治的主导国家, 两国不存在被他国从军事上击败的可能。这种优势, 不仅使历史上的英镑, 也使现在的美元成为世界公认的"避险货币", 使美国成为全世界的"避险天堂"。这种强大的安全效应, 在英镑和美元成为顶级货币的过程中, 都起到极为重要的推动和保障作用。

(二) 稳定性

货币的本质在于信用, 在信用货币时代, 货币信用的基本体现是其币值的稳定。国际货币作为国际间交易的中介和财富储存的载体, 一个必要标准也是看它的价值会不会不规则波动 (Cooper, 1986)。

缺乏稳定性的货币其国际货币功能会受到极大的影响。国际货币交易媒介功能与交易成本有关。货币汇率的波动越小, 交易费用 (避险成本) 越低 (Swoboda, 1969)。如果汇率不稳定, 则会显著影响该货币的交易成本, 削弱其作为结算货币的地位。此外, 国际货币币值具有重要的价格信号作用, 币值不稳定会扭曲价格的信号传导作用, 导致货币持有者付出较高的信息搜寻成本, 造成该货币作为计价货币的需求下降 (Tavlas & Ozeki, 1992)。汇率不稳定对储备货币功能影响更大。外国政府和企业是否愿意持有一国货币标价的资产, 与这种货币能否保持汇率稳定, 能否保持货币实际购买力有直接关系。一种货币的稳定性或"未来价值的可预测性"越强, 其作为储备货币的地位就会越强 (Hayek, 1978)。综合上面的情况, 如果一种货币不稳定, 特别是存在贬值的预期或压力，就会影响货币的结算、计价功能，更会进一步削弱其作为储备货币的地位。当人们对一种货币未来稳定性的怀疑开始加深时，逐步转向其他货币就是一个顺理成章的选择。

正因为如此，汇率稳定性成为决定货币国际化成败和大国间货币地位变化的重要因素。19世纪的英镑和20世纪的美元之所以成为全球主导货币，与两种货币在国际化进程中长期保持币值稳定有直接关系。一旦这些货币失去稳定性，特别是汇率持续贬值，其货币地位必将受到影响和削弱。英镑在1931年、1949年、1967年三次大规模贬值，外国持有的英镑资产大规模转移出伦敦，直接导致了英镑从国际货币体系塔尖上的坠落。[①] 日元在20世纪90年代后国际化的失败，一个最直接的原因，是国内金融危机发生后，汇率大幅度波动使日元信用受损，动摇了日元作为国际储备货币的地位。即使强大如美元，在每个贬值周期，其作为储备货币的地位也都有明显削弱。[②]

国际货币的稳定性要求货币发行国必须保持审慎的宏观政策。不负责任的宏观政策和缺乏远见的发展模式可能间接削弱货币信用。一国过度宽松的货币政策，特别是基础货币的过度投放，可能引起通胀的快速上升，这会使该国货币内在价值下降。此外，国家信用是货币信用的基石，一国如果奉行过于宽松的财政政策，会在中期影响该国的通胀、国际收支、债务水平，大大增加该国政府信用破产，最终诉诸债务货币化的风险，削弱该国货币信用。

历史上，美元、日元、欧元、英镑这四种全球货币都在一定程度上出现过"信任危机"。前述英国三次贬值的背后，与英国在几个时间段过于宽松的宏观政策有直接的关系。20世纪60年代，美国过于宽松的货币和财政政策，导致美国国际收支赤字逐年扩大，美元的信用严重受损，美国黄金储备大规模流失。1999年，诞生之初的欧元，似乎比美元更适合承担国际本位币的角色——欧元区当时的通胀水平更低更稳定，其超主权央行的特征显然较美联储独立性更高，欧元因此一度被人

---

① 参见 Alec Cairncross and Barry Eichengreen, *Sterling in decline: the devaluations of* 1931, 1949 *and* 1967, Palgrave Macmillan, 2003。

② 这方面早期的一篇文献，参见 Blinder, Alan S, "The role of the dollar as an international currency", *Eastern Economic Journal*, Spring 1996。

们认为是美元的强有力竞争者。然而，时隔不久，部分国家债务风险的暴露和欧盟在统一财政政策方面的先天缺陷，削弱了欧元的信用，令欧元挑战美元的前景变得晦暗不明。

在保持宏观经济政策稳健的基础上，一国可以通过将本国货币盯住黄金或其他可信资产，从而直接提升货币信用。英国在18世纪开始将英镑盯住黄金，美国在1971年之前长时间将美元盯住黄金，都极大地提升了货币的国际吸引力。[1] 1925年4月，英国将英镑重新盯住黄金，也有类似的意图。不过，增信措施虽然可以立竿见影地提升一国货币的信用，但只要其宏观政策不能同步保持稳健，增信的效果就将难以持续。英国在恢复金本位后，并没有有效稳定国内宏观经济；美国在20世纪60年代中期以后开始事实上实施"善意忽略"政策。两国货币的稳定性和信用因此受到严重的伤害，黄金储备的流失最终迫使两国货币分别在1931年和1971年放弃盯住黄金。

（三）流动性

作为国际货币，流动性是实现交易中介功能的关键条件。较高的流动性不仅意味着更低的交易成本，同时也意味着更低的交易和持有风险。因此，提高一国货币及其计价资产的流动性，可以改善一国货币作为国际结算、投资和储备货币的功能表现，提升私人和政府持有该种货币的意愿。

流动性与支付清算网络覆盖的广度直接相关。某一货币的支付清算网络在国际范围内覆盖面越广、交易规模越大，意味着交易者越有条件便利地将所持该货币及其标价资产转换成其他种类的货币和资产。同时，国际货币具有明显的网络外部性和规模经济性。[2] 人们总是愿意和与自己进行大多数交易的人持有同样的货币。一种货币的交易网络覆盖

---

[1] Barry Eichengreen, *Golden Fetters: The Gold Standard and the Great Depression*, New York: Oxford University Press, 1992, p. 42.

[2] Paul Krugman, "The International Role of the Dollar: Theory and Prospect", in John F. O. Bilson and Richard C. Marston, eds., *Exchange Rate Theory and Practice*, Chicago: University of Chicago Press, 1984, p. 262.

越广,国际持有规模就可能越大,参与交易的人就越多,其单位交易成本也就越低,这反过来会刺激更多人持有、交易这种货币。国际货币的这一特征与国际语言十分相似,查尔斯·金德尔伯格在其一篇著名的文章中指出,语言的选择和货币的选择一样,很大程度上都取决于使用者的规模。[1]

在政策层面,货币流动性受到货币发行国经济管制的直接影响。一国对经济实施管制的程度,诸如资本项目和经常项目的可兑换程度、国内资本市场的开放程度、金融监管的力度和覆盖范围,会直接影响该国货币及以该国货币标价资产的交易便利性和交易成本。一般而言,不实施资本管制从而保证货币流动性是实现国际化的必要条件。那些存在较为严厉资本管制的国家,其货币因为流动性方面的缺陷,作为交易中介和价值储藏的功能会受到极大削弱,因而无法或只能实现有限的国际化。

(四) 收益性

货币不仅是交易中介,同时也是一种投资的工具。在保证安全的基础上,投资者可能会追求持有某种货币以获得更高收益。预期收益越高的货币,越可能被外国政府、企业和私人所持有,越有可能成为交易中介和储备货币。

货币的收益性取决于两方面因素:其一,某种货币本身具有相对其他货币的升值潜力。这种潜在的升值预期如果未来兑现,将使持有者获得比持有其他货币更高的币值重估收益。其二,以该种货币计价结算的可投资资产有更高的收益。在金融市场,以某种货币计价的投资产品越丰富,投资产品收益率越高,这种货币作为投资、储备货币的吸引力通常就越高。

上述两个因素不是孤立的。在良好的经济环境中,比如较快的经济增长、较强的经济竞争力以及良好的资本市场监管条件下,汇率和资产

---

[1] Kindleberger, "The Politics of International Money and World Language", Essays in International Finance No. 61, Princeton University, 1967, p. 29.

价格可能形成正反馈，从而给投资者带来超额收益；反之，在经济减速、资产价格高估、资本外流的情况下，则可能发生负反馈，此时汇率贬值会带动资产价格下跌，而资产价格下跌也可能带动汇率贬值。而一旦出现负反馈，持有该国资产的投资者将遭受汇率贬值和资产价格的双重损失。该国货币作为国际储备和交易中介货币的吸引力，将遭受重大打击。这正是2015年下半年至2016年上半年在中国真实发生的情况。

总体上看，上述作为国际货币存在基础的各种属性不是相互平行、独立的，不同属性之间可以相互影响，甚至彼此替代。最典型的例子，作为储备货币，货币的稳定性和收益性是至关重要的，但是考虑到安全性，有时即使某一种货币在这两个方面存在缺陷，它仍然会被作为储备货币。例如，美元收益性、稳定性有时并不是最好，但由于美元具有最好的安全性，美国被视为避险天堂，美元仍是全球最主要的储备货币。再如，作为计价单位，稳定性是唯一有价值的货币属性。但是由于企业竞争力、产品异质性的原因，计价单位稳定性的要求不一定被在交易中占优势的一方所重视，因为他们通常有权选择本币作为计价单位，币值稳定与否不会对其产生任何影响。而大宗商品的计价，由于国家政治和军事权力的介入，更是完全与货币稳定性无关。

二、国际货币的功能

货币之所以重要，根本的原因是其在经济活动中具有重要的功能。一国货币要成为国际货币，必须具备比其在国内更加强大的功能。国际货币的功能，决定了其在国际交易中能够扮演何种角色，这种角色和影响力的不同，进一步决定了该货币在国际货币体系的层级和地位。国际货币功能也是国际货币权力的载体。国际货币功能的形成过程，决定了不同货币权力的性质和不同的生成路径；货币功能的运行方式，决定了不同货币权力的操作模式和利益实现机制。可以说，国际货币功能研究是货币权力研究的关键基石。不深刻理解国际货币功能的形成和决定，就不太可能真正理解货币权力的生成和操作的机理。

(一) 国际货币的三大功能

1. 交易中介

作为交易一般等价物，是货币存在的最基本意义所在。交易中介功能是货币最基本的功能。在货币出现前，商品交换只能采取物物交换的方式，不仅交易成本高，也受到时间和空间的限制，达成交易的难度很大。货币出现之后，任何交易都可以通过货币为中介来进行，物物交换的时间和地域限制被打破，大大降低交易成本，极大地促进了商品交换和商品生产的发展。

作为交易中介，国际货币一般需具有价值的稳定性。国际交易者在与外国发生交易时，不仅要考虑交易活动自身的盈利性，也要考虑交易结算货币汇率波动的影响。交易者在一次交易中获得某种外国货币，在持有这种外币期间如果发生贬值，将令交易者承受额外的汇兑损失。正因为如此，币值相对稳定的货币更有机会成为国际交易媒介（McKinnon，1969）。而信用不佳、稳定性差的货币，作为一般等价物的可接受性就会受到影响，甚至完全不被接受。

国际货币的交易中介功能与其流动性有直接关系。流动性意味着国际货币交易便利且成本低。交易不便和过高的交易成本，不仅阻碍交易的达成，也会影响一国货币作为交易中介的功能。在现代信息技术条件下，交易成本由支付清算网络规模和金融市场发达程度决定。要降低交易成本、提高交易便利性，需要在全球范围内建立分布广泛的交易网络。一种货币的国际交易网络分布越广大，金融市场越具有深度和广度，交易成本越低，使用该种货币进行交易的规模就会越大，也就越容易形成对使用这种货币进行交易的惯性。不过，交易网络的构建并不容易。一方面，构建交易网络需要金融机构投入大量资金和人力，金融机构有无能力进行投入非常重要。另一方面，要建立具有一定规模的交易网络和金融市场，从根本上取决于一国经济的规模。特别是在初期，即使金融机构有能力完成网络建设，但如果没有足够的对外经济规模，跨境业务收入不足以弥补交易网络的运行成本，这种网络的存续能力就存在很大问题。正是这种交易结算网络对经济规模的要求，决定了在全球近200种货币中，只有少数货币能够成为主要的结算货币。

2. 计价单位①

交易活动会产生对交易计价的需求，即寻找特定物品作为价值标准，衡量商品的单位价格和总的交易规模，为支付结算并最终完成交易创造条件。货币之所以能够执行计价单位的功能，正如衡量长度的尺子本身有长度，称东西的砝码本身有重量一样，货币本身具有交换价值（如黄金），或被人类赋予其交换价值（如信用货币）。没有交换价值的东西，不能充当计价单位或价值尺度。

从这个角度讲，货币并不是唯一可以作为计价单位的物品。其他任何有交换价值的物品，只要交易双方认可，都可以作为计价的标准。但与这些计价标准相比，货币具有它们难以比拟的优势。首先，货币具有天然或法定的、为交易各方共同接受且稳定的交换价值。而其他物品的交换价值要么在不同的交易者那里难以被接受，要么其交换价值频繁波动，给交易带来不便。其次，相对其他物品，货币作为计价单位更容易形成规模效应和网络外部性。市场交易者如果都以某一种货币作为计价单位，既可以提高使用这种货币交易的便利性，也更容易形成同类商品的可比价格，使商品交易定价更具透明性和可比性，从而利于促进市场的竞争和产品的创新。显然，由交易方选择的个性化计价标准无法做到这一点。

诸多学者的研究表明，作为计价单位，流动性和收益性对计价单位的影响不大，甚至可以忽略不计，重要的是货币的稳定性（Giovanni，1988；Devereux，Engel and Storegaard，2004；Engel，2003）。这种重要性可以从两个方面理解：一方面，在微观意义上，无论对出口商还是进口商而言，计价货币的选择是决定盈亏的关键因素。汇率不稳定会给交易结果带来极大的不确定性，甚至可能使原本盈利的交易变为亏损。因此，为了控制风险和实现盈利，许多厂商倾向于用低汇率波动性国家的货币计价。另一方面，在宏观层面，计价货币的稳定同样非常重要。计价货币的不稳定可能引起交易价格的剧烈波动，不仅严重扭曲价格信

---

① 在国内文献特别是一些教材中，计行单位有时被称做价值尺度。

号，导致资源的误配，更可能加大经济波动的风险。

除了货币属性，货币的计价单位职能还会受到其他两个因素的影响：

一个是产品的异质性和市场依赖。计价货币的选择，在很大程度上取决于在交易中占据优势的一方的主观决定。在商品呈现异质性的市场，企业越是具有竞争力，产品越是具有市场地位与技术独占性，企业在交易中的话语权越强，就越有权力决定选择以何种货币计价交易（Tavlas，1991；McKinnon，1979；Krugman，1984；Rey，2001；Ito etc，2010）。一般而言，国际贸易中存在一定"生产者货币计价"（PCP）的倾向——有更强议价能力的企业将选择本国货币以避免汇率风险，这种现象后来被称做"格拉斯曼法则"（Grassman's Law）（Grassman，1973、1976）。但也有一些企业出口选择进口国货币计价（LCP）或第三方货币计价（VCP），这既可能是出口国对进口国市场依赖性的某种反映，也可能是第三方货币具有更好的稳定性的结果（Ito etc，2010；Fukuda & Ono，2004）。总的来看，工业化国家之间的制造业贸易以PCP 计价占主导地位，在发展中国家与工业化国家的贸易中，发达国家占有产品竞争力和市场依赖的双重优势，因而主要以发达国家的货币计价结算。

另一个因素是国家权力。在一些特殊的市场，比如产品无差异、在特定市场（最典型的如各种大宗商品市场）交易的行业几乎都采用国际关键货币——美元计价。西方学者对此的解释是：一方面，大宗商品是均质的，用单一货币为商品计价可以提升价格的国际可比性和市场透明度；另一方面，国际关键货币具有较低的交易成本（McKinnon，1979；Carse & Wood，1979）。也有学者认为，在高度同质的市场，计价货币的选择受到"羊群效应"（herding effect）的影响。当一种货币在特定市场确立地位后，小的价格接受型企业总是发现最好的方式是跟随，选择另外一种计价货币则可能引起产出和边际成本的波动（Goldberg & Tille，2006；McKinnon，1980；Krugman，1980；Bacchetta & Van Wincoop，2005）。

不过，这些在理论上似乎合理的解释无法得到历史的验证。20世纪 70 年代以前，国际石油交易并非只有一种计价货币，而是多种货币同时计价。例如，美元和英镑平分了二战前后的欧洲石油进口支出。"参与马歇尔计划的16个欧洲国家其特定年份全部石油进口的货币标价构成中，美元是重要的支付货币（平均占到全部石油进口的40%），但绝不是唯一处于压倒性地位。"[1] 然而，情况在布雷顿森林体系解体后不久突然发生了变化，中东和欧佩克国家的石油出口全部采用美元计价，20世纪80年代之后设立的世界主要三大基准原油期货——西得克萨斯中质原油（WTI）、北海布伦特原油（BRENT）和迪拜原油（DUBAI）价格，也均采用美元计价，这使得美元占石油交易计价的份额几乎达到100%。

为什么网络效应、产品同质性、最大石油生产国地位这些因素加在一起，一直到二战后很长时间都没有使美元相对其他货币取得优势，而在石油危机发生后不久，美国却突然获得排他性的大宗商品计价地位？这并不能用一般的经济原因加以解释，而只能从国际政治的角度去寻找答案。事实上，像石油这种战略性资源品的计价，既不由货币属性决定，也与产品竞争力以及是否同质性无关。在这样的交易中，决定计价单位的是国家权力。20世纪70年代，美国利用自身实力与沙特签订了一项秘密的"不可动摇的协议"，迫使沙特同意继续将美元作为出口石油唯一的定价货币。[2] 由于沙特是世界第一大石油出口国，加上美国的影响力，欧佩克成员国以及其他石油生产国也最终接受了这一协议，并在20世纪70年代末逐步扩展到其他大宗商品和大宗商品衍生品交易，最终确立美元的全球计价主导货币地位。

3. 价值储藏

与普通货币一样，国际货币可以退出流通领域作为社会财富的一般形式储存起来。货币可以被储存，是因为其具有价值和交换价值。在信用货币时代，纸币的价值和交换价值由法律所赋予，这使其具有了可以

---

[1] Livia Chiţu, Barry Eichengreen, Arnaud Mehl, "One or Multiple International Currencies? Evidence from the History of the Oil Market", http://www.voxeu.org/article/there-room-more-one-international-currency, March 2014.

[2] 参见 Darid E. Spiro, *Hidden Hand of America Hegemony: Petrodollar Recycling and International Markets*, Connell University Press, 1999。

被储藏的价值基础。

货币不是价值、财富储藏的唯一选择,从未来收益的角度,储藏货币有时也未必是最优选择。社会中许多商品或资产,例如艺术品、房地产,都可以作为价值或财富储藏。在一定时期内,储藏这些商品、资产的收益率可能远高于储藏货币。但问题在于,这些商品或资产有些过于稀缺,有些则缺少流动性,因而它们虽然可以作为价值储藏,但却不能成为交易中介。货币则不同。货币兼具价值储藏与交易中介功能,兼顾收益性与流动性的平衡,既可以作为财富加以存储,也可以随时用于投资和交易;既能够随时购买商品满足交易者的各种现实需求,也可以通过投资使投资者获得投资收益。交易上的这种灵活性、便利性和收益性的结合,使得货币比其他资产、商品更容易成为价值储藏的载体。

由此也可以看出,货币的交易中介功能对价值储藏功能有重要影响。一种货币的交易中介功能越强,在国际贸易和投资中使用越广、越被广泛接受,就会有更多对货币的储备需求。作为当今各国外汇储备的第一大储备币种,美元的储备货币地位与其作为全球最大贸易结算和跨国投资结算货币的地位存在直接的关系。此外,在外汇市场还有一些特殊交易,比如,一国将其货币正式或非正式盯住另外一个国家的货币,那么为了维持汇率稳定,盯住国就需要不断使用被盯住国家的货币在外汇市场实施汇率干预,逻辑上这会反过来鼓励该国集中持有这种货币作为储备,以应对干预外汇市场维持汇率稳定所需。[①] 这种由固定汇率制度决定的特殊外汇交易,显然会加强被盯住国货币的储备货币地位。美元作为世界最主要的锚货币,被全球30多个国家盯住或半盯住,这是美元全球储备货币地位强大的重要原因。[②]

正是由于储备货币功能与交易中介功能之间的这种紧密的相关性,

---

① Benjamin J. Cohen, "Currency and State Power", in Martha Finnemore and Judith Goldstein (eds.), *Back to Basics: State Power in a Contemporary World*, Oxford University Press, 2013, p. 18.

② 艾肯格林认为,浮动汇率制度并未削弱美元的储备货币地位,一国在转向弹性汇率后会持有同样乃至更多的储备。原因很简单:浮动汇率并不是自由浮动汇率。当一国认为汇率与其货币基本价值偏离太远时,它就会采取干预措施,而干预则需要储备,由于贸易持续扩张,资本流动加速,干预所需要的外汇比在固定汇率制度下更多。而石油等大宗商品的美元计价结算,也提高了储备美元的需求。参见 Barry Eichengreen, *Exorbitant Privilege: The Rise and Fall of the Dollar and the Future of the International Monetary System*, Oxford University Press, January 2011, p. 63。

储备货币的决定与交易中介货币的决定因素很大程度上具有同源性。影响交易中介货币功能的因素，同样会影响价值储藏的职能和作为储备货币的地位。例如，成为储备货币的国家需要足够的经济规模，没有经济规模，就难以成为交易中介货币，也不会具备作为国际储备的影响力。同样地，作为储备货币也需要较低的交易成本和良好的汇率稳定性。交易成本高昂，会对未来的消费投资带来不便或增加其经济成本；汇率不稳定特别是持续的汇率贬值，会使储备货币的购买力受损。这两种情形都会显著降低对某种货币的持有意愿，削弱其作为储备货币的地位。

（二）货币属性与货币功能

通过上述对于国际货币属性、功能影响因素的分析，可以得到以下一些结论：

1. 货币属性是货币功能的基石。国际货币属性与功能的关系可以用表2—1来说明。明显可以看出，货币的三种功能都依赖于一些基本的货币属性。首先，安全和稳定是所有国际货币功能的基础，所有国际货币功能的形成都建立在这两个基本属性之上。这并不难理解，国际交易涉及价值的交易、度量和储藏，没有安全和稳定性作为保证，这些功能不可能很好地实现，甚至根本无法实现。其次，不同货币功能对四种属性的要求显著不同。对交易中介而言，最重要的是稳定性和流动性。对价值储藏而言，安全、稳定是最基本的要求。除此之外，作为价值储藏的国际货币也需要具有一定的流动性和收益性。流动性的作用在于使储备货币便于在需要时发挥交易中介功能，收益性则旨在实现储备货币的保值增值。对价值储藏功能，四种属性几乎具有同等重要的作用。而对计价单位，流动性和安全性属性似乎并不重要。

表2—1 国际货币的属性与功能

	安全	稳定	流动	收益
交易中介	+	+	+	+
计价单位	+	+		
价值储藏	+	+	+	+

资料来源：作者分析整理。

2. 货币属性之间在一定程度上可以相互替代。在理论的层面，我们前面反复强调，稳定性是三种货币功能的必备属性，稳定性不足会使三种职能程度不同受损。但是在现实的货币地位决定中，货币的一种超强属性或者货币属性之外的因素，可以替代、弥补另外一种属性的不足。例如，在浮动汇率合法化之后，美元显然已经不符合稳定性的标准，但美国和美元在其他方面的超强地位，替代或弥补了美元稳定性的不足。在交易中介方面，美国依靠的是其超大经济规模和美国企业、金融机构在全球市场交易中的地位和影响力；作为计价单位，在异质性商品领域，美国拥有超强的企业竞争力和巨大的美国市场的吸引力；在大宗商品计价方面，美国通过全球主导性军事政治权力的介入，直接攫取了大宗商品的计价权；在储备货币市场，美元作为全球避险货币的安全性，美国在诸如大宗商品美元计价结算上的制度安排，加上美元之外缺少强有力的国际储备竞争货币这一基本国际经济现实，完全弥补了美元在稳定性方面的不足。所有这些，使得稳定性对于美元地位来说，已经不再是至关重要的货币属性。

3. 交易中介功能是最为基本的货币功能。关于三大货币功能中哪种功能最为重要，学术界一直存在争议。一种观点认为，计价货币是最重要的国际货币功能。持有这种观点的学者相信，计价货币功能是其他货币功能的基础，其他货币功能都由计价货币功能衍生而来。例如，商品和服务计价功能派生出结算和支付功能；而金融资产计价功能则派生出财富贮存功能。与这种观点不同，另外一些学者认为，在不同货币功能之间不存在彼此的依赖关系。比如，本杰明·科恩就认为，国际货币金融市场功能或储备功能不依赖于私人、官方作为交易中介或者计价功能，因为前者取决于货币的"交易便利"和"资本确定性"，但这两方面"似乎都不依赖于一种货币能不能在货币市场作为中介或者作为贸易计价和结算"。[①]

无论上述两种观点是否正确，它们有一个共同之处——都弱化了交易中介功能的地位。我们认为，恰恰交易中介功能才是最基本的国际货

---

① Benjamin J. Cohen, "Currency and State Power", in Martha Finnemore and Judith Goldstein (eds.), *Back to Basics: State Power in a Contemporary World*, Oxford University Press, 2013, p. 18.

币功能。第一，货币的本质是一般等价物，交易中介——作为交易的一般等价物，是货币的最本质的功能。没有交易中介功能，货币将失去其存在的本来意义。第二，计价是交易需求的衍生需求，计价功能以交易为前提。货币是因为被作为交易的一般等价物，才被赋予计价功能，而不是因为其可以作为计价标准，才被选做交易中介。理论上，所有物品都可以作为计价标准，但只有极少数物品可以作为一般等价物。交易中介功能对货币各种属性的要求更齐全、更严格，具有交易中介功能的商品都可以用来计价，反之则不然。第三，正如前文所指出的，交易中介也是价值储藏的重要支撑。没有交易中介功能的物品，很难被作为价值储藏的主流形式；交易中介功能低下的货币，其价值储藏功能也会受到削弱。综合上述三点，交易中介是比其他两种货币更为根本的职能。交易中介功能派生了计价单位功能和价值储藏职能，而不是相反。任何作为交易中介的货币，都可以作为计价单位和价值储藏；可以作为计价单位和价值储藏的物品，未必适合作为交易中介。可以说，没有交易中介功能，现代信用货币作为计价单位和价值储藏的功能根本无法存在。

4. 计价单位功能是最难实现的国际货币功能。计价货币的选择决定汇率风险的归属。任何一国都会直接或间接受到计价单位功能和计价货币选择的影响。正如后面章节所要指出的，主要大宗商品由于以美元计价，在美联储和财政部的操纵下，可以决定一国经济安全和经济运行成本的高低，可以轻松地在国家间实现巨额财富的转移。不仅如此，计价单位功能的实现，因为受到货币属性之外的因素影响，难度可能也是最大的。在异质性商品领域，计价货币的选择要考虑产品竞争力、市场地位等因素。要在这个领域稳固计价单位功能，需要货币发行国具有强大的科技创新能力和有效的市场竞争战略作为支撑。在具有较高同质性的大宗商品领域，计价权由国家权力直接决定，只有全球军事、政治主导国家才能够获得大宗商品的排他性的计价权。异质性商品计价权，一些国家的货币凭借局部的竞争优势或许有机会争取，而大宗商品计价，绝大多数国家的货币由于本国根本不具备军事、政治实力而被永远排除在竞争者行列之外。

（三）货币"五功能说"与"六功能说"

关于国际货币功能，在当代西方学术界主要是讨论三大基本功能：价值储藏、交易中介、计价单位。这也是本书研究的基本线索，我们在前文已对此进行了细致讨论。在"三功能说"基础上（如表2—2所示），美国学者科恩（Cohen，1971）、凯南（Kenen，1983）、陈庚辛与弗兰克尔（Chinn & Frankel，2005）等人又从私人和政府两个层面将三大基本功能细化出6种具体功能。在中国国内，另有源于马克思主义政治经济学的货币"五功能说"，即价值尺度、流通手段、贮藏手段、支付手段、世界货币。这一功能界定在国内学术界有相当的影响力，代表目前中国学术界的主流观点。[1]

表2—2 国际货币的功能

	官方部门	私人部门
交易媒介	外汇干预中介	贸易和金融交易结算
计价单位	汇率锚	贸易和金融交易标价
价值储藏	国际储备持有	货币替代

资料来源：Cohen，1971；Kenen，1983。

在"五功能说"里，价值尺度基本等同于计价单位功能，贮藏手段等同于价值储藏功能，流通手段等同于交易中介功能。上面这几种货币功能，基本是没有争议的，有争议的是世界货币与支付手段功能。世界货币功能的问题在于，它是货币基本功能在空间和地域上的一个拓展，而非一种新的基本功能。而且，实际上，也不是每个国家的货币都能够成为"世界货币"，世界货币注定只是极少数货币才能扮演的角色。因此，把世界货币作为货币的基本功能是不适宜的。

"五功能说"对"支付手段"有特殊的定义。相关学者认为，货币

---

[1] 参见胡庆康主编：《现代货币银行学教程》，复旦大学出版社2006年版，第6—11页。

在债务清偿、缴纳税款、支付工资等经济活动中的流动，是一种"单方面价值运动"，而非扮演一般等价物的角色。这是将支付手段从流通手段功能中独立出来的主要原因。我们认为这种观点可以商榷：首先，这几种活动，本质上仍然是价值交换而非单方面的价值转移。只不过，这里交换的不是商品，而是债权债务关系。其次，货币之所以能够参与这几种活动，不是其天然具备支付功能，根本上还是源于货币的一般等价物的角色，源于其价值储藏和交易中介的基本功能。最后，货币在前述几项活动中作为一般等价物的作用，都是通过货币的支付来完成的。可以说，在货币的交易中介功能中，已经内嵌了货币的支付功能。在交易中介功能之外，再单独把支付手段作为一种功能，实际上是一种货币功能的重复界定。

从"三功能说"衍生出的"六功能说"也存在问题。首先，无论私人还是官方持有国际货币，最常用到的货币功能主要还是三大基本功能。其次，被上述学者专门界定出的私人功能和官方功能，部分直接嫁接了三种基本功能（如私人领域的贸易、金融交易支付和标价功能），其他的也不是新的基本货币功能，而只是三大基本功能在特定场景的具体应用（如官方功能中的外汇干预中介和汇率锚）。再次，这些特定的功能不具普遍性。例如，国际货币计价单位功能在官方层面均被几位学者界定为"货币锚"，这种功能并不适用于所有国家。再如，值储藏功能在私人领域被科恩界定为"货币替代"，这同样不具有普遍性。很多私人持有外国货币仅是基于资产配置或是境外使用，并非将其用于本国境内替代本国货币进行交易。

综上所述，无论"五功能说"的支付于段功能，还是"六功能说"从私人和官方两个层面所做的货币功能细化界定，都没有超越"三功能说"，没有在"三功能说"之外发现、识别出新的货币基本功能。没有新的功能的识别界定，无论"五功能说"还是"六功能说"，都不会导致一种全新货币权力的生成，也无法对原有与货币政策、融资、支付清算、定价有关的货币权力产生直接的影响。基于这些功能讨论货币权力，与基于三大功能的讨论在内容上基本是重复的，其学术意义和研究价值均非常有限。

三、国际货币的层级

正如国际社会是一个具有等级关系的无政府体系,各国货币功能和地位也存在很大的差异。20世纪70年代,英国学者斯特兰奇第一次对世界上普遍使用的货币进行了系统分类,将国际货币分为四类:顶级货币(top currency),主宰货币(master currency),被动或中性货币(neutral currencies),以及协议货币(negotiated currencies)。[1] 美国学者科恩在斯特兰奇研究的基础上,进一步将各国货币划分为七个层级,并引入一个货币金字塔,展示国际货币体系中的层级关系。[2]

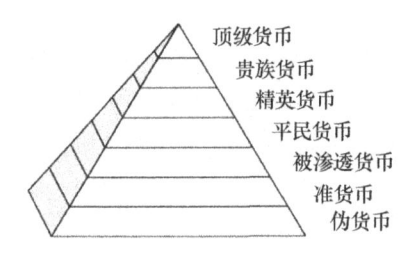

图 2—1 货币金字塔

资料来源:[美]科恩:《货币权力:理解货币竞争》。

斯特兰奇与科恩对国际货币层级的划分既有内在的联系,也存在细微上的不同。两者的划分都凸显国际货币国的政治、经济地位差异,在此基础上,斯特兰奇突出国际货币地位的形成方式,科恩则更强调国际货币功能的差异,并据此界定不同的货币等级。此外,需要指出的是,斯特兰奇界定的是真正意义上的"国际货币",科恩则界定的实际是近现代历史上所有货币的层级,而不是严格按照国际货币的内涵来对当代

---

[1] Susan Strange, "The Politics of International Currencies", *World Politics*, Vol. 23, No. 2 (Jan., 1971), pp. 215-231.

[2] Benjamin J. Cohen, *Currency Power: Understanding Monetary Rivalry*, Princeton University Press, 2015, pp. 16-19.

"国际货币"层级加以界定。

本书对于国际货币层级的界定，基于我们对当代国际货币体系的认识和理解，同时也参考斯特兰奇和科恩分类的合理思路。首先，我们将货币严格限定在国际货币，因此科恩第三层级及以下的非国际货币将被排除在考虑之外。第二，我们主要以国际货币的功能和地位作为界定层级的依据，兼顾货币地位形成的背景。这一点，我们更接近于科恩的方法。按照这样的思路和方法，我们把国际货币界定为三个层次：

1. 顶级货币（top currency）。顶级货币的存在，是近现代国际货币体系的基本现实。认识顶级货币是理解当代国际货币体系运行和国际经济运行的起点。科恩和斯特兰奇都识别了顶级货币。① 按照斯特兰奇和科恩的分析，顶级货币拥有国际货币的全部职能，可以用于各种类型的跨国交易，使用非常广泛，几乎不受任何地理区域的限制。在结算、计价和储备等各个层面，都占据最多的市场份额。从权力和地位的角度，顶级货币可以被定义为拥有世界经济领导权，是在国际经济中居于主导地位的国家的货币。

在近现代历史上，符合这一定义的只有一战前期的英镑和二战以后的美元。在几乎所有货币功能上，顶级货币都比其他货币交易的规模更大，占有更多的份额。美元在国际支付体系所占份额长期占据首位，截至2016年9月的市场占有率为40.6%，其所占份额超过欧元和英镑的总和。② 美国同时也是市场份额最高的国际储备货币，历史上虽有起伏，但市场统治地位目前依然稳固。如图2—2所示，截至2016年第四季度，美元储备占比约为65.3%，远超包括欧元在内的其他币种。除了这两种功能上的突出优势，美元作为顶级货币的突出特征垄断了国际大宗商品的计价权。正如本书后面将要分析的，对大宗商品交易计价权的垄断，是美元国际货币权力和美国国家权力的重要来源，是美国掌握世界经济、政治霸权的重要基石。

顶级货币地位的获得，首先源自顶级货币国巨大的经济规模和内在的市场吸引力，源自顶级货币自身价值稳定、高度流动性以及广泛存在

---

① 在本书中，顶级货币也被称做国际关键货币（Key Currency）。
② 考虑到欧元的份额计算是以欧元区内各国为独立计算单位，而不是把欧元区看做一个整体，欧元的份额占比可能存在高估。

的交易网络。但经济因素并非如科恩所认为的是唯一决定因素。顶级货币国货币地位的形成和维持并不排斥大棒和政治交易。正如美元大宗商品计价单位功能的获得表明,权力和政治因素对于货币功能的形成可以产生重要推动,甚至是决定性作用。20世纪20—60年代,美元和英镑围绕顶级货币地位的一系列博弈,以及过去15年来美国和欧洲围绕欧元诞生展开的竞争,也证明政治和安全实力在货币地位形成中的关键角色。

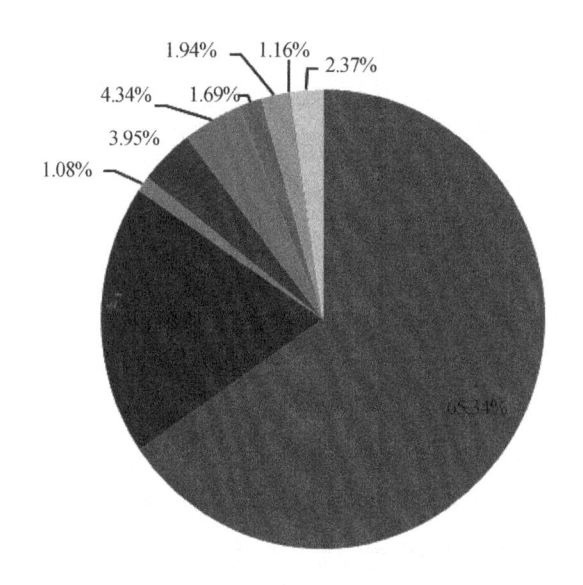

■ 美元　■ 欧元　■ 人民币　■ 日元　■ 英镑　■ 澳元　■ 加元　■ 瑞士法郎　■ 其他货币

图2—2　主要货币外汇储备占比(截至2016年第4季度)

资料来源:IMF COFER。

2. 重要货币。重要货币是指被广泛使用于各种跨境交易,但不占主导地位的国际货币。这些货币具有顶级货币类似的功能结构,但一些关键功能,例如顶级货币作为大宗商品交易计价货币的功能,这些货币并不具备;在国际交易中的占比以及作为储备货币的份额,也与顶级货币存在显著差距。重要货币在功能、地位上大致相当于科恩定义的贵族货币。斯特兰奇定义的主宰货币和协议货币,在地位上也大致可以归入重要货币,但货币地位的形成背景存在不同。主宰货币主要依靠公开的强制和大棒来维系影响，如历史上法郎区中的法郎；后者则依赖于暗中的默契或明确的政治交易来保持其地位，如1931年以后的英镑。我们所定义的重要货币，其地位主要来自其内在的经济方面的吸引力，例如一定的经济规模、较为广泛的交易网络等等。

如果以储备货币、支付和结算货币占比4%以上作为界定重要货币的基准。作为储备货币，欧元在世界外汇储备中的占比为19.13%，英镑占比为4.34%，日元略低于及格线，仅占比3.95%。在交易计价方面，欧元在国际支付体系中占比32.3%，英镑占比7.61%，日元占比3.38%，低于4%的及格线。严格来说，在当代国际货币体系中达到重要货币标准的只有欧元和英镑，日元在支付清算和储备货币两个方面未达标准。

3. 初级货币。我们把初级货币定义为被一般性地用于跨境交易和外国储备，市场占比高于1%但低于重要货币4%标准的那些货币。按照这样的标准，可以被纳入初级货币范围的货币有人民币、澳元、韩元、加元、瑞士法郎。初级货币的地位可以来自经济的特定方面，而不一定是经济规模、经济竞争力等具有全面影响的因素。例如，澳元是典型的商品货币，其汇率与大宗商品价格波动具有显著相关性；瑞士法郎的地位很大程度上基于其价值稳定性和瑞士作为国际中立国家带来的政治安全性；人民币则是因为中国作为世界最大的对外贸易国的经济地位，不断提升的出口商品竞争力以及人民币过去持续多年的汇率升值。

包括顶级货币在内，当代所有国际货币发行国的政治地位至少在名义上与非国际货币国是平等的，而不像斯特兰奇所说的主宰货币国对某些国家具有政治控制地位。这些货币在货币功能上也有一些相似性，无论是重要货币还是初级货币，都可以不同程度地作为国际交易货币和储备货币被他国接受。但总的来看，在当前国际货币体系中，不同货币之间层级分明，地位和权力相差悬殊。顶级货币是国际货币体系的主导货币，如我们在第三章将要分析的，顶级货币拥有全部国际货币功能，特别是独占大宗商品计价功能，拥有全部最高等级的货币权力；重要货币，在国际货币体系中具有一定地位，但这些货币只有部分并且是较小的货币发行权力，几乎完全没有交易定价权和支付清算权力，初级货币则只有初步的国际货币功能，占据较小的市场份额，几乎没有任何货币

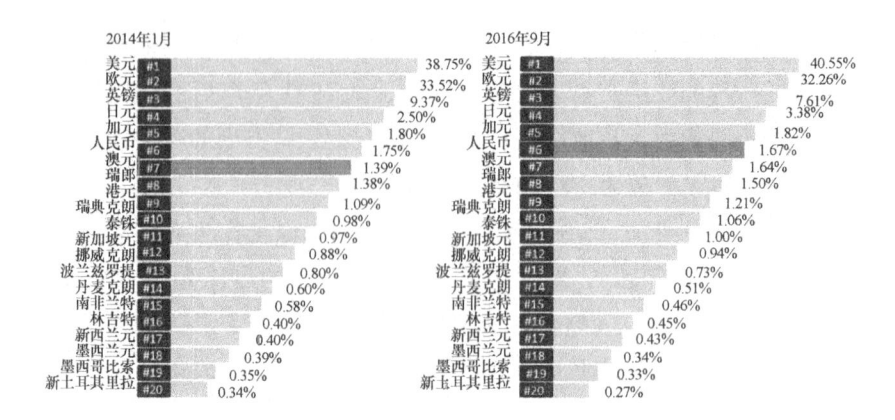

图 2—3　各主要货币在国际支付中的份额

资料来源：SWIFT Watch。

权力。当然，这些货币之间的地位和权力不是一成不变的。欧元创立之初，曾一度对美元地位构成冲击。人民币最近几年的国际化，也让美国和欧洲产生了类似的焦虑。但货币地位的成长是一个艰巨漫长的过程，在可以预见的未来，这些货币还很难对美元地位构成实质上的威胁。

第三章　国际货币权力与美元霸权

这一章我们将进入本书研究的主题——货币权力。在对权力概念进行一般讨论的基础上，本章主要回答三个问题：一、什么是货币权力；二、关键货币有哪些货币权力；三、关键货币权力为什么有效。我们将首先定义货币权力，同时提出我们自己识别、界定货币权力的依据。在此基础上，我们将识别界定美元三大货币权力，分析每种货币权力形态、作用机理及其有效性，认识货币权力作为经济权力所具有的特性。我们重点以美元霸权为对象，这不仅因为美元汇率是当今世界最重要的经济变量之一，也因为美元霸权是最典型、最复杂的货币权力。可以说，理解了美元霸权，就等于拿到了理解过去百年世界经济运行历史与现状的钥匙。

一、权力的形态与层次

权力是政治学的核心概念，西方学者对权力做过多种解释。根据布莱克威尔政治学百科全书的定义，权力是指一个行为者或机构影响其他行为者或机构态度和行为的能力。[①] 马克斯·韦伯（Max Weber）把权力定义为"在社会交往中一个行为者把自己的意志强加在其他行为者之上的可能性"。在国际关系和对外政策理论中，权力是现实主义理论的中心范畴之一。汉斯·摩根索（Hans J. Morgenthau）认为权力是"人对他人的意志和行为的控制"。雷蒙·阿隆（R. Aron）解释为某人"以自己凌驾于一切人之上的行动去影响他人的行为和情感的能力"。罗伯

---

① ［英］戴维·米勒、韦农·波格丹诺主编，邓正来译：《政治学百科全书》，中国政法大学出版社2002年版，第595页。

特·达尔（Robert Dahl）认为，权力就是如果一国能够迫使他国做某种事，而反过来他国却不能这样做。① 总之，在多数学者看来，只要当一个主体对其他主体施加控制和影响时，权力才会得以体现。

（一）权力的两种形态

上述政治学者对权力的定义，凸显了权力以强制、控制、影响为底色的强势形态。但在现实中，权力不是一种单一形态的存在，对于权力的形态和性质，可以有不同维度的认知和理解。当代国际政治经济学（International Political Economy，IPE）中，以预制、控制为特征的强势权力被称作积极权力（positive power）或影响。② 强势权力被认为是一个行为体能够对其他行为体施加影响，甚至诉诸公开的强制，明确将某种责任或者义务强加给他国。在国际政治中运用积极权力的例子不胜枚举。如斯特兰奇所指出的，德国在1940年迫使瑞典允许多国军队穿过其"中立"领土；美国凭借其对巴拿马的联系性权力支配了巴拿马运河的航行条件，这些都是国家运用积极权力的历史例证。

在强势权力之外，IPE学者也注意到一种弱势权力的存在。科恩把这种弱势权力叫做自主，伯格斯滕把这种弱势权力称做消极权力（negative power），可以定义为行为体的某种自主性或者某种不受强制、自由独立行动的能力。③ 在政治和安全层面，消极权力方面的例证也很多。以海上航行为例，美国凭借强大军力，以所谓航行自由为借口，"无害"通过其他国家领海，其他国家除了口头抗议几乎无可奈何，就是这些国家消极权力不足的一种体现。在经济领域，同样是美国，凭借巨大的市场规模和全球经济主导地位，其货币政策目标和内容完全由本国自主设定和实施，而不受其他国家政策的牵制和影响，表现出强大的消极货币权力。

---

① Robert Dahl, "The Concept of Power", *Behavioral Science*, No. 3, July 1957, pp. 202 - 203.

② 参见 C. Fred Bergsten, *The Dilemmas of the Dollar*, New York: New York Univ. Press, 1975, pp. 28 - 29; Benjamin J. Cohen, "The International Monetary System: Diffusion and Ambiguity". Prepared for a special issue of International Affairs, Feb., 2008。

③ Ibid.

无论是积极权力还是消极权力，都基于社会关系，能够从行为方式上体现出来，因而不可避免地相互关联。科恩认为，作为权力的一种形态，影响（强制）是系统领导的必要条件。但权力始于自主，"首先也是最重要的，行为体必须自由追求其目标而没有外部限制。然后它才能在其他地方施行权威。自主不是保证影响的充分条件，但是其必要条件。没有影响的自主可能存在，没有自主的影响却不可能。"①

积极权力的行使，多数情况下都是公开、直接地对他国施加影响或者强制。比如，1956 年，美国以抛售英镑为威胁，公开迫使英国从苏伊士运河危机让步。不过，也并非所有的强制都公开进行。为了维持日后关系不致因施加公开强制而彻底破裂，这种权力的行使有时可能是隐蔽、间接地进行。在这种情况下，强制措施不会被公开地宣扬，甚至不需要直接地向目标国传递信息，只要利用或者制造特定目标国的某种脆弱性，就能迫使对方做出本来不愿意做出的选择。

积极权力以直接公开还是间接方式施加，通常取决于与相关国家关系的性质、涉及利益的重要性、紧迫性以及国际环境。公开实施强制，通常是因为具有绝对的成功施加影响的能力，也可能是涉及重大利益或关系紧张到无需顾及对方颜面。一般而言，对处于战争或敌对状态的国家，关键货币国倾向于公开地运用货币权力；而对待战略盟友、一般性利益或者行动可能触动诸多国家利益的时候，关键货币国更愿意采取隐蔽的手段施加影响。这种情况下，公开强制会导致目标国的抵制，并有可能使霸权国失去重要的政治支持。

积极权力通常都是有意的，明确将某种责任或者义务强加给他国，迫使他国做其本来不愿意做的事。但一些情况下，权力不一定有意寻求某种结果。② 有时看来无意针对他方，完全基于本国国内目标的某种单边行动，就能影响其他国家运转的环境，迫使他方接受某种于己不利的后果，从而间接实现其利益。③ 例如，作为关键货币国，美国基于本国

---

① Benjamin J. Cohen, "The International Monetary System: Diffusion and Ambiguity", Prepared for a special issue of International Affairs, Feb, 2008, pp. 4 – 5.
② Susan Strange, *States and Markets*, London: Pinter, 1988, p. 26.
③ Susan Strange, *States and Markets*, pp. 24 – 25; Strange, "Still an Extraordinary Power", p. 77.

政策目标趋势性调整货币政策,就是一种典型的隐性、非意图的强制。1979年,美联储允许提高利率,对第三世界,特别是拉丁美洲的重债国经济造成了致命打击。到上世纪90年代中期,美国的连续加息,导致资本从东南亚新兴市场国家大规模外流,成为亚洲金融危机爆发最重要的外部原因。在上述事件中,美联储或许并非刻意针对这两个地区采取敌意行动,但由其加息对两地区国家经济形成的"无意"强制,足以令美国获得经济和政治方面的重大利益。这种"无意"强制类似微观经济学中的负外部性,但在国际经济关系中,这种负外部性被刻画成一种无法避免的现实,也无人能追究关键货币国的责任,其在全球产生的各种经济和社会后果,关键货币国几乎不需要支付任何成本。

(二) 两个层次的权力

任何权力,包括国际货币权力都依赖于一套特殊的规则和制度。在此之上,还存在一种能够改变前述权力规则、制度的权力。因此,货币权力除了具有不同的形态,还可以从两个不同的层次来加以探讨。本杰明·J. 科恩是第一个从两个不同层次界定、分析货币权力的学者,在1977年出版的《组织世界货币》一书中,他区分了国际货币的程序性权力和结构性权力。程序性权力(process power)指在现有相互作用条件下获得优势的能力。结构性权力(structural power)则指通过以对己有利的方式改变相互作用条件,从而获得优势的能力。或者说,程序性权力是在当前游戏规则下获得利益的能力,结构权力是指通过改写游戏规则获得利益的能力。[①]

程序性权力与结构性权力可以用布雷顿森林体系解体前后的美元为例很好的加以说明。众所周知,在美国结构性权力的推动下,1944年7月布雷顿森林协定达成,标志着美元作为全球关键货币地位的确立。布雷顿森林体系确定了一系列规则,例如各国以美元作为国际储备货币,实行美元盯住黄金以及其他货币盯住美元的"双挂钩"制度,国际货

---

① Benjamin J. Cohen, *Organizing the World's Money: The Political Economy of International Monetary Relations*, The Macmillan Press Ltd, 1977, pp. 55 – 56.

币基金组织在国际收支调节中扮演关键角色等等。这些制度和规则的建立，使美元成为二战后主导性国际货币，美联储成为世界中央银行，美国获得铸币税和国际货币的发行权。然而，进入20世纪60年代，黄金的大规模外流令美国意识到布雷顿森林体系对其经济和外界政策自主性的约束，尼克松政府在1971年8月动用美国的结构性权力废黜了布雷顿森林体系，建立了事实上的美元本位体系。正如后面章节阐述的，在新的"游戏规则"下，美元的程序性权力和地位不仅没有衰落，反而得到空前的强化，美国通过操作美元程序性货币权力，获得了巨大的经济和政治利益。

（三）结构性权力：科恩 vs 斯特兰奇

在导论部分，我们已经指出主流学术界围绕结构性权力存在的概念上的分歧。[①] 科恩、斯特兰奇、柯什内尔各自定义了结构性权力的概念，特别是科恩和斯特兰奇，二人对结构性权力的定义都影响很大，但各自定义的意涵却有所不同。

正如我们在导论中所指出的，斯特兰奇与科恩对于结构性权力的概念表面上似乎没有大的区别，都同意"结构性权力是一种通过影响国家所处的环境来间接操作的权力"。[②] 然而，两人在具体论述中对于结构性权力内涵的侧重实际上有明显的不同。科恩对于"结构性"的理解，是"改变结构"的意思，强调结构性权力是一种"导致规则改变的"的能力或力量，与之相对的是在既有规则下的权力——程序性权力。斯特兰奇把结构性权力定义为"决定办事方法的权力，就是构造国与国之间的关系、国家与人民之间的关系或国家与公司企业之间关系框架的权力"。其重要性在于它"影响其他国家运转的环境，其他国家及其政治

[①] Susan Strange, *States and Markets*, New York: Basil Blackwell, 1988, p. 25; Susan Strange, "Finance, Information and Power", *Review of International Studies*, 16 (3): 259 – 74, 1990; Susan Strange, "Finance and Capitalism: The City's Imperial Role Yesterday and Today", *Review of International Studies*, 20 (4): 407 – 10, 1994; Helleiner, E. "Below the State: Micro-Level Power", in D. Andrews (ed.) *International Monetary Power*, Ithaca: Cornell University Press, 2006, pp. 73 – 76.

[②] Eric Helleiner, "Structural Power in International Monetary Relations", EUI Working Paper RSCAS No. 2005/10, p. 14.

机构、企业……都不得不在这些结构中活动"。① 斯特兰奇的定义中虽然也有"构造……框架"的表述，但其强调的重点并非指向"构造框架"的权力或者过程，而是认为结构性权力是一种"来自结构—框架的权力"。"拥有（结构性权力）者可改变其他人的选择范围，而不是直接施压他们选择一个决定。"② 这种"来自特定结构—框架"的权力的基本特征，用斯特兰奇自己的话说，结构性权力"更少可见……，往往间接，甚至无意的方式行使"。③

通过上述分析，可以清楚地看到，科恩对结构性权力的定义，基于对不同层次权力的认知，结构性权力比程序性权力具有更高的层次。斯特兰奇，也包括赫雷纳，对结构性权力的界定是基于权力行使的方式，主要强调权力行使的间接、非意图特征。在科恩那里，积极权力与消极权力，是程序性权力之下对权力属性的进一步界定。斯特兰奇结构性权力与联系性权力，并非像科恩一样是两种不同层次的权力。在本质上，斯特兰奇的结构性权力仍然是一种规则内的权力，而不是改变规则的权力。更具体地说，斯特兰奇的结构性权力是规则内积极权力的一种，是以间接、隐匿甚至非意图方式行使的积极权力，而联系性权力则是直接、公开、有意行使，更具强制性的积极权力。

认识到科恩、斯特兰奇、柯什内尔等学者对国际货币结构性权力概念意涵界定上的分歧，赫雷纳试图梳理他们三者概念的异同，并提出自己对结构性权力的理解，他这样定义结构性权力："一国通过间接方式控制国家存在的结构来改变其他国际行为的能力。"④ 赫雷纳的这一定义明显突出权力行使特征，强调结构性权力的"改变他国行为"的"间接"属性。这种结构性权力的定义显然更加接近斯特兰奇而非科恩。虽然赫雷纳正确地指出三位作者在货币权力定义上存在共同点，例如三人都以不同的方式承认间接、非意图货币权力的存在，但就结构性权力概念本身来说，由于赫雷纳的定义显著倾向概念争议的一方，而未对双方定义

---

① Susan Strange, *States and Markets*, p. 25.
② Susan Strange, *States and Markets*, p. 31.
③ Ibid.
④ Eric Helleiner, "Structural Power in International Monetary Relations", EUI Working Paper RSCAS No. 2005/10, p. 3.

的分歧做出明确辨析，围绕结构性权力产生的混乱目前依然存在。

二、国际货币权力

相对于权力的属性及其界定，对于国际货币权力的概念，学术界分歧要少得多。赫雷纳认为，货币权力"是一国因在与其他国家的货币关系中居于优势地位而能够影响他国行为的能力"。[1] 伯格斯滕、柯什内尔等人没有明确定义货币权力，但都承认货币权力是基于货币或货币关系的一种强制力。[2] 如果考虑消极权力和积极权力的界定，关于货币权力的完整定义，还应该加上使一国免受强制的内容。

对于本书而言，一个重要的问题，是要清晰识别界定国际货币权力，但权力、货币权力的概念极其复杂、混沌，要识别、界定好货币权力，并将其引入货币权力生成机理、操作机理研究，就必须首先在最基本层面对国际货币权力的内涵和外延做出明确的澄清和限定。

（一）实体权力

学术界对于货币权力有各种理论上的识别和界定。正如前文所指出，伯格斯滕把权力界定为积极货币权力与消极货币权力；斯特兰奇把权力界定为联系性权力和结构性权力等等。上述对货币权力的不同界定，都不是从权力实体而是从权力行使的特征——诸如权力是主动还是被动、直接还是间接、公开还是隐秘、具有明确意图还是非意图的——来界定权力。这些被识别、界定的货币权力，不是真正意义上的实体货币权力，既没探讨权力的来源、操作路径，也不知晓最终的利益指向。我们要构建货币权力理论，特别是运用货币权力理论分析现实国际经济政治问题，就必须以识别界定实体货币权力为出发点，研究这些权力的

---

[1] David M. Andrews, "Monetary Power and Monetary Statecraft". in David M. Andrews eds., *International Monetary Power*, New York: Cornell University Press, 2006, p. 8.

[2] C. Fred Bergsten, *The Dilemmas of the Dollar*, p. 28; Jonathan Kirshner, *Currency and Coercion*, pp. 1 – 4.

利益指向和实现路径，而不能局限于对货币权力行使特征、存在形态等问题进行纯粹概念层面的辨析。

（二）程序性权力

这里的程序性权力不是决定程序的权力，而是科恩定义的与结构性权力相对的"规则内的权力"。从权力的来源和内容来说，国际货币关系中的结构性权力——改变国际货币体系规则的权力，并不是真正意义上的国际货币权力。这一权力的来源不是货币功能，而是货币国的全球政治和经济地位，其影响大大超出货币权力的范畴，属于最高层面的国家权力。而程序性货币权力，来源于特定国际货币体系下的各种制度安排，来源于一国货币的国际货币功能、地位，是真正意义上的实体性货币权力，是最经常被操作和运用、对目标国影响最大、最直接的货币权力。具体而言，本书研究的重点是美元本位体系下的美元货币权力，而不是改变美元体系的更高阶政治和军事权力。

（三）积极权力

按照前文的分析，程序性货币权力可以进一步界定出积极权力（强制或影响）和消极权力（自主）两种基本形态，本书主要研究积极货币权力。权力具有天然的强制性，作为政治学的核心概念，权力的本质特征是施加影响或强制，而非所谓自主。在国际关系中，国家对权力的追求，是把影响、强制其他行为体作为最终目标，而非仅仅免受别人影响。大国之间的货币对抗也是如此。关键货币国对外施加影响，主要通过操作积极权力，而非运用消极权力。消极权力，正如它的定义，只能被动地起到某种防御作用，而无法借由行为体操作来主动实现国家利益。实现国家利益必须依靠操作积极权力。在本书里，积极国际货币权力是一个广义的概念，既包括那种公开、直接的影响或强制，也包括斯特兰奇意义上的结构性权力——通过间接、隐蔽甚至非意图的行动，使目标国或不特定国家妥协或遭遇其不愿接受后果的能力。

近年来，主流学者也注意到货币权力识别界定方面的问题，开始寻求从实体权力的角度识别、界定货币权力。安德鲁斯区分了宏观、微观两个层面的货币权力。他认为，在宏观经济层面，货币权力与国际收支失衡有关；在微观层面，货币权力可以改变行为体利益和认同。科恩将货币权力聚焦于与国际收支相关的两个领域——延迟权力和转嫁。[①] 延迟权力本质上是一种消极权力，是指通过延迟国际收支调整，避免承担国际收支调整的成本；转嫁权力有积极权力的成分，指一国通过某种方式，将其国际收支赤字的调整负担转移到其他地方，让其他国家来承担这种负担，并因此而形成的一种对他国的影响力。[②]

中国学者李巍从权力来源的角度识别了三种货币权力。第一，象征性权力。即由货币的国际发行为提升货币发行国的国际地位和尊荣带来的积极影响。由于国际货币有利于在使用者之间建立起相互的信任和共同的身份，象征性权力又被称作身份性权力。第二，依赖性权力。由他国对美元以及美国主导国际体系的依赖，而使美国获得的权力。第三，操控性权力。通过操控国际货币体系，改变国际汇率体系的有限性和主动性，扰乱整个货币体系，或者通过控制货币数量影响商品价格，影响其他国家调整汇率或控制市场价格的权力。[③]

到目前为止，西方学术界对国际货币权力及其操作最全面的总结由赫雷纳完成。赫雷纳在辨析斯特兰奇、科恩、柯什内尔和其本人结构性货币权力概念的基础上，概括了上述几位学者研究涉及的货币权力操作的5个领域，以及货币权力在每个领域影响结果的国家机制（如表3—1所示）。

表3—1 西方学术界对国际货币权力的识别和界定

	货币权力领域	影响结果的因果机制
1	财富榨取	铸币税
2	宏观经济偏好	全球金融市场牵引力； 汇率武器

---

① Benjamin J. Cohen, "The Macrofoundations of Monetary Power", in David M. Andrews (ed.), *International Monetary Power*, pp. 21–31.
② Ibid.
③ 李巍：“货币竞争的政治基础——基于国际政治经济学的研究路径”，《外交评论》2011年第3期，第48—49页。

续表

	货币权力领域	影响结果的因果机制
3	金融规制与危机管理	用核心货币管理金融市场； 通过进行的最后贷款人行动
4	经济地理	改变交易成本促进与核心国家的经济联系
5	认同	在核心货币价值和稳定上的共同利益； 货币的象征地位； 共享使用和发行核心货币的信任； 共同"经济语言"； 集体货币经历

资料来源：Helleiner, 2005。

相对早期研究过度纠结于对货币权力属性的学理讨论，当前学术界对货币权力的识别和界定更现实、具有更加清晰的利益指向，这虽然在学术上是一个显著的进步，但也仍存在一些重要的问题尚未解决：其一，界定标准不一。例如，科恩等人主要基于货币权力的不同来源来识别界定货币权力；赫雷纳等人则主要是从货币权力的目标领域界定货币权力；也有的学者同时从权力来源和权力目标领域两个层面界定货币权力。这种不同的货币权力识别基准，带来了货币权力界定上的巨大混乱，导致货币权力缺乏在学理上的权威定义，使其难以作为国际经济关系的重要概念被公众认知和接受。其二，遗漏重要货币权力。识别基准不一和不当，必然会扭曲、遮蔽、遗漏真实的货币权力。科恩将货币权力等同于避免、延迟、转嫁国际收支的调整成本，而完全忽视其他更基本、更重要的货币权力。[①] 作为货币关系国际政治经济学和货币权力研究的权威学者，科恩货币权力识别的视野之局促，令人惊讶和困惑。另一位重要学者——埃里克·赫雷纳，其对货币权力的识别也仅限于指出货币权力的影响领域，未明确定义、识别具体某种货币权力并系统阐释其

---

① 在科恩的早期研究中，除了国际收支调节机制，他还提到由流动性创造机制带来的货币权力（Cohen, 1977, p.71），但在近年的研究中，后面一种货币权力已经几乎不再被提及。

来源和操作机理。对重要货币权力的忽视和遗漏，不仅使人们无法全面深刻认识、理解货币权力，也严重影响货币权力理论作为一种学术理论的发展和成熟。

有鉴于此，货币权力研究的当务之急，是必须正确识别界定货币权力，而正确识别界定货币权力，选择好相关识别界定的标准至关重要。识别界定货币权力的标准和依据很多，但无论选择什么标准，都应该与前文确定的货币权力的三个基本属性相兼容，即基于某一标准所识别界定的货币权力一定要同时满足实体权力、程序性权力和积极权力的内涵要求。按照这样的条件，我们有充足的理由选择从国际货币功能出发来识别界定货币权力：第一，国际货币功能是货币权力的根本来源。国际货币权力具有多种来源，但货币功能是其最基本的来源。不同的货币功能决定不同的货币权力，功能的强弱影响和决定货币权力的大小和货币地位的差异。其二，货币权力操作总是基于特定的货币功能。货币权力操作离不开货币功能的运行。不同货币功能决定了货币权力操作的不同路径、策略和方法。第三，货币功能决定货币权力的利益指向。不同的货币功能，在国际经济交易中发挥不同的作用，也决定了不同货币权力的操作领域和利益指向。一种货币权力无法脱离作为其来源的货币功能去实现利益目标。不难看出，从货币功能出发识别界定货币权力，同时兼容货币权力的来源、利益指向、操作机理等三大内核要素，具有较高的合理性和可信性，所识别界定的货币权力也完全符合实体权力、程序性权力、积极权力的要求。不仅如此，由于学术界对国际货币功能已经有较为公认、权威的界定，基于货币功能识别界定的货币权力，来源明确、权力边界和利益指向清晰、操作机理科学可验证，将有效弥补学术界现有界定在理论上的缺陷与不足。

三、美元霸权的识别与界定

应该说，货币权力不是关键货币的专利。具有一定地位的国际货币，或多或少都会拥有一些货币权力。但无疑只有关键货币才拥有最全面、最强大、最典型的货币权力。正因为如此，本书把当代国际关键货币权力——美元霸权作为主要的研究对象。

美元的崭露头角始自19世纪后期，其基本推动力量是美国经济实力的快速壮大。20世纪初，美联储的建立和美国金融市场的战争大大推动了美元的国际化，美元开始真正走向世界舞台，美元的货币权力也逐渐生成。在经历了20世纪二三十年代与英镑的博弈之后，1944年布雷顿森林体系的建立标志着美元主导国际货币体系的开始。然而，由于黄金平价和固定汇率的束缚，美元虽然拥有令法国人不满的"过分的特权"，但这种所谓"特权"，无论权力大小还是影响的范围，与美元本位下的美元霸权完全不可同日而语。

美元本位下的美元"霸权"之霸，主要体现在三个方面：首先，美元拥有广泛而巨大的货币权力，能够对他国施加重大甚至决定性的经济影响和强制。第二，美元权力建立在美国主导的不合理、不公正的国际政治、货币和金融秩序基础之上。第三，美元货币权力几乎不受外部约束。美元霸权的这三个层面的涵义具有内在的关联性，但就本书研究的主体而言，我们最关注的内容还是美元货币权力及其操作的机理。

根据前文确定的识别界定美元权力的原则和方法，从货币国际功能出发，我们把美元权力界定为三大核心权力：

（一）国际货币发行权

国际货币发行权来自美元的全球性价值储藏和国际交易中介功能。截至2016年第四季度，美元占据全球储备货币份额的65.34%，全球支付货币份额的40.55%，在全球各国货币中遥遥领先。美元的世界主导货币地位由来已久，自20世纪40年代美元最终取代英镑成为全球主导货币开始，美元保持这一地位已经超过70年。美元的强大功能及其在国际货币体系中的主导地位，使美联储成为事实上的全球中央银行，令其获得了国际主导货币的发行权。这一权力意味着，美联储可以通过发行（回收）全球货币——美元，影响和决定全球经济体系中流动性的规模及其流动方向，并因此而获得两项更为具体的货币权力：融资权和货币政策权。

融资权。货币发行权不等于关键货币国可以无偿获得财富。货币本质上是央行发行的一种无息债务凭证。对美国而言，国际货币发行权意味着美国拥有几乎无限的无息金融资源。这种金融资源既可以对美国内部融资，也可以对外国政府和企业融资。而美元作为国际交易货币和储备货币的地位，决定了各国天然具有对美元融资的巨大需求。这种巨大的需求与美国从美元货币发行权获得的近乎无限的金融资源以及美国拥有的全球规模最大、最有深度的金融市场相结合，就形成了美国的美元融资权。这种融资权可以从微观和宏观两个层面，对外国企业和政府产生巨大影响力。在微观层面，正如1997年美国拒绝俄罗斯天然气工业公司（Gazprom）在美发行债券融资、1999年拒绝中石油在美发行股票上市所表明的，美国能够以某种理由决定特定机构能否进入其金融市场，获得多少美元融资及以何成本获得这些融资。[1] 这将对这些公司的经营成本、运营稳定性甚至企业生存产生重大影响。在国际宏观层面，由于美联储作为事实上全球中央银行的地位以及美国在IMF中的主导地位，当一国政府因某种原因陷入国际金融危机，外汇储备濒临枯竭，需要从外部获得流动性支持的时候，美国将有权为此设定条件并做出最后的决定。此时，融资权所展现的美国决定一国能否获得信贷的能力，将在很大程度上影响该国经济稳定。在上述两种情况下，相关企业和国家为了从美国或美国控制的国际金融机构融资，可能将不得不接受美国设定的经济或政治条件。

个别主流学者不认同美元融资权，认为美元在这方面的权力并不显著。在他们看来，当前形势不像二战之后，彼时各国缺少美元，而美元几乎没有替代且币值稳定，华盛顿因此能够将金融市场作为明显的对外政策的工具，褒奖朋友或者怀葛反对者。而现在对美元的替代货币有很多，且境外美元累积规模庞大，运用融资权可能导致美元被抛售，这其实并不利于美国。[2] 的确，随着欧元的崛起，

---

[1] 1999年中石油在提出发行H股存托凭证并在纽交所上市的IPO申请，美国国会以中石油在苏丹开展业务为由反对此项申请，最终中石油被迫将有关业务剔除出上市公司，并将融资规模由100亿美元大幅下调到28.9亿美元。参见：Ben Steil and Robert E. Litan, *Financial Statecraft*, New Haven: Yale University Press, 2006, pp. 54–59。

[2] Benjamin J. Cohen, "Currency and State Power", In Martha Finnemore and Judith Goldstein eds., *State Power in a Contemporary World*, 2013, pp. 168–169.

美元并没有垄断国际货币发行权,但欧洲、日本中央银行陷入过度量化宽松,一旦其债务或其他问题恶化,美联储作为全球最后贷款人的角色将再次凸显。另外,基于美元国际发行权的美国规模巨大的国债和股票市场,到目前为止仍然是任何其他地区的金融市场所无法替代的,只要美国债市和股市对全球各国央行和企业的吸引力不减,美元的融资权也将持续存在。

货币政策权。作为全球的中央银行,美联储不仅因货币发行而获得融资权力,更把影响全球流动性供给的最重要的一只水龙头控制在手中。巨大的经济体量和全球日渐宽松的资本管制,意味着美联储任何货币政策调整都将产生巨大的外溢效应,对全球范围内的流动性供应和利率水平产生重大的影响和冲击。实行固定汇率的国家和地区,在资本项目开放或无法实施有效资本管制的情况下,将完全失去货币政策的自主权;执行浮动汇率的国家,货币政策虽然与国际收支脱钩,但浮动汇率带来了汇率剧烈波动的风险,同时浮动汇率本身并不能完全隔绝外部流动性的冲击。正如查尔斯·P. 金德尔伯格所说,"当边缘地区的银行,如意大利银行改变贴现率的时候,它只波及自己和周边,而纽约变化的时候,它改变整个水平"。[1]

伊莲娜·雷伊的研究也证明了这一点。她在 2015 年的一篇文章中指出,全球金融周期的重要决定因素是中心国家(美国)的货币政策,其影响了全球银行杠杆水平、资本流动和国际金融体系的信贷增长。在影响外围国家货币政策独立性的因素中,经济规模、资本跨境流动是决定货币政策独立性的充分条件,比汇率制度具有更大的影响力。只要资本自由流动,无论外围国家实行何种汇率制度,当美国基于本国宏观调控需要改变货币政策的时候,其货币政策都会通过跨境资本流动产生外溢效应,这种外溢效应决定了全球金融周期,而全球金融周期会限制外围国家的货币政策,使之失去货币政策的独立性。[2]

除了对积极货币权力产生影响,货币发行权使美国在消极货币权力

---

[1] Charles P. Kindleberger, "The Politics of International Money and World Language", Essays in International Finance No. 61, Princeton University, 1967, p. 29.

[2] Hélène Rey, "Dilemma not Trilemma: The Global Financial Cycle and Monetary Policy Independence", NBER Working Paper 21162, 2015.

方面的获益，同样重要且不可忽视：

1. 无与伦比的金融稳定能力。美元的国际货币发行权，奠定了美国在金融危机时期国际最后借贷者的地位，使美国获得几乎无限的金融资源。由于美联储可以向金融机构甚至政府提供融资，美国几乎不可能发生主权债务的违约。正如2008年金融危机所表明的，只要美联储实施救助，美国金融体系几乎不可能因为流动性危机而陷入破产。同时，由于美元国际交易中介货币的地位，美国在任何情况下都可以确保对外支付的正常，不必担心资本外流导致外汇储备流失进而引发汇率暴跌和货币危机。同时，相对于其他的央行，联储的全球中央银行地位，也使其有比其他任何央行有更多的资源支撑本国经济的稳定增长。

2. 远大于一般国家的财政赤字弹性。在正常情况下，各国央行一般避免财政赤字的货币化。因为这种做法既可能产生严重的经济后果——恶性通胀，也可能激发强烈的国内政治反对，动摇执政党的执政地位。然而，面对财政支出压力，作为国际货币发行国的美国很难抑制增加财政赤字的冲动。而且，由于美元的国际货币地位，美国财政赤字弹性比一般国家大得多。之所以如此，原因有三：其一，美元的国际地位，使得美国能够比其他国家以更低的成本融资；其二，如果财政赤字不得不货币化，美元的国际货币地位，使得美国能够将经济风险更多地向外传递，因而比其他国家更不容易发生恶性通胀并激起政治反对；其三，只要美国军事和政治霸主地位不发生动摇，美联储就可以持续为美国政府融资。

3. 更大的国际收支弹性和内政、外交政策自主性。美元的国际储备和交易中介货币地位，意味着美元可以无条件被他国接受用于国际交易、结算。因此，与一般国家不同，美国不存在外汇储备不足的问题，即使出现外部赤字，美国也无需刻意收缩经济来恢复国际收支平衡。这种得天独厚的优势，使美国政府可以比任何其他国家更能承受国际收支逆差，美国经济和外交政策能够更少地受到国际收支赤字的束缚。只要美国政府认为有必要，他们可以继续保持原有政策，追求国内经济和外交政策目标。法国经济学家鲁埃夫早在20世纪60年代就曾指出，"美元汇兑本位使美国能够比其产出更多的消费；使美国在扩张其经济、政治和海外军事存在时获得巨大优势。这加强了美国在国外的经济—政治—军事地位，没有其他国家能够以这样的方式行事"。①

在国际货币发行权的操作中，美联储、国际投行和国际评级机构是关键的权力节点。美联储对货币发行的规模和利率水平的控制，是国际货币发行权形成的决定性环节。美资背景的国际投资银行不仅直接控制融资的入口，甚至在一定程度上能够影响美联储的货币政策操作。国际评级机构在关键货币融资权力中的角色同样非同小可。国际评级机构对某种债券的风险评级的高低，在某种程度上直接决定着该国（公司）融资的成本。一旦一国（或公司）债券低于某一个评级水平，就意味着该国（公司）将被事实上逐出资本市场。总体上而言，美国政府和金融机构是否允许他国或公司在本国金融市场融资，并不总是基于经济层面的考量，有时候政治、安全因素，特别是与美国的政治关系，可能成为决定最后结果的关键考量。

（二）支付清算权

支付清算权主要基于美元的国际交易中介功能。美元之所以成为最重要的国际交易清算货币，除了美国巨大的贸易、投资规模外，最直接的原因在于美国依托本国及其盟国的金融机构，打造了以美元为核心的全球支付清算网络——环球同业银行金融电信协会（Society for Worldwide Interbank Financial Telecommunication，以下简称 SWIFT）。总部设在比利时布鲁塞尔的 SWIFT，主要为金融机构提供金融数据传输、交易撮合、清算、净额支付服务以及其他相关服务。只要交易在 SWIFT 网络内进行，每一笔交易的数量、去向，都会被清楚地记录和追踪。目前，SWIFT 服务超过 215 个国家的 1.05 万家金融机构，每天传递超过 2100 万条支付信息，几乎所有主要西方货币的大额支付清算，都是通过该系统完成的。

---

① 转引自 Charles P. Kindleberger, "The Politics of International Money and World Language". *International Finance*, No. 61, Princeton: Princeton University Press, 1967, p. 26。

SWIFT在美元支付清算权力操作中扮演着关键的角色。作为SWIFT的创始会员国和最重要的股东，美国主导着该机构的日常运营。[①]当某国与美国发生矛盾或冲突时，支付清算权意味着美国不必直接针对目标国采取高风险敌对活动，只需对其对外经济交易的美元支付结算过程实施制裁，即通过限制目标国金融机构进入SWIFT体系以及阻止任何通过SWIFT系统进行的其所认定的"非法"交易，就可以限制乃至完全阻断目标国对外美元结算，进而阻断目标国任何以美元为交易中介的对外贸易、投资和融资活动，使目标国无法获得经济收入和关键资源，削弱其国际支付能力，破坏其宏观经济稳定，阻止其获得对抗美国的特定能力。目标国将被迫在陷入严重经济衰退和接受关键货币国经济、政治条件之间进行艰难选择。最终的结果，不仅将造成目标国经济上的巨大损失，还可能因制裁导致目标国国内政治动荡，甚至诱发政权更迭。

行使支付清算权力可分几个步骤操作。第一步，冻结目标国官方在美国以及SWIFT系统的部分甚至全部美元资产，冻结目标国所有已开设美元账户，从源头上封堵目标国建立美元支付通道。第二步，通过阻止目标国接入SWIFT系统，禁止外国政府和企业与目标国的美元结算和支付。第三步，通过对SWIFT系统美元支付网络以及全球银行卡系统实施公开或秘密监控，识别、打击任何与目标国的美元交易。第四步，对违反禁令与目标国进行交易的国家、企业、金融机构实施制裁。通常的做法是对涉事企业处以巨额罚款，更加严厉的处罚包括将涉事企业逐出美国市场。

美元交易结算权并非始终有效，它也会受到一些内外因素的影响：第一，美元作为交易中介的可替代性。这一因素非常重要，因为它决定了美国控制目标国进口商品和对外投资机会的能力。如果目标国与他国的主要交易不以美元结算，则美元的支付清算权将无法对该国产生影响。在替代货币较多的情况下，强行实施制裁将导致目标国更快地逃离美元和美元交易，这对美国可能并非有利。反之，如果美元作为结算货币的不可替代性越强，对美元支付清算系统的依赖越大，美元支付清算

[①] 根据SWIFT官方网站的资料，SWIFT现任董事长是来自美国花旗集团的执行董事Yawar Shah，来自J. P. Morgan的首席信息官Alan Goldstein担任董事。参见https://www.swift.com/about-us/organisation-governance/board-members#topic-tabs-menu。

权力的影响就越大。第二，目标国美元储备的规模。美元储备规模之所以重要，是因为目标国持有美元储备越多，以美元作为交易中介的压力越大，其对美元支付清算权力的敏感性越强，美元的支付清算权就越大。反之，如果目标国美元储备规模不大，通过美元支付清算体系使用储备的可能性和迫切性就会降低，支付清算权的影响会随之下降。第三，美国对整个国际支付结算体系的控制能力。如果目标国在受到制裁后，能够绕开SWIFT支付清算体系，转而通过现金或其他支付清算系统进行国际交易，美元支付清算权也会受到削弱。此时美国需要强化对SWIFT之外各支付清算系统和金融网络的渗透、监控能力。如果不具备识别、跟踪、控制目标国国际交易的能力，特别是无法控制银行体系和地下金融体系，美元支付清算权将被逐渐削弱。第四，惩罚违规支付清算的可信性。支付清算权力的效果，很大程度上取决于对违规交易的惩戒力度和可信性。美国如果不能对违反其利益的美元结算支付行为施以惩罚，而且这种惩罚如果没有大到惩戒对象所无法承受，就不能有效震慑潜在的违规者，那么各种"违规"交易必将接二连三地发生，最终支付清算权力也将形同虚设。第五，最后，也是最直接的一点。美国需要对SWIFT系统实施强有力地控制，以保证当美国决定以支付清算权力打击目标国家时，其意图能得到SWIFT系统的严格执行。

目前来说，最后一点似乎不是问题。SWIFT自身没有权力对主权国家做出制裁决定，面对外部针对某国实施制裁的压力，它一般在表面上会保持政治上的中立，对外公开声称"SWIFT不会因政治压力而单方面切断与某组织的联系"。① 然而，多方面因素决定了SWIFT实际上不可能摆脱美国的控制：第一，美国是SWIFT的创始国之一，SWIFT虽在法律上接受比利时和欧盟法规监管，但美国可以通过十国集团（G10）的中央银行做出对SWIFT进行监督管理的特定安排。第二，美国拥有世界最大的金融市场，美元是国际金融交易中交易量最大的货币，SWIFT系统无法脱离美国市场而存在，也就在实际上无法绕开美国法律的管辖。第三，美国主要银行，例如花旗、摩根大通等是SWIFT

---

① "SWIFT: 'No authority' to suspend Russia, Israel from international payments over sanctions", Oct. 6, 2014, https://www.rt.com/business/193464-no-authority-swift-russia-israel/.

主要会员和股东,这些金融机构与美国政府的密切联系,可以确保美国必要时有能力从内部影响SWIFT决策。① 第四,更重要的是,虽然欧洲与美国并不是在所有问题上都能达成一致,但二者毕竟是政治、军事和经济上的同盟,欧洲在政治和安全上长期依赖、追随美国,对美国监控欧洲内部资金流动,欧洲似乎只能采取默许的态度,在涉及通过SWIFT对第三国实施制裁问题上,如果美国坚持,欧盟除了妥协几乎别无选择。②

除了公开的合作,美国对SWIFT的暗中监控能力也很强。"9·11"事件后,美国曾经通过"反恐金融追踪计划"获得进入SWIFT系统的端口。③ 2009年这一计划被曝光后一度遭到欧洲国家的反对,但美国通过对德国施加外交压力,以某种变通的方式继续合法从SWIFT系统获取信息。④ 此外,根据斯诺登披露的文件,美国国家安全局(NSA)还有一项名为"追踪金钱"(Follow the Money)的监视项目,该项目通过各种非公开渠道从SWIFT截获几千家银行的交易数据。⑤

(三)交易定价权

美元的定价权主要来自美元计价单位功能,其基本涵义是美国基于美元作为计价单位的功能和地位,通过改变本国货币政策,影响控制美

---

① 根据SWIFT官方网站的资料,SWIFT现任董事长是来自美国花旗集团的执行董事Yawar Shah,来自J. P. Morgan的首席信息官Alan Goldstein的同时担任董事,参见https://www.swift.com/about-us/organisation-governance/board-members#topic-tabs-menu。

② 美欧之间的不平等关系,从美国监控SWIFT被曝光后欧盟的反应可以看得很清楚。美国辩解称,监控是"为美国及其盟友提供针对可能影响全球经济的国际金融危机提供早期预警"。欧洲国家在做出象征性的抗议之后,很快就偃旗息鼓。参见Gregor Peter Schmitz, "SWIFT Suspension? EU Parliament Furious about NSA Bank Spying" *SPIEGEL ONLINE*, Sep. 18, 2013。

③ "Belgian PM: Data Transfer Broke Rules", *Washington Post*. Sep. 28, 2009.

④ 在"反恐金融追踪计划"被曝光后,美国在2009年11月试图与欧洲签订"欧美恐怖主义金融追踪计划"的协议("EU-US Terrorist Finance Tracking Programme, TFTP),虽一度遭到欧洲议会的否决,但在德国的支持下,最终让稍微缩水的协议版本获得通过。参见Laura Poitras, Marcel Rosenbach and Holger Stark, "Follow the Money: NSA Monitors Financial World", *SPIEGEL ONLINE*, Sep. 16, 2013。

⑤ Laura Poitras, Marcel Rosenbach and Holger Stark, "Follow the Money: NSA Monitors Financial World", *SPIEGEL ONLINE*, Sep. 16, 2013.

元与其他货币的汇率，进而通过美元汇率的变化和金融机构跨国资产重新配置，影响甚至操纵大宗商品价格和外国资产价格，实现本国经济、政治和战略目标。

1. 汇率决定

不同货币的汇率，受很多不同因素影响。在最直接的意义上，两种货币的汇率取决于外汇市场对两种货币的供求关系。就一国而言，影响本币与外汇供求的主要是两股力量：在贸易端主要为贸易差额，在资本端为跨境资本流动。根据国际收支的吸收理论，贸易差额在数量上等于该国收入和支出的差额。该国储蓄率、技术竞争力、贸易条件、贸易壁垒、跨国生产转移会从不同角度影响本国居民的收入以及对本国和外国商品的购买选择，最终影响贸易差额。一般而言，顺差会导致对本币需求的增加和外币的供给增加，从而推升本币；逆差则导致对外币的需求增加和对本币的供给增加，还会导致本币的贬值。

尽管贸易差额是决定汇率的重要基本面因素，但在资本项目开放的情况下，资产流动的波动性远远大于经常项目，资本流动净额也可能大大高于该国贸易差额的规模，因而跨国资本流动会是影响汇率的更加显著的因素。一般来说，影响资本流动的主要是一国相对外国的金融资产收益率和风险水平。金融资产收益率在长期上取决于经济增长率，但短期则主要受到通胀、利率、资产价格和汇率变动及其预期的影响。金融收益率相对外国越高，风险越低，越容易吸引资本流入，增加对本币的需求，从而推升本币汇率。反之，收益率越低，风险越大则本币汇率越倾向贬值。

美国操纵美元汇率的核心工具是美联储的货币政策。作为国际计价货币，美元是其他各国货币定价的基准，无论各国执行何种宏观政策，其货币内在价值和市场供求如何，理论上，只要美国改变美元自身的内在价值或市场供求关系，各国货币相对美元的汇率就会相应做出反应——这意味着各国货币兑美元汇率至少有一半处于美国的影响之下。美联储对美国利率的调整，是上述汇率定价过程的核心机制。虽然影响不同国家金融资产收益率的因素很多，但美国利率水平的变化无疑是这些影响因素中最强大有力的一个。一旦美联储对美国货币政策做出趋势性调整，利率的变化将直接改变金融市场资本流动的方向，每年将有几万亿甚至几十万亿套利资本在美元和非美元货币资产之间流动，这种跨境套利交易（Carry Trade）对各国货币汇率有着巨大甚至决定性的影响。通过货币政策权力塑造市场趋势进而驱动套利资本重配资产，也已经是美国操纵汇率以及其他金融资产价格的一种常规的操作模式。

从历史上看，每次美联储趋势性政策调整之后，美元指数都会在其后不久跟随出现方向性调整。如图3—1所示，从20世纪70年代以来，美元已经跟随美联储利率调整发生两次大的波动。1979年开始的猛烈加息使美元指数在1985年1月达到160点的历史高位，随后又随利率的下调在1993年跌回到80点附近。这一波动在1994年到2008年间重演，目前处于第三波上涨的中后段。

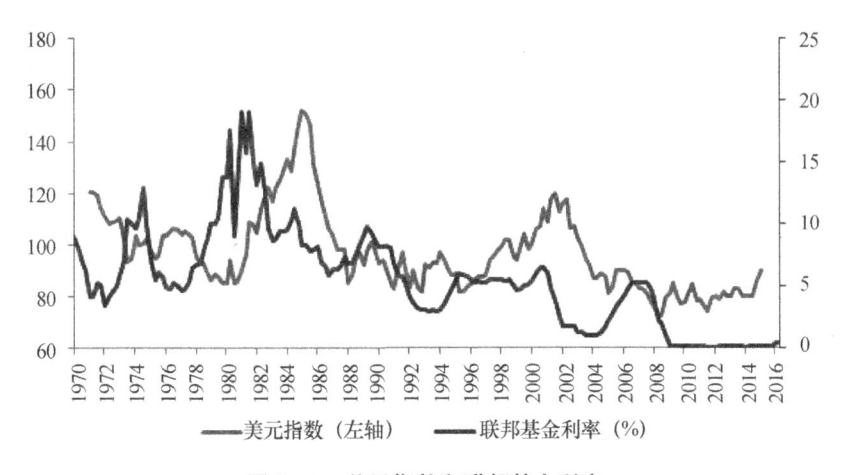

图3—1 美元指数和联邦基金利率

数据来源：美联储。

伴随着美元指数的波动，外围国家货币都会相对美元明显走弱或走强。例如，1994年加息前3个月，中国、马来西亚以及土耳其货币分别贬值33%、7%和24%。首次加息后3个月，土耳其、墨西哥、南非货币贬值52%、6%和5%。2007—2012年间，美日债券利差从高点时的3个百分点下降到不足1个百分点，而同时日元对美元展开了一轮颇具声势的上涨行情，一路升值至75日元兑1美元。从2012年末开始，美日利差扩大，日元走软。2014年8月，日本10年期国债收益率一度降低至0.504%，而同一时间美国10年期国债收益率为2.48%，二者之差达到1.976%，美国和日本国债收益率利差的扩大和美国加息预期引起日元持续长达3年的大幅贬值。

现实中，美国国内宏观经济有时可能不支持通过加息影响汇率，此时通过各种公开或非正式的前瞻指引进行预期管理，依然可以有效操纵汇率。预期管理的做法很多，例如由美联储主席或其他重要官员发表讲话，公开制造未来加息或降息的预期，可以间接影响汇率。美联储前主席伯南克对美联储通过公开谈话影响汇率并不讳言，他在2015年3月的一次谈话中说："我在美联储工作时偶然观察发现，货币政策98%是靠说的，2%才靠做的。"除了美联储官员的公开谈话，美联储也经常定期公开一些内部文件，例如FMOC会议记录、利率预期点阵图等等，来设定、强化或弱化某种市场预期。预期管理的第三种做法，是与媒体、金融机构的"非正式"沟通，通过内幕记者撰写新闻分析、专栏以及美联储内部有意泄密等途径，将美联储货币政策意图提前传递给市场，塑造并不断强化即将加息或降息的预期。美国学者的一项研究表明，《华尔街日报》、彭博社（Bloomberg）等媒体以及美国主要金融机构可以在美联储重要会议记录公开发布前获得消息。其中，《华尔街日报》记者约翰·希尔森拉斯（John Hilsenrath），专门负责联系美联储并撰写有关货币政策分析和评论，有"美联储通讯社"之称，在协助美联储塑造市场趋势方面扮演重要角色。[①]

除了操控货币政策和货币政策预期，美国也有其他一些影响美元与其他货币汇率的辅助措施，我们以操纵美元升值（目标国货币贬值）为例加以说明。

改善本国国际收支。改善本国国际收支，减少逆差，可以减少外汇市场美元供给，提升美元的市场吸引力。同时，经常项目收支改善，意味着美国债务水平的实际下降和未来美国财政赤字货币化风险的降低，

---

① 参见 Anna Cieslak, Adair Morse & Annrtte Vissing-Jorgensen, "Stock Returns over the FOMC Cycle", Working Paper, Oct. 9, 2015. http://faculty.haas.berkeley.edu/vissing/cycle_paper_cieslak_morse_vissingjorgensen.pdf。

这也会提升美元的内在吸引力。改善资本项目，最简单的方法是限制资本外流。美国60年代曾经采取征收利益平衡税、限制外国企业融资、实施直接资本管制等一系列措施。改善经常项目，可以采取收缩财政、对特定进口商品加征消费税或征收惩罚性关税、鼓励产业升级、提供出口补贴等措施来实现。20世纪90年代中期，克林顿政府在第二任期实行了明显的紧缩财政措施，经常项目大幅改善成为美元走强的重要推动因素。

推升本国资产价格。资本流动和汇率水平本质上取决于一国各种金融资产的收益水平。除了加息或制造加息预期，以某种方式拉抬美国资产价格，既可以促进经济增长，又可以增加美元资产吸引力，促进美元升值。同样是在克林顿执政时期，美国资本市场以科技创新为题材，走出了一波以互联网为核心的新技术企业股票牛市。尽管股市逐渐形成泡沫并最终在2001年崩溃，但在股市上升期吸引大量外部资本流入美国市场，助推了美元的强有力升值。

打压美元替代资产。从国际金融市场投资的角度，其他国家货币、资产以及黄金和大宗商品，本质上都是美元以及美元资产的替代品。高盛、摩根大通、花旗银行等美国金融机构和数量众多的基金公司，既是相关国际金融市场上的主导者，又与美联储存在千丝万缕的联系。在美联储暗示将在某一时期推行强势美元政策的情况下，这些金融机构通常会在市场顺势做空美元替代资产，快速且有效地推升对美元以及美元资产的避险和投资需求，促进资本从其他货币向美元配置，从其他国家向美国回流。自2014年美国逐步退出量化宽松政策以来，具有主导能力的美国金融机构对大宗商品和国外资产价格的打压，导致新兴市场国家和大宗商品出口国的股市、汇市大幅度下跌，而周期美元则大幅走强。

除了资产替代效应，大宗商品价格也可以通过其他两个路径影响美元汇率。一是通胀效应。对于作为大宗商品主要进口国的美国而言，大宗商品，特别是石油价格的上涨，将使美国的通胀相对一般国家更快上升，通过相对购买力平价效应，美元相对其他货币将出现贬值。二是贸易逆差。作为世界石油的主要进口国，石油价格的上升，将显著增加美国的贸易逆差，这将在经常项目项下增加外汇市场的美元供给，推动美元贬值。正如美国20世纪70年代的情形，石油价格的上涨导致美国经常项目收支逆差的持续扩大，而持续大幅上升的通胀，导致美元在 20 世纪 70 年代末期的下跌几乎失控。

2. 大宗商品价格决定

大宗商品的价格，理论上首要的决定因素是供求关系。美国的强大之处正在于，其能够从各个层面影响和控制全球石油的供给。第一，最简单直接的方式是控制主要石油生产国。美国与沙特至少从 20 世纪 70 年代初就建立了基于政治、安全、经济共同利益的"特殊关系"。以色列的威胁以及自身国防的脆弱性，迫使沙特等国必须寻求美国为其提供安全保护，为此付出的代价则是这些国家在能源和金融政策方面必须要服从美国的利益。解密的外交文件显示，几乎每次重要能源国际会议前，美国与沙特等国都会协调政策立场，而几乎每次他们之间发生分歧时，做出妥协的必然是阿拉伯国家。① 第二，目前 OPEC 的石油产量占世界石油产量的 40%，沙特控制着整个 OPEC 的石油产出，且沙特是拥有最大冗余产能的国家，而这种冗余产能恰恰是油价的决定性力量。第三，不仅 OPEC 产能巨大，美国自身石油产能也在快速增长。2014 年，美国日产原油达 840 万桶，总产能占世界石油产能的 10.8%，为世界第三大石油生产国。美国的页岩油产量从 2007 年的约 40 万桶/日上升到 2014 年的 400 万桶/日，是除沙特之外，世界最大的新增产能国。第四，自"9·11"恐怖袭击以来，美国通过在中东和北非的军事行动，直接控制了伊拉克、利比亚的能源供应，两国可以根据美国和 OPEC 的需要增加或减少产能。同时，美国可以通过伊核问题，随时强化或放松对伊朗的经济制裁，以控制伊朗的石油的产能和出口规模。第五，美国建立了世界最大的石油战略储备和商业储备。定期公布的美国能源信息署（EIA）原油储备数据，实际上成了美国影响世界石油市场供求和预期的一个强有力杠杆。第六，如果上述这些能力还不够，美国还有世界最强大的军事力量，可以在包括中东在内的世界主要石油产区制造、激化各种地缘政治冲突、民族和宗教矛盾，来影响和控制石油市场。历史

---

① 参见美国外交政策档案：https：//history. state. gov/historicaldocuments/ frus1969 – 76 v37/d281。

上数次中东战争都极大地影响了油价变动，而每次战争发动的背后，都有美国深度介入的痕迹。① 90年代以来两次海湾战争以及"基地"组织、ISIS等恐怖组织更是美国一手发动和策划，这些战争和恐怖恐怖活动都极大地影响了石油的供给和价格波动。

对石油供给的控制并非是影响石油价格的全部，美元作为国际大宗商品计价货币这一地位本身，使美国在供求关系之外，获得了另外一个影响大宗商品价格强有力的杠杆。通常情况下，美元升值，不考虑其他因素，大宗商品价格会下跌；如果美元贬值，大宗商品的价格就会上升。历史上1980—1985年石油价格的总体下跌，与强势美元存在密切的关系。1997—1999年石油价格的下跌，2001—2007年石油价格的猛烈上涨，2014年以来的石油价格暴跌，都与同期美元的走强或走弱有极为密切的关系。从图3—2可以看出，最近15年以来，美元汇率与大宗商品价格存在明显的负相关关系。韦勒等人（Christian E Weller & Scott Lilly，2004）的研究显示石油价格和美元汇率之间的相关系数为 -0.7，这绝非偶然，而是美元定价权的现实反映。

美元大宗商品定价权的形成，背后存在三种可能的机制：

第一，相对价值效应。美元是国际大宗商品交易的计价和结算货币，如果作为计价单位的美元内在价值下降，假定其他因素不变且大宗商品价值保持稳定，则单位大宗商品的美元价格，必然会出现上升。

第二，风险对冲效应。国际大宗商品交易主要通过期货等金融衍生品市场完成。在机构投资者全球投资组合中，大宗商品一般被作为无风险资产（美元和美国国债）的风险对冲。美元如果走强，大宗商品作为美元贬值风险对冲的作用下降，对大宗商品的避险需求就会有所下

---

① 对美国解密外交档案的研究表明，美国在第四次中东战争之前掌握埃叙发动攻击的情报，但无意阻止战争爆发，只是要求以色列不得先发制人。战争开始后，美国公开支持以色列。美国的一个盟友（沙特）"被迫"参与石油禁运，另一个盟友（伊朗国王巴列维）则在德黑兰会议极力鼓吹提高石油价格。有证据显示，两国的行动得到美国的默许和支持。对"赎罪日战争"进程的历史档案分析，参见William Burr edits，"The October War and U. S. Policy"，the National Security Archive，http：//www.gwu.edu/~nsarchiv/NSAEBB/NSAEBB98/。有关美国"策划"石油危机的研究，参见William F. Engdahl，*The Power of Money*：*The Rise and Decline of American Century*，chap. 11。

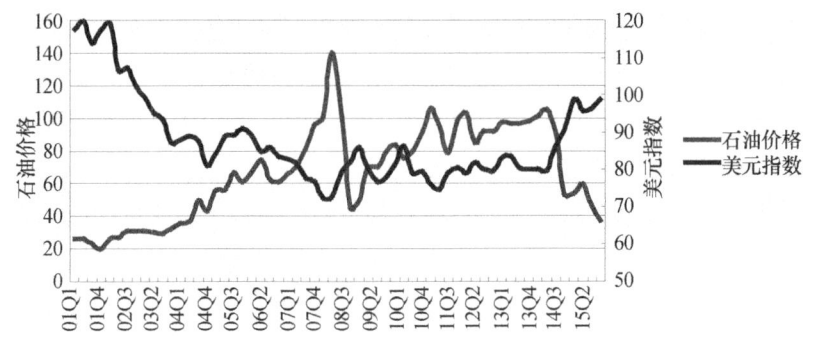

图 3—2 美元汇率与石油价格

数据来源：Wind 资讯。

降，其价格会因此走低。

第三，购买力补偿效应。当美元汇率贬值时，如果大宗商品价格不变，则生产者所获美元收入的国际购买力将因为美元的贬值而下降。在卖方主导的市场，大宗商品生产者会要求与美元贬值相关的风险溢价以补偿自己的购买力损失，从而推高大宗商品的价格。

美元国际地位赋予美国的大宗商品定价权，在一些时候会实际超出真实供求关系对大宗商品价格的影响。通过操纵汇率间接地操纵大宗商品价格，使美国掌握了独立于大宗商品生产国的强大的大宗商品定价权，也使美国以较小外交、经济和政治资源的付出，获得了极强的影响全球范围内财富分配和资本流动的能力。这是美国在国际经济政治博弈中所独有的，其他大国无可比拟的优势。

3. 资产价格

资产价格除了受资产自身内在收益水平的增长预期影响，从宏观角度来看，由货币政策决定的流动性和利率水平可能是最重要的外部变量。也正是因为这一点，掌控全球流动性供给的美联储，实际上拥有了影响各国资产价格的能力。2008 年金融危机之后，美联储史无前例地推出大规模量化宽松政策，直接向金融市场释放超过 3 万亿美元的流动性，助推美国股市和房地产市场出现自 2009 年 3 月触底以来持续超过 8 年的牛市，也成为危机后一段时间全球资产价格大幅后弹的重要动力。

与汇率的决定类似，预期和对预期的管理可能比货币政策的实际变化本身更为重要。美国的一份研究报告表明，从1994年到2013年，美国股市的上涨几乎都发生在货币宽松政策预期阶段，而一旦货币宽松预期兑现，资产价格则可能出现上涨后的回调。另一方面，对于货币政策预期的形成，美联储及其货币政策指引在其中扮演关键的角色。联储在召开货币政策委员会会议，或者通常两周一次的美联储理事会会议前后，往往通过官员谈话、发布会议记录以及媒体报道等方式向市场透露其政策意图，目的是影响宏观经济预期和市场风险偏好，促进货币政策目标的实现。

美联储对资产价格的影响远不限于美国国内。美元国际货币地位赋予美国对全球流动性规模、利率、汇率的控制能力，美国不仅能普遍影响各国资产价格，也能针对特定国家资产价格施加特别影响。这可以通过三个机制来实现：

第一，目标国固定汇率制度下的贸易差额——流动性跨国传递机制。美国如放松货币政策，会导致本国贸易逆差和目标国的贸易顺差，在固定汇率制度下，目标国流动性将因外汇占款增加而被动投放，资产价格将因流动性供给增加而上涨。雷伊的研究显示，境外资产价格、金融机构杠杆率、信贷规模和美国Vix指数具有共同的背后决定因素——美国货币政策。联邦基金调整后，境外金融机构杠杆、信贷流量、资产价格和美国Vix指数均会在一定时间之后发生波动，从而形成所谓的全球金融周期。[1]

第二，目标国浮动汇率制度下的汇率——套利资本流动机制。在这种情况下，如果美国放松货币政策，美元贬值而目标国货币升值，同时辅以其他因素（比如政治施压）强化目标国升值预期，国际投资者基于套利和获得汇率升值收益的目的将涌入目标国资产市场。而流入国此时流动性相应宽松，宏观经济景气改善，风险偏好也会相应提升，最终内外因素共同推升目标国资产价格。如图3—3所示，从20世纪80年

---

[1] Rey, Hélène, "Dilemma not Trilemma: The Global Financial Cycle and Monetary Policy Independence", NBER Working Paper 21162, 2015.

代开始，主要基于这种机制阶段性美元贬值以及美国对相关国家（地区）货币施加的货币升值政治压力，使日本、中国台湾、韩国在 80 年代后期，中国在 2005—2008 年出现股票和房地产牛市。

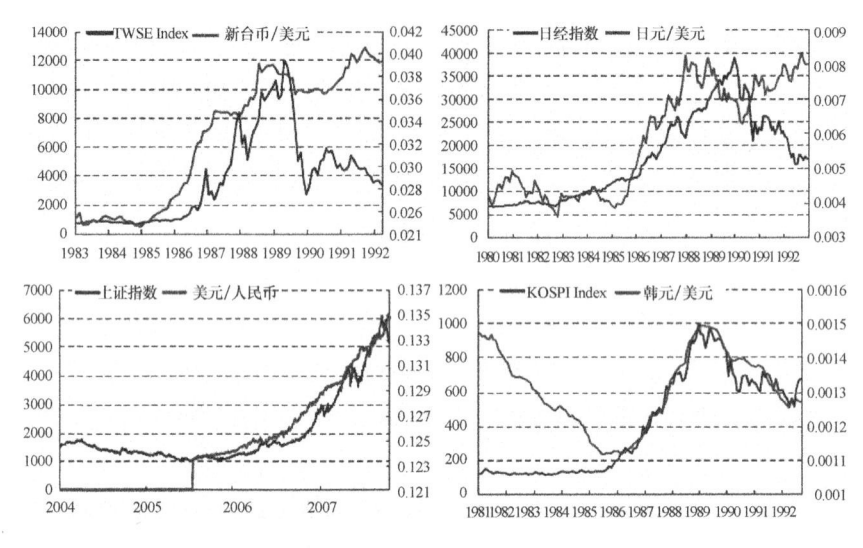

图 3—3 汇率与股票价格

资料来源：彭博社。

第三，汇率——大宗商品价格机制。对于部分大宗商品出口国而言，如果美国降息推动美元贬值，大宗商品价格将可能上涨，大宗商品出口国企业盈利预期改善，这将吸引资本流入该国资产市场。目标国汇率上升和经济增长前景的向好，将大幅提升资产预期收益和投资者风险偏好，使资产价格显著上涨。2001 年至 2014 年，澳大利亚资产价格，特别是房地产价格的持续上涨，与大宗商品价格的长期牛市有直接关系。而大宗商品价格之所以上涨，从根本上说，取决于小布什政府实施货币宽松政策所开启的美元贬值和大宗商品超级牛市。

在美元交易定价权的生成过程中，美联储货币政策权和美元计价货币功能是最核心的权力来源。除此之外，美元定价权的生成也需要必要的制度条件作为支撑，比如浮动汇率制度。浮动汇率制度是确保美元定价权生成、有效最重要的制度条件之一。没有 20 世纪 70 年代浮动汇率的合法化，美国对外国货币的操纵根本无从谈起。同样，没有浮动汇率制度下对美元和外国货币汇率的操作，美国对大宗商品价格和外国资产价格的影响力将受到极大的削弱。资本自由流动是美元交易定价权生成和有效的另外一个关键条件。对汇率、大宗商品和外国资产的价格操纵，必须首先进入相关市场。资本项目自由化正是美国20世纪70年代以来金融自由化的一个重要"成果"，美国和西方资本得以直接进入一些目标国资本市场，进而使控制全球汇率、资产价格、商品价格成为可能。如果没有资本的自由流动，美国资本被限制在目标国资产市场之外，美元交易定价权即使不完全丧失，也会受到极大的削弱。影响美元交易清算权的第三个制度条件是金融衍生品市场。期货、期权等衍生品因为更能反映未来的市场预期，被认为有利于提高金融市场定价的效率。然而，这并非建立衍生品市场的充分理由。这些市场的建立，其真正意义在于实现商品定价的金融衍生品化，这种定价机制的变化使得影响衍生品市场价格波动的因素——全球流动性、地缘政治、市场情绪，特别是美元汇率，能够在真实市场供求之外，更大程度地影响价格，使能够操纵全球流动性、美元汇率的美国政府和美联储在很大程度上获得交易定价权。而没有金融衍生品市场，美元对大宗商品价格的影响力和效率将被明显地弱化。

除了制度条件外，我们也必须关注在美国政府之外导致美元权力生成和有效的一些市场主体，例如媒体、投行、对冲基金、评级公司等等。这些机构在美元交易定价权生成和操作过程中发挥着不同但都非常重要的作用。投行、对冲基金等机构投资者是美元定价权力的具体履行者，他们对某一种货币、商品和资产的多空配置，是导致其价格波动的直接力量。通过实际的市场交易，他们可以向市场释放某种价格信号，吸引从众者跟风介入，引领市场的做多或做空。发生在1992年的英镑危机和1997年的亚洲金融危机，证明通过市场领导地位和个人才智，单一对冲基金经理能够令人难以置信地操纵金融市场，与强大如英国政府展开对决。索罗斯在做空英镑、泰铢、港元以及相关金融资产过程中展现的巨大能量，甚至引起美国一些国会议员对金融大鳄操纵市场的担忧。1993年6月，美国众院银行委员会主席亨利·冈萨雷斯试图让联储和美国证监会（SEC）评估索罗斯对外汇市场的影响，此事虽最终不了了之，但足以从侧面说明具有美国背景的金融机构在国际金融市场的巨大影响力。①

媒体的作用也不容忽视。媒体虽然不直接参与货币、商品、资产的做多与做空，但媒体在塑造市场趋势方面具有关键的影响力。媒体通过有选择性地发布新闻、专家评论、内幕信息及深度报道，对舆论实施控制，传播市场操纵者对宏观经济、资产价格看多或看空的信息，引导风险偏好和投资方向的选择。美国非常善于利用自己对国际媒体的控制，对可能影响汇率、商品、资产价格的事件加以渲染。在2001—2007年这轮大宗商品价格上涨过程中，OPEC生产配额遭遇挑战、委内瑞拉油田罢工、墨西哥飓风、尼日利亚油田停产等事件，都被美国媒体大肆报道，为市场多头拉升大宗商品创造了极其有利的市场氛围。

最后必须指出的是，虽然我们主要关注美元货币权力的积极层面，但本章所识别界定的所有这些货币权力都有"消极"的一面，即美国因为拥有这些权力，不仅可以对其他国家施以影响甚至形成制约，还可以使自身免受（或减轻）来自其他国家货币权力的影响和制约。事实也是如此，当今世界，没有哪个国家能够在融资方面对美国进行制裁，也没有哪个国家能够动摇美国货币政策的独立性，更不用说通过本国货币政策操纵美元汇率或者将美国逐出SWIFT体系，这正是美元货币权力赋予美国巨大宏观经济自主性的体现。

---

① Adam Harmes, "Hedge Funds As A Weapon of State? Financial and Monetary Power in an Era of Liberalized Finance", York University, YCISS Occasional Paper Number 57, March 1999, p. 20.

第四章　货币国际化与国际货币权力的生成

在上一章，我们分析了国际货币权力的识别、类型及其有效性。本章将向前推进一步，讨论一国如何生成和获得货币权力。我们将首先提出一个分析货币权力生成的理论框架，在此基础上分析不同货币来源通过何种机制和路径生成货币权力，探究货币权力的生成是一个市场自发的过程，还是政府主动介入并施加影响的结果。我们特别关注的问题是，何种因素导致货币权力和地位的分层，为什么有的国家货币成为顶级货币，而其他国家的货币只能成为次要的国际货币，甚至根本无法实现国际化？求解这些问题，将为理解货币权力操作，以及未来在人民币国际化进程中构建人民币的货币权力提供理论支撑。

一、新综合现实主义

国际货币权力不是无源之水，无本之木，其生成和操作依赖于若干关键的要素：

（一）功能

货币的国际功能是货币权力最直接的来源，也是货币权力运行的载体。特定货币权力的生成和操作，依赖于该货币在国际经济交易中所扮演的角色。货币功能又是货币权力的载体。不同的国际货币功能，决定了不同货币权力的生成路径和操作机制。没有国际化的货币，不可能有国际货币权力；没有国际货币的不同功能，就没有不同类型的货币权力，货币发行国也无法利用货币对外施加影响。

货币权力的生成具有某种程度的货币功能累积和叠加效应。国际货币功能越强，对应的货币权力往往越大；具有的货币功能越多，总体的货币权力就会越强。一种货币如果只具有一两种功能，其所产生的权力是有限的，但如果其在结算、计价和储备三个方面都处于主导地位，那么就产生了戴高乐所说的"过分的特权"。[①] 顶级货币就是这样的货币，它拥有所有货币职能，占据最高的市场份额。其他国际货币往往只具有部分的国际货币功能，在市场地位上也与顶级货币相差悬殊。例如，美元是唯一的全球大宗商品计价货币；作为交易中介和储备货币，美元在全球交易中的占比远超其他货币；作为国际储备货币，在各国央行外汇储备中，美元占比超其他主要国际货币份额的总和。这种功能和地位上的差异，决定其他货币与美元在货币权力上的巨大差异。

（二）制度

一国货币成为国际储备、交易和结算货币，只是其拥有货币权力的必要条件而非充分条件。正如第三章已经提到的，要获得货币权力并使其真正有效，还必须有一套系统的制度作为保障。以美元定价权为例，为了这一权力的生成和有效，美国主导完成了一系列的国际制度层面的变革：与沙特等国达成石油交易以美元计价的秘密协议；废黜布雷顿森林体系，转而支持各国实行浮动汇率制度；宣扬"华盛顿共识"，推动资本项目自由化、金融市场开放和经济去管制化；推进大宗商品交易衍生品话，从1971年起开始设立外汇期货，80年代开始设立商品期货，支持其他国家推出金融衍生品。所有这些制度上的变化，都在70年代之后约十年左右时间全部完成，美国由此获得了具有空前巨大影响力的美元交易定价权。

同样的道理，美国的货币发行权，也是一个巨大制度变革的结果。布雷顿森林体系下的国际货币制度，在法律和制度层面确立了美元的全

[①] "过分的特权"语出法国前总统德斯坦，是其1965年2月在任戴高乐政府财政部长期间对美国货币权力所做的一个评论，后被戴高乐总统反复引用。

球主导货币地位。1971年，尼克松政府废黜布雷顿森林体系以及随后牙买加体系下的黄金非货币化，在将美元与黄金脱钩的同时，把黄金彻底打翻在地，实现了国际货币体系有史以来首次真正意义上的一币独尊，美国从此独揽国际货币发行权，美联储成为事实上的全球中央银行，主导全球利率和汇率。美元融资权和货币权不仅强大而且几乎不受约束，没有背后一整套国际制度的构建，是不可能获得的。

（三）智识

我们把智识定义为包括意识形态、学术观点和信息在内的人类智慧和知识的总称。智识的生产、传播跨越智库（大学）、企业、媒体、政府等诸多社会部门。不同的智识代表着其生产、传播者不同的价值观和利益取向。在全球范围内，并不存在对所有国家、群体、个人普遍有利的智识。对于货币权力而言，智识之所以重要，原因在于通过对特定意识形态、学术观点、信息的生产和传播，可以塑造一种有利于某一货币权力生成、操作的经济和社会环境，使货币权力的生成成为可能，也使权力操作变得更有成效。

第一，助推国际经济制度的构建。国际制度构建成功与否，在很大程度上取决于人们对经济活动、经济规律认知和接受的程度。从历史上看，国际货币金融体制每次巨变的背后，几乎都有一场智识上的运动作为铺垫。例如，20世纪70年代初弹性汇率制度的兴起，与米德、弗里德曼、哈伯勒等人对于市场机制调节国际收支有效性的极力鼓吹有密切关系。80年代席卷全球的经济自由化和去政府管制化浪潮的背后，是哈耶克、弗里德曼等人推动的古典自由主义复兴运动和新自由主义改革范式。90年代末诞生的欧元，则是蒙代尔、麦金农等人最优货币区理论的现实产物。没有富于洞见的智识的指引和推动，很多国际制度将无从谈起，将无法生成并操作货币权力，像欧元这样的一些国际货币，甚至根本不会出现。

第二，引导、塑造特定市场趋势。智识是操作货币权力的重要抓手。以交易定价权为例，对特定国家汇率、资产价格的操纵，除了美国自身利率政策的变化外，离不开对目标国宏观经济形势的某种观点、信息的传播、渲染。这种传播渲染，可以在很大程度上聚集市场跟风者，强化某种市场趋势，达到操纵市场价格的目的。在20世纪90年代中期的亚洲金融危机中，对冲基金轻易击败泰国、印度尼西亚这样的亚洲经济体，将亚洲拖入一场严重的货币金融危机，智识扮演了重要的角色。在学术层面，有克鲁格曼这样的"权威"学者高声唱空亚洲新兴经济体；在操作层面，是索罗斯等金融大鳄通过媒体不断炮制、散布针对亚洲经济体的各种看空舆论，引发市场的恐慌性抛售。与之类似，20世纪最初10年"石油枯竭论"的大肆宣扬，曾经是石油价格暴涨的重要助推因素；最近5年学术界对"页岩油革命"的渲染，又成为空头做空市场，原油价格暴跌的背后推动力量。

（四）实力

实力是一个国家所拥有的，能够帮助其实现本国目标的能力和资源的总称。一国的实力，在总量意义上，是该国经济规模、人口数量、资源禀赋、科技研发、军队素质、武器技装备乃至国民精神等实力要素的函数。在诸多实力要素中，经济实力和军事实力是硬实力的核心，是国家实力最主要的两个组成部分，也是一国货币实现国际化的根本保证和货币权力的基本来源。一国货币要想成为顶级国际货币，经济实力和军事实力缺一不可。

经济实力是推动货币国际化的基本力量。任何国际货币功能的形成和强化、国际货币制度构建、智识的生成与传播，都必须建立在一定的经济规模、经济竞争力和国际经济影响力的基础之上。一方面，没有强大的经济实力，一国货币很难成为有影响的国际货币。在20世纪鼎盛时期，虽然苏联在军事上强大到可以和美国以及整个北约集团抗衡，但其经济上的地位与西方集团相去甚远，卢布从没有接近更不用说达到当时美元的地位。另一方面，也不是仅靠经济上的规模和实力就可以实现货币登顶。正如本章下面将要阐述的，一国货币关键国际货币功能的获取、货币地位的维护、货币权力的操作，都离不开强大的军事（政治）实力作为支撑。没有军事和政治实力作为支撑，一国货币即使实现了国际化，也无法登顶最高货币。例如，美国在19世纪后期经济产出已经超过英国，但经济规模并未使美元成为国际主导货币，直到第二次世界大战美国全面主导西方军事、政治体系，美元地位才最终超过英镑。而更早的英镑，也是在英国军事上击败荷兰和法国才得以确立货币霸主地位。

（五）结构

一国货币能否实现货币国际化并生成国际货币权力，不仅看该国绝对意义上的实力的总量，还要从结构的角度，看该国与他国的相对实力。没有相对的实力优势，一国很难将本国的实力转化为能够对他国产生影响的权力。国际体系的结构，主要取决于两个方面的因素：其一，不同国家间的实力分布。即体系内单个国家各自占有的硬实力的相对值或百分比；其二，不同国家间的排列规则。即体系内不同国家相互结盟、组合的关系及其规则。上述两方面因素共同作用的结果，是在体系内形成若干能够对他国具有权力支配关系，由一国或国家集团组成的力量极。[①]

不同的体系结构可以用国际体系中力量极的数量和实力对比来界定。如果体系中只有一个强大且具有支配权力的力量极，就是所谓的霸权结构。霸权结构里的霸权国具有强大甚至是单边的经济、军事和政治权力；具有两个强大但基本处于均势的力量极，力量极的核心国家在各自国家集团内部具有一定支配地位的体系结构，是一种双头结构；具有多个力量极，但没有任何一极具有明显支配地位的体系结构，是一种多极结构。20世纪90年代初苏联解体之后，国际体系是一种典型的美国主导的霸权结构。而苏联解体之前，国际体系在安全角度是一种对立双头结构，美苏基本处于均势。这种结构使得无论美国还是苏联在体系中的权力都受到对方的制约，无法针对对方采取单边的军事和政治行动。不仅如此，在双头或多极结构中，不同力量极核心国家间的利益争夺，

[①] 肯尼思·沃尔兹认为，界定体系结构的标准有三个：排列规则；单元功能；不同单元之间的力量分配。但本书认为，国际体系中国家间功能的差异主要取决于国家力量的差异，因此，体系内国家间排列规则和力量分配基本可以界定国际体系结构。参见［美］肯尼思·沃尔兹著，胡少华等译：《国际政治理论》，中国人民公安大学出版社1992年版，第117页。

可能使体系内相对次要国家获得一定的政治和货币权力空间。20世纪60—70年代的法国，不仅在政治上和军事上与美国高唱反调，60年代中期甚至直接对美国发起货币战——将大规模美元储备向美国兑换黄金，极大地冲击了布雷顿森林体系的稳定。[①]

总体上说，新综合现实主义分析框架具有明显的现实主义特征：以国家为主要行为体，强调实力的地位和影响，同时吸收结构现实主义国际政治学派的观点，认为国际体系结构是影响国家权力，进而影响货币国际化和货币权力生成、操作的重要因素。在现实主义之外，这一框架之所以冠以"新综合"的称谓，是因为其吸收了非现实主义国际政治理论的合理内涵。例如，我们重视制度的作用，认为国际货币、金融制度是货币权力生成的重要基础和保障。这一框架也注意到了人类思想、知识方面的因素——智识，认为意识形态、知识、信息也是货币权力的来源之一和有效操作的重要支撑因素。这样的一种以现实主义国际政治理论为内核、综合各种国际政治理论内容的研究框架，将使我们能够更加准确客观地理解国际货币权力及其生成和操作的机理。

我们的框架与经典国际关系理论也存在一些不同。我们不认为国际体系处于完全无政府状态。相反，由于权力极特别是霸权的存在，通过建立国际制度，关键货币国可以建立某种货币秩序。货币权力毕竟是一种经济权力，因此与米尔斯海默不同，我们不仅从军事，也从经济方面定义权力。我们认为，体系内国家关系的水平结构，而非沃勒斯坦世界体系论意义上的交换关系等级结构，决定了当今国际社会的等级特征，以及不同国家在体系中的实力地位和最终影响力的大小，也最终决定了国际体系的根本特征。与沃尔兹把结构置于影响国际关系的核心位置不同，我们认为结构决定于实力分配，只有在特定实力格局下，结构才会具有重要影响。我们也不像考克斯那样将各种要素不加区分地加以并列，而是认为各个要素在体系中的地位和层次是不同的。我们重视制度、智识在权力生成中的作用，但并不认为他们是独立的权力来源。

---

① 陈平、管清友，"大国博弈的货币层面——20世纪60年代法美货币对抗及其历史启示"，《世界经济与政治》2011年第4期。

二、货币权力生成的经济条件

国际货币权力根植于国际货币功能基础之上,一国国际货币权力生成的过程也是该货币实现国际化的过程。所谓货币的国际化,是指某种货币跨越国界,在发行国境外同时被本国居民或非本国居民使用和持有的过程或状态。[1] 一国货币要实现国际化,需要满足许多经济条件。[2] 在某种意义上,货币权力生成的过程,可以看做是一国从不同角度满足这些经济条件,最终实现货币国际化的过程。

(一) 国际经济规模的相对优势

国际货币的选择"不是基于其优点或道德价值,而是基于其规模"。[3] 经济规模是反映一国经济实力的基本指标,是决定一种货币能否成为国际货币,特别是顶级货币的最重要因素之一。艾肯格林等人的研究表明,一国 GDP 增长 1% 将使该国货币在外汇储备中的比重提高 1.33%。[4] 尽管这并不是现实中一个真实的变动关系,但解释了一国经济规模是影响发行国货币国际化的正向因素。在此基础上,其他学者通过对 1973—1998 年间主要国际货币数据进行面板回归进一步发现,两

---

[1] 参见 Peter B. Kenen, "Currency Internationalization-An Overview", Bok-BIS Seminar on Currency internationalization, Seoul, 19 – 20 March, 2009。

[2] 对这些经济因素的总结,可参见 Ewe-Ghee Lim, "The Euro's Challenge to the Dollar", IMF Working Paper06/153, Washington, D. C.: International Monetary Fund, 2006; J. Lawrence Broz, *The International Origins of the Federal Reserve System*, Ithaca: Cornell University Press, 1997, pp. 58 – 66。

[3] Kindleberger, "The Politics of International Money and World Language", Essays in International Finance No. 61, Princeton University, 1967, p. 11.

[4] 参见 Barry Eichengreen and Jeffrey Frankel, "The SDR, Reserve currencies, and the Future of the International Monetary System", in *The Future of the SDR in Light of Changes in the International Financial System*, edited by Michael Mussa, James Boughton, and Peter Isard, Washington, DC: International Monetary Fund, 1996, 337 – 378。

者为正向非线性关系。① 在国际产出、贸易和金融中占有大的份额的国家，其货币将在国际交易中占据天然优势。

经济规模对于货币国际化的积极影响主要表现在以下几个方面：

1. 支撑货币信用。纸币本身没有价值，其背后体现的是发行国的经济实力。接受一种货币体现了对该货币购买力的信心和对支撑该货币经济实力的认同。一国较大的经济规模，可以直接提高对本币的信心，提高货币的可接受性（Bergsten，1975；IMF，2005）。历史学家估计，19 世纪末超过 60% 的世界贸易以英镑结算，英镑储备占全球外汇储备的比例超过 40%，这一地位所依托的正是当时全球最大对外贸易国和最大经济体之一的英国。② 美元虽曾持续贬值多年却仍能维持市场信用，也是因为美国压倒性的规模优势和其公司的全球存在。③ 从现实来看，欧元之所以比单一的马克或者法郎更令美国人担心，一个根本的原因在于欧洲的经济规模比单一的德国或法国更能支撑其信用，这使欧元在交易中介、储备货币方面更有可能挑战美元的国际地位。

2. 促进国际交易网络形成。一些经济史学家发现，贸易规模是 19 世纪货币领导权的强有力的推动力（Flandreau and Jobst，2005）。这并不难理解。经济规模大的国家，在全球产出、贸易和金融中通常占有较大份额（Mudell，2003；Hartmann，1998）。同时，这样的国家也通常拥有最具影响力的市场，有足够的资源进行创新从而获取更强的产业竞争力，因而更容易将其经济活动扩展到世界各地。正如 19 世纪的英国所表明的，由经济规模带来的市场份额和竞争力，极大地推动了英镑作为交易和储备货币的国际使用，促进了英国银行在全球范围内拓展业务、构建英镑的交易网络，形成了英镑使用的规模效应和范围经济性，提高了英镑的流动性和吸引力（Bergsten，1975；Portes and Rey，1988）。

3. 维持经济稳定。货币的信用和价值的稳定性需要稳定的宏观经

---

① 参见 Menzie Chinn and Jeffrey Frankel, "Will the Euro eventually surpass the Dollar as Leading International Reserve Currency?", NBER Working Paper 11510, 2005。

② Elias Papaioannou, and Richard Portes, "The International Role of the Euro: A Status Report", Economic Papers 317, April 2008, EUROPEAN COMMISSION, p. 49. 英镑在全球外汇储备中的比重参见 Broz (1997, 1999); Schenk (2010a)。

③ 参见 C Fred Bergsten, "The Euro and the Dollar", in A. Posen (eds.) *The Euro at Five: Ready for a Global Role*? Washington, DC: Institute for International Economics, 2005。

济运行来支撑，经济规模的持续扩张也需要更强的维持经济稳定的能力。相对较小的国家，在同等情况下，经济大国有更高的经济地位和更多的经济权力，能够更有效地阻止和承受来自外部的压力和冲击，避免进行痛苦的外部收支调整。同时，经济大国也比小国有更多可供调动的经济资源，使政府能够有更多的手段和空间来调整经济运行的路径和节奏，从而更容易保持宏观经济稳定，巩固和加强外国政府和投资者持有该国货币的信心。

4. 助推建立金融市场。经济规模有助于建立具有广度和深度的金融市场。只有具有足够的经济体量，才能为本国货币提供较坚实的经济基础和较大的资本市场容量，保证有足够的基础资产来进行证券化以供全球持有。那些经济规模较小的国家，因为缺少具有国际影响的金融市场，其货币往往缺少流动性和投资价值，成为国际货币的可能性将因此远远低于经济大国。

到目前为止，无论历史上的英镑还是当今的美元，所有关键货币在其获得顶级地位之前，都已经是当时的顶级经济体。英镑在18世纪成为国际储备货币，不仅在于英国拥有全球最大规模的经济体量和国际交易，更重要的是，英国与当时世界其他国家相比，在经济上占据压倒性优势，并有能力将经济优势转化为货币地位。20世纪的美国和18、19世纪的英国一样。美国19世纪70年代经济规模超过英国，20世纪30年代又超过英国成为世界最大的出口国和资本净输出国。1945年布雷顿森林体系建立，美国的经济总量占世界当时经济总量的30%，黄金储备占到54%，居于绝对主导地位。相比于美国，瑞士虽政局稳定，且经济发展稳健，但受制于经济规模，瑞士法郎只能作为长不大的国际货币，而永远与国际主导货币无缘。

（二）持续、稳健、高质量的经济增长

既然货币国际化依赖于经济规模，如何达到这样的经济规模？答案是持续、稳健、高质量的经济增长。高质量的经济增长有两个方面的含义：首先，经济增长持续稳定，宏观基本面均衡、稳健，具有强大的宏观调控和风险控制能力；其次，经济增长依靠创新驱动而非要素投入，

产业处于全球价值链中高端，技术竞争力强大，产品具有竞争优势，增长动力强劲、可持续。

对于货币国际化而言，持续、稳健、高质量的经济增长有三个方面的意义：第一，促进经济规模的持续扩大。一国的经济规模与一国的国土面积、人口、资源和环境条件密切相关，但这并非绝对。日本、德国等国的崛起表明，即使中等规模国家，如果能实现持续、稳健及高质量的增长，也能成为世界级的经济大国。第二，提升货币的稳定性。稳定升值的货币，有助于提高货币作为交易中介、计价和储备货币的地位。货币稳定性与货币内在价值和经济风险高低有紧密关系，二者从根本上都取决于一国能否保持持续、稳健、高质量的经济增长。第三，提升货币的收益性。持续高质量的经济增长，有助于提高相关货币及其计价资产的收益水平，促进该货币作为交易中介和储备货币功能的形成和强化。

在过去 60 年中，东亚的日本、韩国、中国、新加坡等国家都曾经长期保持持续、稳健、高质量的经济增长，但拉丁美洲、东欧、非洲、西亚等许多国家则经济起伏跌宕，在全球经济中的地位下跌明显。一国要实现经济持续、稳健、高质量的增长并非易事，需要至少满足下列条件：

适度的流动性和稳定的通胀（Bergsten，1975）。保持价格的合理稳定，对于维持货币的稳定性至关重要。价格的波动在很大程度上受到中央银行流动性供给的影响。为了实现价格稳定，保持流动性和财政支出的合理、稳健增长是必须的。东亚国家经济成功的一个基本原因，就是保持宏观政策的稳健性。例如日本，即使在上世纪 70 年代石油危机最严重时期，其通胀率也显著低于欧洲国家。这与当时日本政府相对谨慎的宏观经济政策有密切关系，而稳定的通胀显著提升了日元的信用和可接受性。

健康的债务、国际收支结构（Bergsten，1975；关世雄，2003）。债务和国际收支会对汇率稳定产生直接重大的影响。国际关键货币国在其地位确立之后未必是债权国，但在其国际化初期，债权国地位对于提升货币信用，赢得外国政府和个人的信任，提升其国际使用水平至关重要。保持债务和国际收支的健康，关键看一国能否通过稳健的财政和货币政策实现国民收入和支出的总体平衡。一般而言，货币国际化国家在初期通常资本项目为逆差，体现资本和货币的对外输出；经常项目通常为顺差，体现经济的竞争力和货币的回流，同时也避免对外债务的过度积累。英国在第一次世界大战前，美国在第一次世界大战至20世纪60年代初，都有类似的国际收支结构特征。

严格的金融监管和强大的金融风险控制能力。要实现经济持续稳健发展，控制金融风险至关重要。这需要实行稳健和前瞻性的宏观政策，保持资产价格的合理、稳定。金融体系也必须强化监管，要关注影子银行和各种新兴金融业态发展，避免金融机构过度加杠杆，避免对金融衍生品的过度开发使用，确保金融体系的健康稳定。此外，中央银行要提高金融风险意识和风险识别能力，这对成功控制金融风险至关重要。20世纪80年代，日本对本国资产泡沫的不断膨胀缺乏警惕性，应对策略因各种原因迟迟不能出台，致使日本经济最终因资产价格的破裂而陷入"失去的二十年"，日元的国际化进程也因此而一蹶不振。

保持宏观经济的平衡和协调。宏观经济的平衡与协调，是实现经济稳定增长的重要保证。应保持宏观政策的稳定性和连续性，合理刺激有效需求，保持总需求的稳定增长，正确引导投资，实现总需求和总供给的基本平衡。与此同时，必须注重内需与外需的基本平衡。适当降低对外部需求的依赖，降低内部需求中对投资的依赖。要重点培育、扩大消费特别是新兴消费需求。在区域结构层面，要通过对区域经济布局的平衡优化和资源的二次配置，促进区域发展的基本平衡。在世界主要国家中，苏联经济大概是主要国家中经济发展协调、平衡问题最突出的大国，其经济严重依赖能源产业和军事工业，粮食生产不能自给，工业产能主要集中在其欧洲部分，远东和西伯利亚经济发展水平落后，这些问题后来成为其解体的重要经济原因。

科技创新与产业优化升级。德国、日本、美国等经济持续发展国家，对科技创新都给予极大的重视，普遍从政府层面建立鼓励和保护创新的体制和机制。比如，编制国家技术创新规划，明确技术创新的主要目标和方向；保护知识产权，打击假冒伪劣产品；鼓励产学研合作，加快科技成果的转化；对创新活动和创新产品提供合理的补贴，降低企业研发、生产和市场拓展成本；加大高等教育投入，培养、引进重点领域的高端人才，强化科技创新的人才队伍等等。正是技术上的创新塑造的产业竞争优势，提升了这些国家的竞争力，成为推动其货币国际化的重要力量。

(三) 构建发达的金融市场

发达的金融市场，是一国货币国际储备货币功能最好的载体。开放、发达的金融市场也是一国货币流动性的重要决定因素，是实现货币国际化必备的直接条件。[①] 在理论上，一种货币的流动性与金融市场的广度和深度密数相关，由金融市场广度、深度决定的一种货币的交易成本和便利程度，对该货币的于国际货币交易中介和价值储藏功能的形成至关重要。另外，金融市场的构建，特别是金融市场广度所决定的金融交易工具数量的场加，可以为投资者带来更好的投资机会和投资回报，显著提高一种货币作为国际货币的收益性，吸引更多的投资者持有和交易该种货币。一般而言，一国金融市场在资本定价、融资、投资方面的能力越强，其货币作为国际储备和交易中介货币的地位就越重要，同时该国货币的融资权、货币政策权、交易定价权操作的难度也会更低。

金融市场在推动各国货币国际化方面扮演了重要角色。19世纪和20世纪上半叶，英镑作为国际主导货币背后依托的是当时世界上最发达的金融市场和最重要的金融中心——伦敦。以国别产出衡量，美国经济在1872年已经超过英国，但缺少具有深度、流动、可靠和开放的金融市场，成为影响美元国际地位的致命伤。直到1913年建立美联储，形成大规模的银行间美元计价的交易承兑市场，才极大提升了美元作为融资货币的地位 (Eichengreen, 2011)。20世纪20年代，纽约的金融市场开始赶超伦敦金融市场下，而美元也在不久之后坐上头把交椅。同样，20世纪80

[①] 关于金融市场对货币国际化的影响，相关文献可参见 C. Fred Bergsten, *The Dilemmas of the Dollar*, New York: New York Univ. Press, 1975; George Tavlas, "Internationalization of Currencies: the Case of the US dollar and its Challenger Euro". *The International Executive*, 39 (5): 581 – 597, 1997; David Williams, "The Evolution of the Sterling System", in C. R. Whitelsey and J. S. G Wilson (ed.) *Essays in Money and Banking*, Oxford: Oxford University Press, 1968, pp. 266 – 297; Barry Eichengreen, *Exorbitant Privilege: The Rise and Fall of the Dollar and the Future of the International Monetary System*. Oxford University Press, 2011。

年代，称雄亚洲的东京金融市场为日元的国际化提供了重要的支持；20世纪90年代，欧洲中央银行的成立和欧洲银行业的重组，使欧洲的金融体系一体化程度不断加深，为欧元的国际货币地位奠定了深厚基础。

建设国际化金融市场，主要应该从金融市场广度、深度、开放度三个层面着手（Portes and Rey, 1998）。在操作层面，提高金融市场的广度，首先是交易品种的增加，从现货到期货、期权等衍生品，再具体到每种金融工具，应该尽可能覆盖世界范围内主流的交易品种。提高金融市场的深度，主要是增加交易者的数量，扩大交易规模，特别是扩大债券市场的交易规模。除此之外，还应体现金融市场的层次性。以股票市场为例，股票交易一般分为场内交易和场外交易，场内交易中主板、创新板和三板市场的分别建立，以及场外交易不同形式的厘定，都需要做许多具体的工作。金融市场的广度通常是以国家为单位来衡量的，繁多的交易品种可能无法完全集中于一个交易所，这需要结合经济优势和空间布局考虑，在不同地方设立不同的专业性金融市场，在境外还要发展离岸货币市场，提升货币的国际流动性和交易便利性。

完成这些工作，显然并非易事。首先，无论提高市场的深度和广度，都以减少资本管制为条件。只有减少资本管制，才能吸引境外投资者，才能让更多境外个人、企业和政府减少对持有这种货币可能面对风险的顾虑。但正如前文所述，资本项目开放需要满足一定条件，贸然开放可能会带来巨大宏观经济风险，甚至使货币国际化夭折。第二，即使一国开放资本项目，也未必能够在市场建设方面取得真正的进展。原因在于金融市场的形成和发育，根本上取决于一国在相关领域的总体实力和国际影响力。只有当一个国家经济规模足够大，对外经济联系足够广泛，能够成为相关市场上的主要玩家，才可能吸引到其他交易者和各种类型投资者，形成持续交易并逐步扩大交易规模。

（四）构建国际交易与结算网络

交易与结算网络是任何国际货币必须的"硬件配置"。无论是满足货币的流动性属性进而强化交易中介功能，还是促成货币使用的网络外部性，都必须构筑货币的跨国交易与结算网络。这一网络覆盖范围越广，相关货币的流动性越好，交易成本越低，外国的个人和企业越可能用该国货币进行国际贸易和投资。即使外国人与发行国没有直接联系，他们也将受到使用这种货币的诱惑，因为这种货币世界范围的交易网络提升了货币及相关的流动性和交易便利性，从而保证了这种货币具有广泛的可接受性。

作为国际经济交易必不可少的金融交易基础设施，交易结算网络建设也是生成国际货币支付清算权力的前提条件。建立并控制交易计算网络，意味着有权决定谁可以参与与该货币相关的国际经济交易。控制者可以在必要时动用货币权力，将某国逐出该货币的国际交易。控制交易结算网络还可以掌握关键的交易数据，与一国货币相关的交易活动都将处于监管控制之下，违规交易活动将可以被及时发现和识别，从而确保有关交易活动符合本国的利益。

建立境外交易与结算网络主要依靠本国商业银行设立境外分支机构，在无法设立分支机构的地区可以与当地银行建立跨境支付、清算合作。在重要的节点城市，要设立离岸货币支付清算中心，指定特定银行负责处理跨行支付清算业务，鼓励外国银行参与与该货币相关交易结算，最终建立类似 SWIFT 系统的独立的支付清算体系。在上述工作的基础上，以这些节点城市为中心，还需要培育壮大离岸货币市场，不断丰富离岸金融产品，逐步打通离岸金融市场与国内金融市场的联系，提高离岸市场的深度、广度和流动性，提高该货币作为国际交易中介、计价、储备货币的吸引力。

构建网络需要巨大的资本支出，只有具备足够的国内、国际经济规模作为支撑，才能保证国际交易网络的规模和覆盖。这决定了交易结算网络建设是一个漫长而复杂的过程。早期英国境外交易结算网络建设持续时间超过一个世纪，美国从美联储成立到 1973 年 SWIFT 建立，用时也在 60 年以上。在很大程度上，交易清算网络由一国经济对外拓展的速度所决定。没有具体的贸易、投资规模的扩大，金融机构建设境外分支机构的成本将无法得到弥补，更无法吸引外国银行的参与，离岸市场也将无法发育和形成。从历史看，主导货币支付清算网络的构建，往往是帝国政治、经济扩张的产物。英镑交易结算网络与英国的殖民扩张有着直接的关系，这种殖民扩张助推了在殖民地（印度）、贸易伙伴国和英国本土之间建立起庞大的贸易、金融网络。美元交易网络的建立与美联储的建立和一战后美国在全球军事、政治、经济领域全面扩张密切相关。

(五) 稳健的制度变革与经济转型安排

对于转型经济国家而言，实施稳健的制度变革与经济转型安排不仅对保持宏观经济稳定至关重要，也是成功实现货币国际化的必要条件。特别是涉及政府职能、宏观调控模式、国有企业、要素价格、市场开放、资本项目自由化等内容的重大体制机制的变革，应该立足于本国的实际，制定稳健、有序的改革计划，使变革沿着最佳的路径、最优的顺序、在最有利的时机展开，以确保宏观经济稳定和经济增长不会因不计后果的激进改革、盲目的市场化、自由化引发的经济动荡所破坏。

在所有这些制度变革和体制转型中，资本项目开放是公认与货币国际化最密切的变革（蒙代尔，2003；IMF，2005）。放松资本管制是提升货币流动性的必要条件，没有开放的资本项目，一国货币就不会有完全意义上的国际流动性，该货币作为国际交易和储备货币的功能就不太可能得到根本性提升。但是对转型国家而言，取消资本管制并非可以任意而行，而是需要满足四个条件：[1] 第一，宏观经济稳定。宏观经济稳定是开放资本项目的首要条件，为防止资本大规模外流，资本项目开放前经济应增速平稳，通胀温和，产业竞争力强劲，国际收支平衡稳健。第二，汇率、资产价格处于适度区间。如果开放资本项目前存在明显汇率和资产价格高估，在资本项目开放后，发生大规模资本外逃进而引起货币金融危机风险将大幅提高。因此，开放资本项目之前应该保持汇率和资产价格处于均衡、适度水平，可以稍有低估，但决不可高估。第三，本土资本市场深度发展，银行业经营稳健、竞争力强。资本项目开放通常伴随大规模资本流入或流出，造成利率、汇率、资产价格的剧烈波动，如果金融市场发育不完善，股票、债券以及衍生品市场深度不足，

---

[1] 关于资本项目自由化的条件，参见潘英丽、吴君："体现国家核心利益的人民币国际化推进路径"，《国际经济评论》2012年第3期；余永定："人民币国际化还能走多远"，《最后的屏障——资本项目自由化和人民币国际化之辩》，人民东方出版社2016年版，第349—351页。

或者银行缺乏竞争力和风险应对能力，将对金融体系造成严重冲击，甚至引发系统性金融风险。第四，金融监管稳健高效。资本项目开放的所有风险几乎都来自跨境资本流动，这就要求金融监管部门必须强化宏观审慎监管，将可能诱发资本大规模外流的宏观风险消除在萌芽状态。同时，监管部门要能及时发现并有效封堵资本项目开放过程中资本非法外流各种路径和渠道，将资本外流的风险降到最低，为经济稳定发展和推进货币国际化创造良好的经济环境。

资本项目开放的必要性和高度风险性，产生了货币国际化过程中的资本项目开放悖论：货币国际化需要开放的经济环境，不开放就无法满足国际货币的流动性要求，然而贸然开放可能破坏宏观经济稳定和货币信用。如果控制不当，引发资本的大规模流入流出，将不可避免地对国内利率、资产价格造成较大冲击，导致经济增长率和汇率大幅波动，损害货币国际化所依赖的经济稳定，对货币国际化产生重大甚至不可逆转的破坏性影响。从这个意义上讲，资本项目自由化虽然重要，但从风险控制的角度考虑，全面开放资本项目可能需要到国际化完成的最后阶段才可以实施。

汇率市场化被认为是与货币国际化有关的另外一项重要变革。一些学者认为，汇率市场化有助于提高一国应对资本流动冲击的能力，提高宏观经济稳定性，从而有利于货币国际化。这种观点植根于国际经济学中关于浮动汇率的两个著名"神话"。第一个神话，是所谓浮动汇率的自动均衡论。这一神话来自弗里德曼等浮动汇率的大力鼓吹者。这些学者认为，在浮动汇率下，汇率波动会抑制跨境资本流动，并自动调节经常项目失衡，从而在经常项目和资本项目两个方向同时促进国际收支的平衡。第二个"神话"，是所谓的浮动汇率下货币政策独立性。这一神话源自著名的蒙代尔—弗莱明模型。这种理论认为，由于开放经济固定汇率下一国货币政策无效，在开放经济条件下，一国要追求货币政策的独立，就只能放弃固定汇率，实行弹性汇率制度。根据这两个"神话"，浮动汇率既阻隔大规模资本流动、促进经常项目均衡，还能提高货币政策独立性，显然会极大促进宏观经济稳定，为货币国际化创造有利宏观条件。

然而，上述神话在现实中的可靠性存疑。近年来，有越来越多的研究表明，浮动汇率可以实现货币政策独立的观点并不成立。根本原因在于，货币并非一般商品。作为一种投资品，货币汇率涨跌并不能自动实现市场均衡。在市场主导力量的影响下，浮动汇率反而很容易形成单边涨跌预期，引起更大规模的跨境资本流动而非自动抑制资本流动。在跨境资本流动影响下，汇率往往偏离使经常项目均衡的汇率水平，因而也并不能自动实现经常项目的均衡。虽然在浮动汇率下央行货币政策不再受制于国际收支差额，但一方面，由于浮动汇率下汇率波动往往过大，有时央行不得不需要放松或收紧货币政策加以对冲；另一方面，即使央行基础货币供应与国际收支脱钩，但由于大规模跨境资本流动的存在，跨境资本的流入流出仍然会在市场端显著影响一国金融市场流动性规模。这意味着，开放经济条件下，其实并不存在所谓的"三难选择"，而是"二难选择"——资本自由流动与货币政策独立性其实不可兼得，货币政策独立性与该国采取何种汇率制度无关（Rey，2015）。

汇率市场化促进宏观经济稳定因而间接促进货币国际化的观点，不仅在理论上并不成立，在实践中也得不到有力的证据支持。在拉美、东欧和东亚的一些国家，汇率市场化没有提高宏观经济稳定，反而汇率大幅波动破坏了货币稳定性，影响了其货币的计价单位和价值储藏功能。历史上英镑和美元的国际化，也并没有以汇率市场化为前提，相反，通过长期将本币与黄金挂钩——利用与黄金间的固定汇率提高货币信用，两国都顺利实现了完全的货币国际化。在金本位和固定汇率制度时代，马克、法郎等主要大国货币也实现了当时条件下的基本国际化。

与资本项目开放一样，汇率市场化也是一项具有高度风险的制度改革，顺利完成市场化转轨，需要把握适当的时机并做好风险控制：第一，必须选择适当的时机。时机选择对汇率市场化的成功至关重要，时机选择错误，特别是选择在宏观经济不稳定、汇率高估的时候与关键货币脱钩，必然引起资本外流和本币大幅度贬值，威胁宏观经济稳定和货币国际化进程。按照艾肯格林等人的研究，汇率市场化最好选择该种货币相对锚货币的汇率上升期。在本币存在贬值预期或者锚货币处于升值周期，应该谨慎推进汇率市场化。第二，央行必须实施必要的干预。干预的内容包括控制脱钩后汇率波动的幅度、实施必要的资本管制等等，以保证在脱钩后不会出现强烈的汇率贬值预期和大规模资本外逃。

目前学术界的研究表明，汇率市场化最糟糕的操作，是在脱钩前放开资本管制，同时选择在本币高估和锚货币的强势周期实施脱钩。由此带来的系统性金融和经济风险，不仅无法促进货币国际化，甚至因宏观经济的剧烈波动，导致货币信用下降和国际化彻底失败。①

与货币国际化有关的第三项制度变革是利率市场化。利率市场化是整体市场化改革的组成部分，在客观层面，利率市场化将使利率能够更好地反映资本市场资源的稀缺性，推动市场根据价格信号，将更多的资源配置给更有效率的市场主体。在微观层面，利率市场化意味着取消固定利差，赋予银行定价自主权，有利于鼓励商业银行竞争，强化风险管控，提高市场化运营水平和金融业总体的竞争力和抗风险水平。

从货币国际化的角度而言，稳健的利率市场化有利于宏观经济稳定、金融市场培育和金融机构竞争力的提升，对于货币国际化将起到积极推动作用。但利率市场化同样并非货币国际化的必要条件。历史上，主要国际货币，包括美元这样的顶级货币，在货币国际化完成前后，都曾实施过利率管制。美元在1944年正式确立了主导国际货币地位，但美国直到1984年才完成利率市场化。长期的利率管制对美元国际化和美元国际地位并未产生显著的消极影响。反之，正如日本在20世纪80年代那样，过度高估利率市场化、汇率自由化对货币国际化的影响，视之为货币国际化的必要乃至充分条件，甚至不顾其对宏观经济稳定的影响而强行推进，最终都不可避免的导致货币国际化进程的严重受挫。

（六）构建支持货币国际化的国际制度

一国货币国际功能的强弱和货币权力的大小，不仅需要经济基本面的支撑，也需要在国际层面构建必要的双边或多边制度，为货币的国际

---

① 关于汇率脱钩问题的经典文献，参见 Barry Eichengreen, Paul Masson, and Others, "Transition Strategies and Nominal Anchors on The Road to Greater Exchange-rate Flexibility", Princeton University: Essays in International Finance, No. 213, 1999; Barry Eichengreen, Paul Masson, and Others, "Exit Strategies: Policy Options for Countries Seeking Greater Exchange-rate Flexibility", Occasional Paper No. 168, Washington, D. C., International Monetary Fund, 1998; Inci Ötker-Robe and David Vávra, and a team of economists, "Moving to Greater Exchange Rate Flexibility Operational Aspects Based on Lessons rom detailed Country Experiences", Occasional Paper No. 256, Washington, D. C., International Monetary Fund, 2007。

化提供支撑。通过多边磋商,以制度化方式确立一国货币的国际货币地位,也是实现货币国际化的重要途径。1944年7月,美国主导召开"布雷顿森林会议",签署了关于《关于建立国际货币基金组织的联合声明》,确定了美元—黄金为国际储备资产,建立了国际货币基金组织、世界银行等国际金融机构,并围绕国际货币基金组织,建立了包括各国汇率管理、国际收支调节、跨境资本流动管理在内的一整套制度体系,最终确立了美元在国际货币体系中的主导地位。

对于一般国家或国家集团而言,虽然无法建立布雷顿森林体系这种最高层次的货币制度,但通过谈判签署双边、多边协定,扩大双边贸易,扩大双边、多边货币互换,消除对方国家对本国货币跨境流动的管制,在必要时为对方国家盯住本国货币提供流动性支持,也会有助于本国货币被对方接受成为储备货币和交易中介货币。

货币国际化还存在另一个悖论:国际化过程中需要输出本国货币,但输出货币越多,保持货币信用的压力越大,离岸本币遭受投机性攻击的风险越高。解决这个悖论,需要在本国与他国之间就国际收支调节建立某种机制,防止过度的双边、多边国际收支失衡,避免本币输出的规模过大或过小。同时,货币发行国也应该与其他国家就离岸货币市场监管、境外本币国内投资等问题进行经常性磋商与沟通,确保离岸市场的稳定,确保本币的输出和回流过程能够平稳、有序地进行。

三、货币权力生成的政治基础

经济因素是货币权力生成的必要条件。但要构建强大的货币权力,只靠经济方面的努力是不够的。国际货币体系演进的历史表明,没有军事和政治主导地位的国家,其货币不可能获得顶级货币地位。在推动一国货币国际化并促使货币权力生成方面,军事实力以及建立在军事实力基础上的国际政治影响力,具有不可替代的、根本性的重要影响。

（一）促进货币国际化，构筑货币权力的功能基础

毫无疑问，经济规模、经济竞争力等因素是货币国际化的基本条件，但国际货币体系发展进化的历史表明，仅靠经济因素无法支撑货币国际化。一种货币要成为国际货币，特别是要成为顶级货币，除了要符合经济方面的条件，还要具有强大的军事、政治权力的支持。[①]

军事和政治因素主要通过两条渠道影响货币的国际化：[②]

第一，以间接的方式，影响实现国际化的经济决定因素。

（1）为货币提供基本的安全保证。安全性是国际货币的基本属性，是持有一国货币信心的来源之一。国际货币及其计价资产的安全性在很大程度上依赖一国强大的军事和政治实力（Strange，1971）。历史上，任何国家货币要想成为国际交易中介货币和价值储藏货币，必须接受"安全性"的考验。英国在17世纪中叶通过三次"英荷战争"击败荷兰，建立世界上最强大的海军；随后又在1763年"七年战争"中击败法国，取得法国在北美的殖民地，确立世界头号强国地位。美国在第一次世界大战后，逐渐成为世界军事大国；在率领反法西斯同盟赢得二战胜利后，美国成为西方世界绝对的军事和政治霸主；在1990年苏联解体、冷战结束后，则成为全球的军事和政治霸主。英国和美国在它们各自最强盛的时期，牢牢地控制了全球的政治和军事版图，拥有世界上独一无二的军事实力，掌控全球的经济、贸易。正因如此，外国政府和居民有充分的理由相信两国货币是世界上最安全的货币，这为英镑和美元在安全性方面赢得了巨大的信任，提升了它们作为国际交易中介和储备货币的吸引力，极大地促进了两国货币的国际化。

（2）促进区域经济一体化和货币区的形成。一国货币国际化的成功与能否围绕该国实现区域经济一体化，并最终在此基础上形成一个货

---

① 政治因素对货币国际化的影响，参见 C. Fred Bergsten, *The Dilemmas of the Dollar*, New York: New York Univ. Press, 1975; Adam S. Posen, "Why the Euro will not rival the Dollar?" *International Finance*, 11: 1, 2008, pp. 75 – 100。

② 参见 Eric Helleiner, "Political Determinants of International Currencies: What Future for the US Dollar?" *Review of International Political Economy* 15: 3, 2008。

币区具有密切关系。区域经济一体化和构建货币区能否成功，不仅与该国经济实力和对外经济影响力有关，在很大程度上取决于该国对目标国的军事和政治影响力。在取得"七年战争"胜利后近一个半世纪的时间里，英国不断向海外殖民扩张，使美洲、亚洲、大洋洲、非洲大批国家沦为其殖民地；通过颁布航海条例，英国垄断了与殖民地的贸易，并且对殖民地实行严格的经济控制，将这些殖民地与自己牢牢绑定在一起，构成一个规模庞大的经济集团。① 20世纪20年代，通过迫使殖民地使用英镑或者将其货币盯住英镑，英国海外殖民地成为真正意义上的英镑区的一部分。② 美国除了在早期拥有自己的殖民地，第二次世界大战后，又利用其在西方的军事、政治、经济主导地位，通过开启对苏联的冷战和"马歇尔计划""道奇计划"的实施，把欧洲、日本、韩国纳入其经济版图，使这些地区成为美国主导的贸易集团和事实上的美元区，使美元作为国际储备货币最终超越英镑，最终确立并稳固了美元战后的国际主导地位。

（3）促进跨国交易结算网络的形成。政治和军事主导地位，也是促进货币全球交易清算网络构建的重要推动力量。历史上，英镑交易结算网络的建立与英国殖民扩张几乎同步。英国金融机构在殖民地建立分支，同时被殖民国家的银行也在伦敦开设办事处，双方之间纷繁的贸易结算和债权债务关系，加快了英镑全球交易结算网络的形成。与英国类似，第二次世界大战之后，美国的金融机构实现了在西方世界的全面扩张。1973年，美国联合德、法、英等主要西方国家，主导建立SWIFT，将全球美元结算网络置于自己的控制之下。没有美国的全面军事、政治主导地位，美元交易清算网络即使能够建立，也会因各种问题而被推迟很长时间。

（4）推动持续、稳定、高质量的经济增长。军事和政治权力对于推动持续、稳定、高质量的经济增长也能起到重要的作用。首先，军事实力是抵御外侮、维护和平的根本保障，强大的军事实力可以保证一国在国际冲突中能够最终赢得胜利，从而确保该国经济增长不会因军事挫

---

① ［英］P.J. 马歇尔主编，樊新志译：《剑桥插图大英帝国史》，世界知识出版社2004年版，第19页。

② 同上书，第103页。

败而遭受严重冲击。第二，军事强大的基础是军事工业，军事工业自身会产生大量国内和出口订单，从而刺激和拉动经济增长。以美国为例，航天军工产业在1960年已成为全美国经济最大的支柱产业，超过汽车制造、钢铁和石油行业。美国军队设备采购和研发测试支出高达2000亿美元/年，军工产品净出口额也位居各产业前列，对美国经济增长贡献巨大。第三，促进技术创新和高科技产业发展。军工产业不仅聚集了大量先进制造领域的尖端技术，也引领着具有革命性的现代技术革命。军工产业发达的国家，往往更有条件实现创新优势与国内外资源、资本有效的结合，能够比其他国家更早取得尖端技术突破。军工领域高新技术一旦转为民用，就可能促成新的产业的大规模发展。当代许多技术，包括互联网技术和信息技术在20世纪80年代的兴起和壮大，正是美国将军事通讯技术民用化的产物，极大地促进了美国经济持续发展和繁荣。[1]

第二，以更直接的方式，即通过政治和军事层面直接的操作，促进一国货币的国际使用。

(1) 作为交易中介和储备货币。在货币国际化进程中，没有什么比主导国将其货币强加给其他国家来得更为直接。19世纪末至20世纪初期，英国当局曾经系统地采取胁迫手段，用英镑或与英镑紧密相关的新殖民货币代替殖民地原来的货币。[2] 在另外一些情况下，主导国不是通过直接地强制而是通过向其他国家提供政治支持、市场准入承诺或者军事保护承诺等方式，换取该国对主导国货币地位的支持。通过前一种方式实现国际化的货币，在斯特兰奇1971年论述国际货币政治的开创性著作中，被称做主人货币，后一种则被称做协议货币。[3]

(2) 作为计价货币。正如在第三章所分析的，一种货币能够成为计价货币，受到诸如企业市场地位、产品异质性、市场吸引力等非货币层面的因素的影响，汇率的稳定性在理论上也会影响一国货币被采用作为计价货币的机会。除此之外，政治因素也是影响一国货币作为计价货

---

[1] 中金公司：《美国军工研究》，2015年9月，第4页。

[2] Susan Strange, *Sterling and British Policy: A Political Study of an International Currency in Decline*, London: Oxford University Press, 1971, pp. 6–7.

[3] 参见 Susan Strange, "The Politics of International Currencies", *World Politics*, 23: 2 (January), 1971.

币最重要的因素之一。历史上，多有主导国家利用其政治和军事影响力，直接赋予本国货币对特定商品计价权的先例。正如前文所述，1974年，美国通过与沙特签订所谓"不可动摇的协定"，令沙特乃至整个中东石油出口以美元计价和结算，美元由此一举取代英镑，获得国际大宗商品交易计价货币的独占地位。达成这样的协议，没有美国强大的军事和政治影响力是不可能做到的。

（二）建立、强化货币权力的国际制度基础

国际货币不仅需要强有力的基础经济条件，更需要一套维持国际货币稳定以及货币区内经济稳定的国际制度。国际制度的建立并不单纯取决于国际货币国的经济地位，它更大程度上是一种政治安排，因而必须获得军事和政治权力的支持。1944年布雷顿森林体系的建立，堪称建立国际货币制度的巅峰之作。这个标志美元真正主导全球的制度体系，完全是在美国主导下建立的，美国决定了布雷顿森林会议的议程和最后的成果。美国之所以能够召集这次会议、主导会议议程并达成最大程度支持美元顶级货币地位的国际协议，最根本的原因是美国在二战中确立了全球军事、政治霸主地位。布雷顿森林体系解体之后，美国竭力重建美元体系，推动金融自由化和浮动汇率制度，并在受其政治影响的拉丁美洲和东欧国家倡导新自由主义改革，最大限度地放大了美元的权力，其根本的依托依然是美国在西方世界压倒性的军事、政治优势。没有这种军事、政治方面的优势，即使经济强大，也很难对其他国家产生足够的制度变革压力，浮动汇率制度、金融自由化、大宗商品美元计价等与美元货币权力相关的制度基础将很难建立，美元将会因为缺少国际制度保障而难以获得并维护其地位和权力。

（三）维护货币地位

一种国际货币在其存续过程中会遭遇各种经济挑战。例如，上世纪60年代美国的国际收支赤字以及2008年的金融危机，都破坏了美国经济在一定程度上，削弱了美元的稳定和国际地位。在这种情况下，政治、军事力量对货币的国际地位会起到巩固作用（Mundell，1983；小原三代平，1984）。特别是关键货币国可以利用其军事和政治主导地位，迫使其盟友参与稳固本国货币地位。

1. 协调宏观政策，稳定宏观经济

关键货币国可以在必要的时候，利用其对他国的军事和政治影响力，组织基于本国目标的宏观政策协调。这种宏观政策协调，可以为关键货币国恢复经济获得额外的资源，或者由其他国家实行有利于本国经济复苏的经济刺激计划，从而减少自身的负担，以最小的代价恢复宏观经济稳定。20世纪70—90年代以及2008年金融危机后，美国多次组织主要发达国家实施以稳定美国经济为目标的市场干预和宏观政策协调。特别是2008年，在面临空前经济危机威胁的背景下，美国推动全球主要国家共同采取行动，实施大规模财政和货币刺激，帮助美国迅速走出金融危机。截至目前，美国通过G7、G10、G20等不同平台和机制实施的国际宏观政策协调，几乎每次都成功稳定了美国经济，巩固了美元的信用和全球主导地位。

2. 组织联合干预，维护汇率稳定

除了通过宏观政策协调稳定宏观经济，关键货币国可以利用权力迫使其盟友协调干预外汇市场，维护本币汇率的稳定。60年代，当美元可兑换性因"特里芬悖论"遭到质疑时，很多国家选择抛售美元兑换黄金，但德国等国出于对美国的军事和政治依赖，明知美元未来可能大幅贬值，也不得不继续持有美元，帮助美国延缓了布雷顿森林体系的崩溃。在美元本位时代，每当美元出现无序下跌，美元地位发生动摇时，美国都会利用其政治和安全影响力，要求其盟友参与由其发起的阻止美元贬值的直接干预。典型的集体干预发生在1979、1987和1994年，三次外汇市场集体干预，都及时有效地阻止了美元崩溃。不过，旨在维持美元稳定的宏观协调并不一定对其他国家有利，有时甚至会要求盟国牺牲本国利益。例如，为阻止股市崩盘与美元持续贬值，美国在1987年对日本施加强大压力，迫使日本将利率维持在2.5%的低位长达近两年。其实日本已经出现资产价格泡沫的苗头，日本政府明知货币政策过于宽松会导致资产价格继续膨胀,但考虑与美国的政治和军事关系,却只能按美国要求维持低利率,为资产泡沫形成和日后金融危机的爆发埋下祸根。①

3. 转嫁军事成本,平衡国际收支

军事霸权国为其盟友提供军事保护并非无偿,通过迫使受保护的国家支付霸权国的驻军以及发动战争的成本,可以更好地维持其宏观经济均衡和货币的稳定。20世纪60年代中期,美国要求德国、日本补偿美国驻军的费用,两国被迫同意恢复对美补偿性军事采购,德国还购买了5亿美元美国中期国债帮助美国改善国际收支,② 在一定程度上缓和了美国黄金流失压力,也使美国不必为平衡国际收支而收缩海外军事行动。时至今日,日本、德国、韩国等国仍然需要为在其领土驻扎的美军提供补偿费用,美国军队从日本获得的军事补偿甚至高出他们在本国驻军的费用。除了日常驻军费用,当美国基于本国利益发动战争,美国的这些"盟友"还必须支付战争成本,因为美国声称所发动的战争"保护"了盟友。1991年,在美国的要求下,沙特阿拉伯、日本、科威特和其他一些国家同意为伊拉克战争支付财务成本,使美国在20年中首次暂时消除了经常项目赤字。③

4. 维系联盟内部忠诚,支撑货币地位

当经济不能再为货币地位提供足够支撑时,运用军事和政治影响力维系联盟内部忠诚,也可以延缓货币地位的衰落。一战后,英国经济遭受重创,英镑之所以仍然能够维持国际主导货币地位,最重要的一个原因就是英联邦和英帝国成员习惯将储备存在伦敦。对澳大利亚和新西兰等英联邦国家来说,这样做是符合经济逻辑的,同样也是一种政治忠诚

---

① 有关美国迫使日本以符合美国利益的方式参与美日宏观政策协调,参见[美]保罗·沃尔克、[日]行天丰雄著,贺坤等译,《时运变迁:国际货币及对美国领导地位的挑战》,中国金融出版社1996年版,第235—319页;[日]泷田洋一著,李春梅译:《日美货币谈判——内幕20年》,清华大学出版社2009年版,174—178页。

② 陈平、管清友:"大国博弈的货币层面——20世纪60年代法美货币对抗及其历史启示",《世界经济与政治》2011年第4期,第38页。

③ Menzie D. Chinn and Jeffrey A. Frankel, "The Euro May Over the Next 15 years Surpass the Dollar As Leading International Currency", NBER Working Paper 13909, April 2008.

的表现。而对于早前英帝国成员来说，他们没有权力选择，殖民地必须按照外国办公室或殖民办公室的指令去做。① 20 世纪 60 年代中期，当英镑面临贬值压力需要其他国家支持的时候，英国在英联邦内部的政治影响力，再次维系了这些国家对英国的忠诚。这些国家选择继续持有而不是抛售英镑，使英镑至少延缓了衰落的脚步。② 对于美国而言，情况同样如此。1967 年 3 月，美国要求德国公开宣示不从美国购买黄金，随后德国央行行长布莱辛（Blessing）致信美联储主席马丁，承诺不动用美元储备兑换黄金，一定程度上缓解了美国黄金外流带给美元的贬值压力。③ 未来，只要美国继续保持在西方国家中的军事主导地位，美国就会在必要时继续动用这种影响力，维护美元地位。

5. 打击、压制竞争货币

获得关键货币地位并非一劳永逸，也会遭遇其他货币对其地位的挑战。如果某国货币对关键货币构成威胁或挑战时，关键货币国往往采取直接或间接措施，对该货币的国际化进程和国际地位实施压制。其具体的操作手法通常有以下几种：

阻挠构建或拆解竞争货币的货币区。破坏潜在竞争货币国构建货币区或对已经建成的货币区进行拆解，是一种釜底抽薪式的打击手段。美国在历史上多次用这种手法对付最亲密的政治盟友同时也是货币竞争对手的英国。20 世纪 30 年代中后期，英国与其殖民地的进出口贸易额一度占到其对外出口的 40%，且这些殖民地货币与英镑紧密挂钩，成为英镑主导地位的关键支撑。1941 年，在与纳粹德国激战正酣之际，美国以提供《租借法案》下军事援助为条件，要求英国放弃"帝国特惠制"，由此开始动摇英国对殖民地贸易的主导地位。1948 年后，随着关贸总协定的实施，英国被迫承诺减少现有优惠条件并不再提出新的优惠条件和控制措施，英国的国际经济基础受到极大削弱。不仅如此，二战

---

① Barry, Eichengreen (2011) *Exorbitant Privilege*: *The Rise and Fall of the Dollar and the Future of the International Monetary System*. Oxford University Press, 2011, p. 37.
② Barry Eichengreen, "Sterling Past, Dollar's Future: Historical Perspectives on Reserve Currency Competition", MBER Working Paper 11336, 2005, p. 11.
③ 这封信后来被称做"布莱辛信件"（Blessing Brief），参见 McCloy to LBJ, May 17, 1967, NSF, NSC History, TNN, Box 50, LBJL。

结束后，美国以民族自决为由，支持原英国殖民地独立，包括印度、巴基斯坦、非洲、美洲在内大批英国殖民国家和地区在1947年后纷纷宣布独立。这些国家虽然保留了英联邦国家的身份，但执政的民族主义政府并不热衷于与英国保持特殊经济关系，英镑区由此被彻底拆解，而英镑也从全球主导货币的高位直线坠落。

破坏竞争货币国宏观经济稳定。如果说拆解货币区还是比较隐蔽、含蓄的一种攻击行为，通过政治途径迫使竞争对手接受其可能无法承受的经济条件，破坏其经济稳定，对竞争国货币的影响和打击更加直接。同样以英美货币争霸为例，1947年美国出于政治考虑同意向英国发放37.5亿美元贷款，但也同样利用政治和经济的双重主导地位为贷款设置条件——英国被要求在贷款批准的1年内恢复经常项目可兑换，否则将无法获得贷款。英国别无选择，1947年7月15日恢复英镑经常项目可兑换。然而，英国的国际收支状况和巨大的存量境外英镑根本无力支撑可兑换的恢复，经常项目可兑换完成后，英国的美元储备在很短的时间内濒于枯竭，英国被迫在当年8月20日终止了为期六周的可兑换，英镑因此而再次遭到重创。[1]

直接阻止其他国家使用、储备竞争货币。为了阻止第三国使用竞争货币作为交易、计价和储备货币，关键货币国除了动用经济和政治手段加以阻挠外，军事手段也是干预手段的选项。2003年，萨达姆做出用欧元支付其石油出口的决定，美国随后对伊拉克发动第二次海湾战争，并将其置于死地。虽然没有确凿的证据显示美国是为了维持美元在这一地区的地位发动战争的，但即使是美国主流的国际关系学者也承认，这一猜测"包含的合理成分并不需要感知过分灵敏就能认识到"。[2] 当然，在某些情况下，美国发动的战争或制造的地缘政治紧张，可能未必以削弱某一货币为主要目的，但这种人为制造且美国占据明显优势的军事对抗，如果能削弱目标货币，显然也符合美国的利益。在人民币国际化于2009年正式展开之际，美国也在同年宣布"重返亚太"战略，随之朝

---

[1] Benjamin J. Cohen, *Organizing the World's Money: The Political Economy of International Monetary Relations*, New York: Basic Books, 1977, p. 103.

[2] Benjamin J. Cohen, *The Future of Global Currency: The Euro versus the Dollar*, London: Rutledge, 2011, p. 133.

鲜半岛对抗升级，东海、南海岛礁争端加剧，前后两者之间可能没有直接的因果关系，但也并非完全是时间上的巧合。

（四）保证货币权力的有效运用

在绝大多数情况下，军事和政治权力并不直接影响货币权力的运作，甚至其与国际货币权力的关系也不易被察觉。但在一些情况下，货币权力操作的目标国家可能发起经济甚至政治的对抗行动。如果关键货币国没有足够的军事和政治权力，货币权力要么受到目标国的抵制根本无法操作，要么可能遭到对方经济、政治甚至军事的反击，使得货币权力的权威受挫，影响货币权力操作目标的实现，甚至从根本上动摇货币权力的功能和制度基础。

例如，伊朗在受到美国基于美元支付清算权力的制裁后，并没有立即停止核燃料的提取和核反应堆的建设，同时伊朗也试图通过与一些国家金融机构的秘密合作，打破美国对伊朗对外支付清算体系的封锁。在这种情况下，美国必须动用其军事和政治影响力，协调盟国和俄罗斯、中国等国共同对伊施压。如果伊朗公开违反制裁协议，美国必须能够对伊朗实施经济、政治甚至军事的强制措施，确保伊朗不会对美国在中东和全球的目标发动军事报复。同时，美国还必须确保其他国家不与伊朗合作共同抵制美国的制裁。如果美国缺乏足够的军事和政治实力，上述任何一个环节的敌对行动不能被阻止，对伊朗的制裁将无法进行。事实证明，美国几乎完全落实了对伊制裁的各方面措施，将美元交易清算权力的国际影响发挥到了极致，这完全建立在美国的军事和政治主导地位基础上。

四、美元霸权之谜

自1944年布雷顿森林体系建立后，美元成为国际货币体系主导货币。1971年后，美国废黜布雷顿森林体系，摆脱黄金平价和固定汇率，成为真正意义上的霸权货币。其间，英国曾经极力维持其货币地位，日元和德国马克在20世纪70年代之后都有雄心勃勃的货币国际化计划。其中德国马克的国际地位一度排名美元之后，位居世界第二。日元在日本经济鼎盛的时候，作为国际储备货币的占比也曾一度比肩英镑。然而，进入20世纪90年代以后，日元国际地位一蹶不振。欧元在诞生后虽然一度令美国紧张，但在2009年欧洲债务危机后陷入颓势，远未能从根本上撼动美元地位。[1] 我们在此关注的问题是，为什么在过去的一百年中，只有美国成为真正的顶级货币，而日元、马克以及欧元何以无缘这一地位？运用新综合现实主义分析框架不难给出问题的答案。

（一）货币功能弱小及缺失

顶级货币一定是全功能货币。如果一种货币虽然成为国际货币，但功能总体弱小，甚至部分功能缺失，那么这种货币就根本无法成为顶级货币。当年的马克、日元，虽然都曾经一度占据一定国际地位，且一些货币在部分阶段甚至比美元有更好的稳定性，例如瑞士法郎，但这些货币的地位和功能，相比美元都处于明显的劣势，特别是这些货币缺少关键的大宗商品计价功能，作为国际储备、结算货币也都大幅落后于美元。

这些明显的不足背后，反映了这些国家在经济规模、金融市场规模、经济增长质量方面与美国的巨大差距。就经济规模而言，英镑和美元在国际化之初，英国和美国就已经是世界最大经济体。联邦德国和日本的经济规模，在20世纪80年代初仅为美国的不到40%。日本在1995年GDP占比曾经达到美国的69.6%，但之后陷入"失去的二十年"，目前经济总量只占美国的约26%。美国拥有高度流动性的金融市场，其规模比德国和日本更大，更具深度、广度、流动性、收益性更好。美国市场在政治环境方面也比欧洲、日本更加透明、更具保障。所

---

[1] 关于欧元美元竞争的研究，参见 Barry Eichengreen and Marc Flandreau, "The Rise and Fall of the Dollar, or When Did the Dollar Replace Sterling as the Leading International Currency?", NBER Working Paper 14154, 2008; Menzie Chinn and Jerrrey Frankel, "The Euro may, over the next 15 years, surpass the Dollar as Leading International Currency", NBER Working Paper 13909, 2008; Menzie Chinn and Jeffrey Frankel, "Will the Euro eventually surpass the Dollar as Leading International Reserve Currency?", NBER Working Paper 11510, 2005。

有这些因素转换成了低交易成本，使美元的国际交易中介和储备货币地位不断强化。而在国际化之初，日本东京去除管制进程缓慢，欧洲金融市场处于相互分割的状态，无论广度、深度还是开放度，法兰克福和东京的国际金融市场都不足以支撑一个全球顶级货币。欧元诞生以来，欧洲股市和债券市场出现一体化趋势，但政府债券一体化程度仍远不如美国。欧元区债券市场只有大约美国债券市场规模的一半，特别是公司债，欧元区股票市场市值也只有美国的一半。这些都限制了欧元作为国际投资中介货币和储备货币地位的提升。

（二）制度缺位

美元之所以成为顶级货币，战后建立布雷顿森林体系，一举奠定美元作为国际顶级货币的制度基础至关重要。反观德国和日本，两国受到美国的军事庇护，任何可能削弱影响到美元货币地位的企图，都会遭到美国严厉的封杀和阻挠。亚洲货币基金（Asia Monetary Fund，AMF）构想夭折，是这方面最典型的事例。1997年亚洲金融危机之后，日本为强化本国在亚洲货币领域的影响，同时也是弥补支撑日元国际化制度框架的不足，提出以日本主导建立类似IMF的亚洲货币基金组织。但这一提议遭到美国的反对，后者担心AMF的建立会削弱美国主导的IMF在亚洲的影响，在美国的压力下，AMF很快即胎死腹中。即使是欧元，美国虽然没有明确反对欧洲的货币一体化进程，但欧元至今难以在欧元区外推动强化欧元国际地位的任何官方制度框架——既无法建立独立于IMF的任何全球和区域货币稳定机制，也不可能建立把美元排除在外的独立货币支付清算体系。没有独立、强大的国际制度支撑，无论日元还是欧元，都无法挑战美元霸主地位。

（三）智识弱势

非美货币相对美元的弱势，还表现在智识方面。在经济货币相关领域，无论是智库、学者研究能力、学术影响力，还是媒体话语权和传播能力，美国相对欧洲、日本都占据全面优势。IMF等美国主导的国际金融机构，美国的智库、学者、投行研究部门掌握诸如债务风险、外汇储备充足性、国际收支状况、均衡汇率水平等重要宏观经济指标的定义权，对各国干预经济运行方式拥有合法性的评判权。美国《华尔街日报》、《纽约时报》、彭博社（Bloomberg）等新闻媒体对国际金融市场具有日欧媒体无法企及的影响力。英国具有影响的路透社以及已经由培生集团出售给日本的《金融时报》，与美国媒体拥有几乎完全一致的政治立场和报道取向。美国政府、国际机构、华尔街投行、权威学者、重量级企业家对全球经济发展、变革的看法，通过媒体的传播，会迅速对金融市场和各国经济产生影响。美国宏观经济在最近数十年中表现出逐步增强的稳定性，而欧洲、日本和新兴市场国家的经济和货币则很容易成为美国智识批评、攻击的牺牲品。智识影响力的差距，从根本上导致其他国家和地区与美国在维持经济稳定、持续增长能力方面的差异，导致其货币难以像美元一样获得市场的持续信任，从而无法在货币功能上接近美元。

（四）实力缺失

从根本上说，顶级货币只属于全球的霸主国家。英国和美国都是军事强国，英国历史上是全球海上霸权，美国是当代军事和政治霸权。强大的国力推动了英镑和美元更快、更大程度地国际化，保证其货币实现全功能化，也使两国能够根据本国利益建立一套强化本国货币地位和货币权力的国际经济制度。同时，在各自的时代，两国的军事和政治实力也保证了他们在操作货币权力时不会遭遇政治和军事上的抵制。相反，德国、法国、日本这些国家，尽管其货币也成为国际货币，但这些国家的军事和政治实力，不足以为他们的货币提供足够的安全保障，无法令其货币获取大宗商品计价等关键的货币功能，也不能推动建立以本国货币为中心的国际货币、金融制度。AMF 的失败，本质上是一个国家实力问题。只要这些国家没有摆脱他国的军事保护，没有获得自主、可靠的政治和安全地位，其货币将永远无法成为顶级货币。

第五章 国际货币对抗：
霸权国策略

前面几章我们主要研究的是货币权力的基本概念、性质，货币权力的类型以及不同货币权力的生成机理。本章将进入本书理论研究的核心部分，我们将从货币霸权国的角度，研究货币权力的操作路径和作用机理，分析和观察关键货币国如何操作货币权力实现国家利益。货币权力作为国际博弈工具，在一些西方学者的研究中曾经有所讨论（Kirshner，1995；Andrews，2006a），但正如前面章节曾经指出的，到目前为止，这些研究在理论上都还或多或少存在一些问题和局限。我们希望本章的研究，能够在前人研究的基础上，做出补正并有所拓展。

一、货币对抗的三个层次

本章开始正式研究国家间的货币对抗，这可能要回到本书最开始提到的一个争议：货币战争真的存在吗？到目前为止，各国官方、正统学术界、主流媒体和国际投行市场人士并不承认货币对抗是国家间一种新的对抗形态。由于高度的经济和政治敏感性，在可以预见的未来，货币战争的概念不太可能像网络战、信息战、太空战等概念一样得到官方或学术上的承认。但也不可否认，随着历史文档的逐步解密以及各国经济博弈的日益公开化、显性化，货币对抗作为国家间经济博弈的重要形态，作为一个无法否认的客观现实，正在被越来越多的人所接受和认同。

对于货币对抗的内涵，有很多不同的界定，我们把货币对抗分为三个层次：

第一个层次，以扩大本国出口为目标的汇率竞争性贬值。这种形式的货币对抗是真实存在的，也是最接近被主流媒体承认的"货币战争"的一种货币对抗形式。汇率的竞争性贬值最早出现在20世纪30年代的西方诸国。为了应对大萧条带来的经济危机，英国、法国和美国竞相贬值本国货币，一个重要目的是通过贬值来扩大出口，缓解本国经济衰退带来的经济和政治压力。这种竞争性贬值虽以货币为操作工具，但主要目标在于出口，并不涉及其他资产价格，因此与其说是一种货币战，不如说是一种有别于贸易管制的贸易战。由于这种汇率战以牺牲他国产出来保护本国的经济产出，本质上是转嫁本国经济危机，因此又被称做"以邻为壑"的汇率政策。

第二个层次，是不同国家围绕国际货币地位和货币权力的争夺。这种类型的货币对抗的层级很高——以追求货币权力为目标，可能需要动用经济、政治甚至军事的手段，但其过程几乎不涉及具体货币权力操作。由于有实力角逐国际关键货币的国家为数甚少，这个层次的货币战争，在历史上只是发生在少数几个大国之间。英国和美国之间自第一次世界大战结束至20世纪50年代中期，展开了持续近40年围绕国际主导货币地位的争夺，最终以美元的胜利和英镑的失败而告终。这是真正意义上的现实货币霸权国与潜在货币霸权国之间的博弈，博弈的结果导致国际货币霸权的更迭和新的国际货币体系的诞生。此外，20世纪20年代末在英镑与法郎之间，60年代中期在美元与法郎之间，发生过两次重要货币国对当时顶级货币国货币地位和体系霸权的挑战。这两次挑战的结果非常不同：法郎对英镑的挑战，导致英国恢复金本位计划的失败，成为英镑衰落的重要里程碑；但法郎对美元的挑战并未成功，美国通过放弃布雷顿森林体系，不仅货币权力没有被削弱，反而因为浮动汇率和全球资本自由流动，获得了前所未有的货币霸权。[①]

货币对抗的第三个层次，是不同国家间特别是关键货币国利用货币权力对竞争对手实施掠夺、破坏。与前两种货币战争不同，这一层次的货币对抗是真正意义上的以"货币"为工具的经济战争。由于一般国

[①] 参见陈平、管清友："大国博弈的货币层面——20世纪60年代法美货币对抗及其历史启示"，《世界经济与政治》2011年第4期。

家货币权力有限，这种货币对抗通常由国际主导货币国，特别是顶级货币国单方面发起，通过操作货币权力，必要时辅以政治、军事的手段，对竞争对手国展开旨在削弱其经济地位、遏制其竞争区域和全球霸权能力和影响力的攻击。[①] 美国20世纪40年代至60年代针对伊朗，80年代中期至90年代末针对日本和新兴市场国家，进入21世纪针对俄罗斯、伊朗和中国的一系列货币权力操作，是国际货币关系史上典型的运用货币权力对特定国家实施货币金融打击的案例。这种货币战涉及对各种货币权力的综合、立体运用，对目标国威胁、影响巨大。从结果来看，日本、伊朗和绝大多数新兴市场国家已经在货币对抗中失败，俄罗斯损失惨重，中国与美国的货币对抗则仍在进行之中。

二、货币对抗的目标与对手

本书研究的重点是基于程序性实体货币权力的第三层次的货币对抗。货币对抗的发起者通常都是顶级货币或其他主要国际货币。在国际货币体系中，顶级货币国任何时候都是最重要的玩家，因为其拥有甚至垄断了大部分的国际货币权力。但重要货币国，特别是地位最接近顶级货币的国家，也会拥有某个方面的货币权力。在一些情况下，货币战也可能由这些国家发起。一般说来，发起货币对抗的国家主要希望实现以下目标：

1. 获取经济利益。货币战的第一个目标是获取经济利益，实现财富和利益的最大化。国家关注经济利益，是因为经济利益和财富不仅是改善国民福利的物质基础，也很容易转化为军事和政治实力。通过雄厚的财富储备，投资到技术研发和装备制造，可以逐步建立强大的军事力量，并获得相应的国际政治影响力。此外，正如本课题前面章节所阐述的，经济实力也是实现货币国际化以及获得国际货币权力的前提条件。

---

① 非关键货币国之间的货币对抗，通常发生在战争或公开对抗的两个国家之间，以伪造目标国货币为主要手段实施货币掠夺，与货币权力无关。例如，日本在侵华战争期间，曾经对当时的国民政府发起货币攻击，对当时本已疲弱的国民政府造成了一定的经济困难。[美]柯什内尔著，李巍译：《货币与强制》，上海世纪出版集团2013年版，第57—67页。

没有足够的经济规模和实力，无法建立支撑货币国际地位的货币区和金融市场，也无法使其货币具备足够的令他国交易、持有、储备的吸引力，更无法建立支撑其货币地位的国际制度体系。

2. 争夺货币地位和货币权力。经济利益是货币对抗的基本目标，但在更多时候，具有货币权力的国家可能追求比现实经济利益更高、更为长远的目标。争夺或巩固货币地位和货币权力就是这样的目标。对于有潜力争夺顶级货币地位的国家而言，顶级货币的权力和影响无疑是一个巨大的诱惑。拥有顶级货币的头衔，不仅意味着长期、巨大的经济利益，也会带来政治和安全方面的重大好处。在登顶顶级货币前，英镑对荷兰盾、美元对英镑地位无不虎视眈眈，觊觎已久。而作为在位的顶级货币，往往也对各种可能对其地位和权力构成威胁的货币疑虑重重，慎加防范。一旦失去原有地位，就像20世纪50年代之后的英国，不仅仅是本国经济利益遭受重大损失，其在整个国际体系中的地位也将不可避免地下降。这也是美国对欧元创立一度高度紧张的根本原因。

3. 打击竞争对手，角逐地区乃至全球霸权。争夺本国对于地区乃至全球的主导地位，是货币大国的最高政治目标。为此，其不仅要强化本国地位，还要阻止潜在竞争对手赢得对地区乃至全球霸权的竞争。为了实现这样的目标，可以使用经济、政治、军事的手段。特别是军事手段，如果获得成功，可以一劳永逸地解决大国博弈的所有问题。但是作为大国博弈最激进的一种形式，军事选项风险巨大。在核武器时代，两个核大国之间发生军事对抗的后果是灾难性的。在一场可能导致核对抗的军事冲突中，没有哪个国家会成为赢家。从这个意义上，不仅对于俄罗斯、中国这样的国家，美国无法通过军事手段解决涉及两国的双边和地区矛盾，即使像伊朗这样的区域性大国，即使伊朗没有真正拥有核武器，通过军事手段打击伊朗都可能导致地缘政治的混乱以及美国未可预知、难以承受的巨大经济和政治代价。

在这种情况下，选择非军事又能产生巨大影响的货币对抗，可能就是国家间博弈的理性选择。与直接军事对抗相比，货币对抗具有明显的优势：首先是安全。相对公开的、可能引起激烈对抗的贸易制裁措施，实施货币打击，特别是利用融资权、货币政策权以及交易定价权这些可以隐密、"无意图"的操作，能够将引发两国全面的政治、经济冲突的风险降到最低。第二，低成本。相对巨大的人员牺牲和动辄几千亿、上万亿美元的军事开支，货币打击的成本极小，有时甚至可以忽略不计。因为不会有任何人员损伤，也没有公开的以牺牲国内利益集团利益为代价，货币战一般也不会激起国内的政治反对。第三，超出军事对抗的高收益。大国之间发生军事冲突，一国要想完全击败对方是非常困难的，最可能的结果是两败俱伤。不仅一般国家无法承受，霸权国家也可能因此大伤元气、威信扫地。货币对抗则不然，货币霸权国相对非霸权国具有货币权力的非对称优势。比如，美国相较俄罗斯在货币权力方面拥有的优势，就远远超出美俄两国在军事方面的实力对比。因此，关键货币国对强大军事对手运用货币权力实施打击，较两国军事对抗代价更小，也更可能实现本国目标。正如后文所述，美国2014年以来对石油价格持续打压对俄罗斯经济造成的严重影响，清楚地证明了这一点。

三、货币对抗：霸权国策略

货币对抗一定从具体的货币权力操作开始。拥有货币权力的国家，通过对货币权力的运用和操作，同时辅以必要的经济、政治乃至军事行动的配合，可以实现上节所述货币对抗的目标。按获取利益的路径和具体操作机理的不同，我们可以识别、界定出四种基本的货币权力操作路径与模式：榨取、胁迫、掠夺和破坏。与柯什内尔对于货币权力操作的界定不同，[1] 我们主要是从关键货币国的角度来分析货币权力的操作，而不是同时从霸权国和目标国两个角度定义货币权力操作，这反映了我们对国际货币体系中不同国家间货币权力失衡这一基本现实的认知。

（一）榨取

在中国的语境中，榨取有"剥削""搜括"的意思，我们这里对

---

[1] 柯什内尔（1995）主要界定了三种货币权力操作：货币操纵、货币依赖、策略性破坏。这三种操作中，货币操纵、货币依赖主要是基于货币权力大国的视角，而策略性破坏则站在货币权力弱国的角度。

"榨取"的定义与之类似，指基于关键货币国在国际货币体系中的中心地位和目标国对国际货币体系的依赖，关键货币国从目标国获取经济权利和利益的一种货币权力操作。

霸权国货币榨取具有三个方面的基本特点：第一，它不依赖于公开的强制，而是把权利和利益的获取内嵌于为货币体系提供公共产品的过程之中，其他国家不得不将这种利益的付出视为享受关键货币国提供公共产品的一种条件或代价。榨取并非消极货币权力，但它可能是最消极的一种积极货币权力。第二，榨取一般不针对特定目标，只要身处货币体系之中，成员国就需要向体系的主导国或其控制的公共机构，让渡某些权利或支付某种利益。第三，由于榨取利益的过程没有权力的公开介入，甚至是一种非意图的操作，榨取并不会给目标国带来直接的痛苦，有时甚至难以意识到自身利益的损失，或者即使意识到利益损失但并不足以令目标国做出强烈反应。

国际货币基金组织（IMF）可能是最能说明关键货币国榨取利益的例证。国际货币基金组织由美国主导在1944年布雷顿森林会议上决定设立，1947年正式投入运作。国际货币基金由各成员国共同出资设立，但成员国所占份额不同，美国作为创始国和主导国，拥有最大的股权和对基金运作事实上的主导权。基金名义上的宗旨是对成员国国际收支平衡和国际货币体系稳定实施监督和管理，但在事实上，这一组织成了维护和促进美元货币权力的主要工具。凭借IMF，美国获得了巨大的融资决定权。正如印尼等国在1998年亚洲金融危机中所遭遇的，非核心成员国并不能因为自己出资而自动获得救助，它必须接受IMF提出的各种苛刻条件，甚至让渡部分主权才能得到IMF的支持。这一过程中，接受IMF救助的国家可能因为IMF救援迟缓以及接受IMF强加的、脱离本国宏观经济现实的各种附加条件而遭受重大损失。美国通过IMF还掌控了定义制度合法性、建立并强化智识权威性的权力。一国采取何种汇率制度为合法，采取何种国际收支调节方式为违规，一国经济状况为健康还是存在风险，都通过IMF被美国实际定义和决定。换句话说，各国共同出资设立了IMF，却令美国获得了影响和干预全球经济的工具。虽然IMF在各国压力下对投票权进行了改革，美国投票权较创始之初也有所下降，但美国一票否决、实际掌控

IMF 的格局始终没有被打破。[1] 世界银行的情形与 IMF 类似。

表5—1　国际货币基金组织最新投票权分布

国家	份额排名 改革后	份额排名 改革前	份额比例% 改革后	份额比例% 改革前	投票权比例% 改革后	投票权比例% 改革前
美国	1	1	17.407	17.67	16.479	16.727
日本	2	2	6.464	6.556	6.138	6.225
中国	3	6	6.394	3.996	6.071	3.806
德国	4	3	5.586	6.11	5.308	50.803
法国	5	4	4.227	4.505	4.024	4.286
英国	6	5	4.227	4.505	4.024	4.286
意大利	7	7	3.161	3.306	3.016	3.154
印度	8	11	2.751	2.442	2.629	2.337
俄罗斯	9	10	2.706	2.494	2.587	2.386
巴西	10	14	2.316	1.783	2.218	1.714

资料来源：IMF 官网。

铸币税是关键货币国榨取利益的另一个典型领域。[2] 狭义的铸币税一般指铸币面值和实际铸币成本之间的差额。在信用货币体系下，由于纸币的铸币成本趋近于零，铸币税的收入实际等于基础货币的增量（谢平，1999）。这种理解存在一定的争议，因为信用货币本质上是一种央行的债务凭证，央行发行基础货币意味着增加了央行的债务，因而央行不能通过发行货币直接征收到铸币税。但这并不意味着央行不能从货币发行中获利。实际上，货币发行权赋予央行获得免费融资的权利，如果

---

[1] 国际货币基金组织（IMF）《董事会改革修正案》从2016年1月26日开始生效，标志着IMF份额和治理改革取得阶段性进展。根据该修正案，约6%的份额将向有活力的新兴市场和发展中国家转移，中国份额占比从3.996%升至6.394%，中国正式成为IMF第三大股东，排名次于美国和日本。

[2] 遗憾的是，学术界对铸币税从定义到计算的方法都有太多的分歧。对铸币税最广义的理解，甚至都包括通货膨胀税、持有货币带来的机会成本、制造货币创造的总收益等三种不同的定义，本书采用的为通胀税的狭义概念，即狭义的铸币税一般指货币面值和实际造币成本之间的差额。关于铸币税定义及分歧，可参阅张健华、张怀清："人民银行铸币税的测算和运用：1986—2008"，《经济研究》2009年第4期；胡serve勇："电子货币和虚拟货币影响铸币税的理论及量化研究"，《西部论坛》2015年3月。

央行通过发行货币购买金融资产并因此而获利，那么所获得利息收入，就可以被认为是现代货币体系下关键货币国的铸币税收入。

按照这样的理解，可以把联储每年上缴财政部的收入视为美国铸币税收入。从2010—2015年，美联储每年上缴美国财政部约800亿美元收入，约占美国财政收入的3.5%。这种估算也存在两个问题：一是可能低估实际的铸币税收入。美联储最后的利润是在消化了联储为超额准备金支付的每年数百亿美元的成本之后所取得，但这部分成本支出与铸币税无关。二是无法识别收入来源。这种估算得到的铸币税收入，包括美国境内境外所有美元持有者带来的收入，无法识别其中多少收入来自境内，多少收入来自外国人持有的美元。

表5—2　以联储上缴利润计算的美国铸币税收入（单位：亿美元）

年份	联储利润	上缴财政部利润	铸币税占财政收入比例%
2010	809	784	3.74
2011	774	754	3.36
2012	940	889	3.76
2013	796	777	2.87
2014	987	969	3.27

资料来源：根据美联储、美国财政部相关数据整理计算。

这一问题可以通过采用另外一种计算铸币税的方法来加以解决。由于无论是否直接来自美联储，美国境外美元本质上都是美联储货币扩张的结果，都可以被视为美联储的无息负债。我们不以美联储和美国金融机构实际投资收益，而仅以全球美元储备的机会成本——全球美元储备规模乘以最保守投资（购买美国国债）所获收益，可以大概计算出美国的国际铸币税收益。以2015年第四季度全球约65000亿美元外汇储备和十年期国债收益率1.96%计算，美国每年预计可以获得的国际铸币税约为1300亿/年，这个数值显然大于美联储上缴的利润。

铸币税作为关键货币国榨取经济利益的重要途径，意味着世界各国只要以关键货币作为储备和交易中介货币，就必须接受关键货币国央行作为实际上全球中央银行的地位，接受其可以无息融资并通过购买资产获取铸币收益的权利。这种资产购买不是一般性投资，它有时可能是基于某种"正当"目的，比如为避免全球流动性不足而向各国提供流动性支持，对关键货币国或全球重要金融机构实施救援，或者购买关键货币国本国的国债以压低市场利率、维护金融体系稳定等等。所有这些措施，都不带有明显的强制色彩，也似乎并未剥夺任何国家的利益，有时甚至是应一些国家要求而提供流动性，但这样一些履行国际货币体系职责的过程，实际上也是关键货币国榨取利益的货币权力操作的一部分。

（二）胁迫

在国际货币博弈中，关键货币国可以威胁但并不最终使用货币权力，迫使该国放弃或执行某项关系关键货币国利益的行动，我们把这种策略称之为货币胁迫。实施货币胁迫的基础是关键货币国掌握某一方面的货币强制权力，比如基于美国政治、经济实力和美元国际货币发行权，美国对目标国货币汇率稳定拥有控制和影响能力；更直接的，基于SWIFT清算系统，美国对某一国家美元支付清算渠道具有控制能力等等。货币胁迫策略的本质不在于实际使用某种货币权力，而是以这种强制力为依托，对目标国实施强制或讹诈，以获得某种经济、政治利益。与直接导致对抗行动相比，货币胁迫的优势在于"不战而屈人之兵"，避免直接对抗可能需要付出的各种成本。

与榨取和掠夺主要着眼于经济利益不同，货币胁迫的目标是多样化的，既可能是经济方面的，也可能是政治方面的；既可能是迫使目标国放弃某项行动，也可能是胁迫目标国实施某项行动。1956年苏伊士运河危机期间，美国为了阻止英国继续进攻埃及，在外汇市场出现大规模抛售英镑之际，告知英国首相如果英国不停止进攻，将"不会支持英国为稳定英镑向IMF寻求帮助的计划"。美国的威胁引发资本大规模逃离英国，英国外汇储备急剧下降，英国政府随即被迫宣布停止对埃及的入侵。[①] 在这个事例中，美国的胁迫策略起到了明显作用。英国当时国际收支地位脆弱，而美国控制的国际金融机构有能力影响到英国的汇率稳

---

① Charlemagne, "From Suez to Baghdad", *The Economist*, Mar. 22, 2003, p. 47.

定和资本流动。为了避免英国经济遭受来自美国的实质伤害，英国只能选择妥协。

当然，货币威胁也存在一些局限。一方面，单独的货币威胁可能不足以迫使一个大国向自己做出重大让步。即使关键货币国威胁将诉诸行动，大国往往有足够的实力在经济乃至政治、军事方面展开强有力的反击。另一方面，一旦需要将威胁兑现，也可能使关键货币国付出难以承受的巨大成本。因此在一般情况下，货币威胁策略只适用于小国或存在明显宏观脆弱性且缺少盟友的大国。我们可以看到，美国2012年将伊朗逐出SWIFT清算系统，对伊朗经济构成了致命的打击，并最终迫使伊朗签署伊核协议。然而，2014年当俄罗斯夺回克里米亚并在乌克兰问题上与欧美展开激烈对抗时，西方一度威胁将俄罗斯逐出SWIFT，但俄罗斯并没有停止反而强化了与西方的对抗，美欧之后并没有兑现威胁行动，通过SWIFT制裁俄罗斯的威胁最后不了了之。① 对这一事件背后的细节我们还无从知晓，但可以肯定的一点是，相对伊朗而言，俄罗斯更是一个大国，无论经济、政治还是军事，俄罗斯手里的牌比伊朗要多得多，能够做出的反击和令西方付出的代价明显比伊朗更强、更难以承受。

（三）掠夺

作为以获取经济利益为主要目的的一种货币权力操作，掠夺操作机理上具有以下几个显著特征：第一，具有获取利益的明确目的。其操作往往没有基于公共责任的理由作为掩护，具有明确的利益目标。第二，可以设定特定或非特定的掠夺目标。掠夺行动往往指向具体的某个或某些国家，但有时也可以面向货币体系内的所有国家。第三，运用积极货币权力。掠夺主要通过对积极货币权力的运用来实现，但也不排除包括政治甚至军事手段作为配合。第四，以价格操纵为关键机制。掠夺的实现，以操纵目标国汇率、资产价格和国际大宗商品价格为主要的

---

① Gideon Rachman, "The Swift way to get Putin to scale back his ambitions". *Financial Times*, May 12, 2014.

实现机制。第五，最后，非常重要的一点，货币掠夺通常都是采取隐蔽、非公开的形式。关键货币国之所以不愿意公开运用货币权力实施掠夺，是因为其通常难以找到像"非公平贸易"那样的道义或法律的理由。而且，由于货币权力的非对称性，一旦将基于本国国际货币地位的货币权力用于国际经济掠夺，可能会让其他国家在"货币权力"笼罩之下"人人自危"，进而采取从根本上动摇关键货币国际地位的措施，这将在长期和战略上损害关键货币国自身的利益。

"通胀税"可能是最简单的货币掠夺方式。与铸币税一样，"通胀税"并不是真正意义上的一个税种，而是关键货币国实施货币掠夺的一种方式。按照货币主义的观点，通胀本质上是一种货币现象，只要增发足够数量的货币，最终就会导致通货膨胀的上升。因此，在国际间"征收"通胀税，关键货币国只需利用其国际货币发行权，以刺激国内经济为理由，将流动性强行注入经济体系，就一方面可以刺激本国经济增长，增加本国财政和税收收入，另一方面，流动性通过跨国资本流动涌向全世界，抬升全球通胀水平，外国持有关键货币国储备资产的实际购买力将因全球通胀而被稀释，关键货币国的实际外债负担也将因其境外资产的价值重估而下降。

通胀税的一个特点是它不具体指向特定国家，而是面向货币体系内所有持有关键货币资产的国家。关键货币国一旦制造通胀，全球所有持有美元资产的国家都会受到影响，但不同国家遭受影响程度会有不同。实行固定汇率、持有关键货币储备和关键货币国债权的国家，对关键货币流动性扩张引起的通胀更加敏感，与那些没有多少外汇储备和对外债权的国家相比，前者总体上会遭受更大程度的掠夺。

与没有特定目标指向的通胀税不同，通过操纵汇率、资产价格、大宗商品价格可以对更加具体的目标实施掠夺。特别是汇率、资产价格，可以针对某一国家的货币和资产价格实施操纵；操纵大宗商品价格也可以分别针对大宗商品进口国、出口国有针对性地选择做多或做空大宗商品价格。通过价格操纵实施掠夺的基本模式很简单——在价格低位做多、在价格高位时做空平仓；也可以先高位做空，再在价格低位时做多平仓。掠夺操作的真正难点是价格操纵本身。无论操纵汇率、资产价格还是大宗商品价格，都是极其重大的国际经济博弈，需要动用跨市场力量，在几个市场同时操作。国际货币发行权和交易定价权是实施经济掠夺的两大货币权力基础，由于国家力量的介入，不排除将政治甚至军事手段运用于整个价格操纵过程，以达到经济掠夺效果的最大化。

价格操纵的复杂性，决定了货币掠夺只能是货币霸权国家的专利。当今世界，美国可能是唯一有能力也有动机利用货币权力，操纵各种价格实施经济掠夺的国家。以下，我们以美国为背景，对货币掠夺的基本操作过程进行简要的描述。

1. 汇率操纵

汇率操纵是货币掠夺的核心机制。正如第三章所分析的，美国拥有国际货币发行权，这使其有能力通过权改变货币政策中长期趋势，通过塑造所谓加息周期或降息周期，引导跨境资本流入或流出美元资产，操纵美元汇率持续升值或贬值，同时间接操纵其他货币汇率。实际的市场掠夺者只需在美元或目标国货币汇率低点买入、高点卖出，或者先在高点卖出，待汇率下跌后回补平仓，即可完成货币掠夺过程。

从历史上看，美国对美元汇率的操纵已经形成一定波动规律。如图5—1所示，从1971年布雷顿森林体系解体至今，美元大致形成了三个为期约15年的波动周期，在每个波动周期，下降阶段持续时间约为10

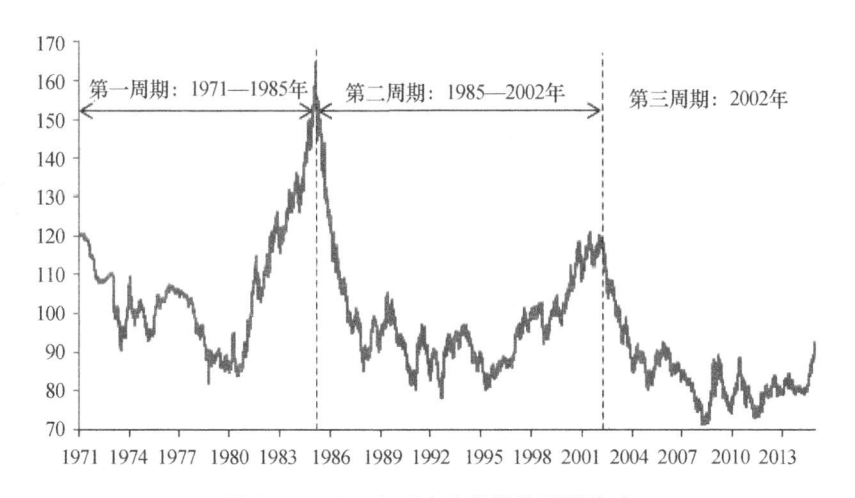

图5—1 1971年以来美元指数周期波动

资料来源：美联储。

年，上涨阶段持续时间约为 5 年。从三个阶段的波动幅度看，1971—1985 年的波动周期，从低点最高上涨超过 1 倍，随后在第二个周期的下跌阶段又暴跌 50%。第二个周期的上涨幅度较第一周期涨幅明显下降，从低点上涨只有约 50%，在随后第三个周期的下降阶段，美元指数创历史新低，目前处于第三周期上涨的中后段。

如果掠夺针对特定国家，除了通过货币政策调整操纵美元指数，美国还需要针对特定国家操纵美元与该货币的双边汇率。以压低目标国货币汇率为例，具体的操作手法包括：一是唱空目标货币国经济增长。通过智库、媒体、投行、评级公司渲染不利经济形势；渲染、夸大目标货币国债务、国际收支、外汇储备流失和资产价格下跌风险；宣扬不利于目标国的关于均衡汇率、汇率干预合法性、外汇储备充足性、经济增长前景和经济风险方面的理论和舆论；散布、渲染投资者撤资、外逃事件和金融市场做空言论。所有的唱空行为，目的都是强化目标国宏观经济风险预期，打击外国及本国投资者的信心。二是直接的经济与金融市场做空。例如，通过施加贸易管制、经济制裁等手段直接打压目标国经济增长；撤出本国在目标货币国的直接投资和证券投资；通过投行、对冲基金直接或间接做空该国货币汇率和资产价格等。三是配合唱空、做空的其他措施。对目标国施加地缘政治影响力，甚至制造针对目标国的军事摩擦外交事件等等。

2. 大宗商品价格操纵

大宗商品市场是货币掠夺的重要战场。操纵大宗商品价格主要包括两个方面操作：在货币层面，通过操纵美元汇率间接操纵大宗商品价格。正如第三章所指出的，大宗商品价格与美元汇率之间存在负的相关性。操纵大宗商品价格上涨，需要先操纵美元汇率下跌；反之，操纵大宗商品价格下跌，需要先操纵美元汇率升值。美元汇率的操纵同汇率掠夺中的操作，主要通过趋势性货币政策调整及其预期控制来完成。除了操纵美元汇率，在供求层面外，也必须调动一切可以调动的因素影响供求关系，特别是边际供给和边际需求。我们在第三章的分析中表明，美国通过军事、政治、经济的手段，基本掌控了最重要的大宗商品——石油的供应，无论是总量还是边际的变化，美国都有强有力的杠杆可以利用，从而确保对石油价格的控制。

一般而言，汇率掠夺既能面向货币体系内所有国家，也可一定程度上定向针对特定国家，而通过大宗商品则很难实施定向掠夺。鉴于大宗商品的同质性和相对较低的供给与需求集中度，即使是美国也难以针对特定国家实施大宗商品的单独价格操纵。如果大宗商品市场只能总体上被操纵，那么掠夺的对象也只能是一群国家。特别的，如果美国主导国际金融机构做多大宗商品，那么被掠夺的对象除了大宗商品市场的空头外，还包括大宗商品的进口国。后者将为更高的进口价格，遭受巨大的经济损失。反之，如果美国主导金融机构做空大宗商品，被掠夺的对象将包括市场多头和大宗商品的出口国。

3. 股票和房地产价格操纵

对目标国资产价格进行操纵是实施定向掠夺的重要途径。操纵资产价格与操纵目标国汇率有相似之处，但相对而言，通过操纵资产价格实施掠夺较之操纵汇率要更加困难，这有以下几个方面的原因：其一，股票和房地产价格更多地受到目标国国内因素影响，其与汇率关系复杂，并不存在稳定的正相关或负相关关系，通过操纵目标国汇率操纵其资产价格并不总是有效的。其二，由于存在资本管制，外国金融机构通常难以有足够的资金进入到目标市场。其三，目标国金融体系的完善程度和金融市场的广度有限，外国金融机构有时难以获得适当的操纵资产价格的工具，特别是金融衍生品。其四，外国金融机构不掌握目标国法律和交易规则的制定权，目标国通过改变法律和交易规则，可使操纵者失去筹码或流动性的支持，或者导致其交易行为违法、违规，从而加大其操纵行动的法律风险和经济成本。

尽管存在客观上的困难，并不意味着目标国资产价格无法被操纵。鉴于关键货币国强大的经济、政治军事影响力，其可以在上述任何一个方面对目标货币国施加影响，迫使其放弃实施可能影响资产价格操纵的政策措施。例如，要求目标国金融自由化，鼓励、迫使目标国开放资本项目、扩大汇率弹性、发展金融衍生品市场，限制其对跨境资本流动实施资本管制，限制其修改不利于市场操纵的交易规则等等。关键货币国也可以通过影响目标货币国宏观经济增长和宏观经济风险预期，通过媒体、智库、投行操控金融市场情绪,以及通过代理人入市买卖等方式进行间接的操纵。

在现实世界里,货币掠夺真实的表现为美国对外投资的高收益。美国在1986年由对外债权国沦为债务国,当年年底对外净债务为278亿美元。此后美国经常账户持续逆差,对外债务不断扩大。数据显示,从1986年到2013年,美国由经常项目逆差引起的债务累计为107839亿美元,但此间美国实际净债务仅增加46271亿美元,另外61569亿美元债务则被美国各种投资收益所抵消。在最近10年,美国平均每年获得约2000亿美元的对外投资净收益。

在净负债的情况下能大幅度地实现正收益并因此而显著抑制净债务的累积,如何解释这种看似不合常理的现象?一些学者将其归之为在过去半个世纪中美国扮演的全球风险资本家角色,特别是20世纪90年代以来,美国私人投资中FDI和股票类证券投资占比不断提高,而长期贷款则相对下降。这种投资结构的变化,使得美国获得投资的高额收益。[1] 美国学者豪斯曼进一步指出,美国对外直接投资的高回报来自于"暗物质"。暗物质原本是指一种无法直接观测得到、低密度的宇宙物质。豪斯曼的"暗物质"概念指由专门知识、管理能力、品牌价值组成的未被衡量的无形资产。[2] 豪斯曼认为,美国拥有的这些无形资产和技术诀窍提高了收益潜力,使得美国能够以较少的资产获得超出其负债支出的收益。

不过,这些观点只能解释常规证券投资和直接投资收益部分(见图5—2中的净投资收益),还有大量收益的来源无从考证。这些投资收益既不是来自直接投资,也不是来自普通的金融投资,而是来自美元和外国股票市场的价格波动。[3] 中国学者的研究表明,在1998—2013年间,有高达42630亿美元的收益来自因汇率、资产价格、商品价格波动引起

---

[1] Courinchas P. and H. Rey, *From World Banker to World Venture Capitalist: Us External Adjustment and the Exorbitant Privilege*, Chicago: University of Chicago Press, 2007.

[2] Hausmann Richard, Federico Sturzennegger, "US and Global Imbalances: Can Dark Matter Prevent a Big Bang?", *Financial Times*, Dec. 9, 2005.

[3] Matthew Higgins, Thomas Klitgard, Cédric Tille, "Borrowing Without Debt? Understanding the U. S. International Investment Position", Federal Reserve Bank of New York Staff Report No. 271, Dec. 2006.

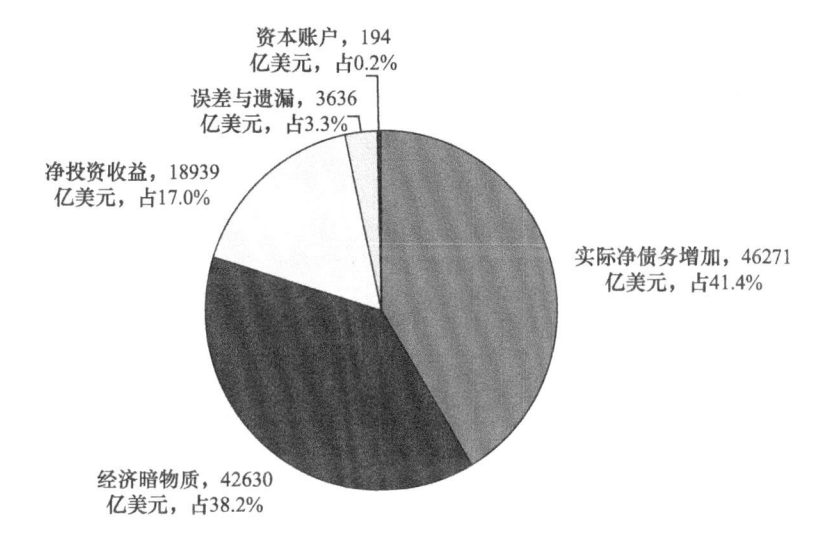

图 5—2 经济"暗物质"与货币掠夺

资料来源：美国经济分析局；丁志杰、谢峰："美元过度特权、经济暗物质与全球治理变革"，《国际金融研究》2014 年第 11 期。

的资产重估收益，这些收益对抑制美国债务累积起到了决定性作用，占其应增债务总量的 57.1%。[1] 这种由于货币汇率和资产价格变动引起的对外资产负债存量估值的变化，本质上正是我们在本章阐述的货币掠夺的结果。

历史上，日本是遭受美国系统性货币掠夺的第一大国。不过，日本并非唯一被美国实施系统性货币金融掠夺的国家。20 世纪 90 年代中期之后，美国货币金融掠夺的目标逐渐转向新兴市场国家。21 世纪以来，与日本几乎完全一样的剧本多次在中国上演。美国从 2002 年开始施压人民币升值，中国于 2005 年被迫放弃固守人民币汇率。随后的十年，人民币名义汇率最高上涨 37%，中国一线房地产价格上涨平均超过 500%，中国股票市场从 2005 年 7 月起最高涨幅高达 413%。美国和日欧巨量金融资本通过各种渠道涌入中国金融市场逐利，总规模超过 10000 亿美元，中国成为美欧金融资本货币掠夺的"主战场"。如表 5—

---

[1] 丁志杰、谢峰："美元过度特权、经济暗物质与全球治理变革"，《国际金融研究》2014 年第 11 期。

3 所示，2005—2013 年，中国国际投资净头寸从 4077 亿美元快速增至 19716 亿美元，累计输出储蓄 115873 亿美元，综合投资收益为 -7267 亿美元，其中反映货币金融掠夺的存量估值效应产生的投资净亏损高达 4937 亿美元。与此同时，金砖五国中的俄罗斯、巴西两国存量估值损失也分别高达 4957 亿美元和 2052 亿美元。[①]

表5—3 货币掠夺导致金砖国家巨额损失 （单位：亿美元）

		2005	2006	2007	2008	2009	2010	2011	2012	2013	合计
中国	净头寸	4077	6402	11881	14938	14905	16880	16884	18665	19716	124349
	表内投资收益	-176	-71	37	222	-157	-381	-853	-352	-599	-2330
	存量估值效应	-52	-33	1916	-1179	-2505	-449	-1412	-416	-807	-4937
	综合投资收益	-228	-105	1953	-957	-2662	-830	-2264	-768	-1407	-7267
俄罗斯	净头寸	-316	-338	-1506	2548	1034	163	1405	1369	1262	5572
	表内投资收益	-174	-246	-215	-321	-310	-387	-510	-568	-672	-3404
	存量估值效应	-929	-998	-1734	3016	-1893	-1545	268	-697	-444	-4957
	综合投资收益	-1103	-1245	-1949	2694	-2203	-1932	-242	-1266	-1116	-8361
巴西	净头寸	-3095	-3600	-5308	-2753	-6080	-9459	-8459	-8519	-7548	-54730
	表内投资收益	-262	-277	-297	-411	-343	-400	-479	-360	-403	-3231
	存量估值效应	-265	-650	-1731	2827	-3095	-2827	1419	501	1770	-2052
	综合投资收益	-526	-927	-2029	2416	-3438	-3226	940	142	1367	-5282

资料来源：丁志杰、谢峰："美元过度特权、经济暗物质与全球治理变革"，《国际金融研究》2014 年第 11 期。

（四）破坏

破坏是关键货币国操作货币权力的第四种策略，其基本内涵是关键货币国操作某种货币权力或者实施货币权力与政治、军事及其他经济权力的联合操作，通过破坏目标国经济增长、政治稳定抑制其综合国力的提升，使其失去或者至少削弱其在区域、全球层面挑战关键货币国霸权的能力。

---

① 丁志杰、谢峰："美元过度特权、经济暗物质与全球治理变革"，《国际金融研究》2014 年第 11 期。

利用货币权力对特定国家实施破坏，一般有以下几种具体操作路径：

1. 基于国际货币发行权的破坏操作，主要有三种机制。

第一，冻结目标国政府、企业、官员资产。由于目标国储备资产、企业经营性资产或政府官员的资产必然有部分存放或投资于关键货币国，或以关键货币形式存在于国际金融体系，关键货币国对这部分资产实施冻结，可以削弱目标国汇率稳定，阻止其获取关键资源以实现经济增长，影响其内部政治稳定，抑制目标国针对关键货币国实施对抗行动的能力。美国在历史上曾对无数国家政府、企业和政府领导人实施过资产冻结。1950年朝鲜战争爆发之后，美国政府根据《与敌国贸易法》的规定，冻结中国在美国管辖内的一切资产。60年代后，美国根据意识形态原则，对越南、古巴、朝鲜等对立阵营的国家进行过长时间制裁，其中包括金融制裁的内容。近年来，因乌克兰、伊核、朝核等问题，美国曾经先后对俄罗斯、伊朗、朝鲜、委内瑞拉的政府、企业和政府官员个人资产实施冻结。总体看，冻结资产是美国最常规、最常见的货币破坏操作。由于冻结资产一般不会突然实施，目标国在被制裁前往往有充分的时间转移相关资产，且这种制裁一般只针对存量资产，因此冻结资产的实际效果并不理想。

第二，下调目标国信用评级。拥有美元国际货币发行权使美联储成为全球中央银行，也使美国拥有世界上最具深度、广度的金融市场。但其他国家能否进入国际金融市场融资的门票掌握在穆迪、标普、惠誉等美国评级机构手中。不仅如此，信用评级是国际金融机构选择、配置其投资的重要依据。如果一国主权信用评级或关键企业信用评级被下调，就意味着该国或企业风险上升，其融资成本将大幅提高。一旦评级低于某一水平，该国或企业不仅将失去进一步从市场融资的能力，相关资产也被金融机构在市场上抛售，宏观经济信誉受到严重影响，也将严重恶化投资环境，打击国际投资者对该国进行直接投资的信心，其宏观经济稳定性和经济增长将受到重大冲击。

第三，将目标国及其关键企业直接逐出国际金融市场。对目标国而言，被调低信用评级是一种较为"含蓄"的破坏操作，如果关键货币国与目标国关系进一步恶化，关键货币国可能直接将目标国逐出本国以及自己能够影响的国际金融市场。2014年以来，除了乌克兰问题，俄美两国围绕叙利亚问题的博弈也进一步升级，美国在冻结俄罗斯政府高官资产之后，又将俄罗斯国家石油公司和天然气公司纳入制裁对象，这些企业因此而无法进入美国金融市场。之后，在西方金融市场筹集资金的俄罗斯国有银行也被禁止进入融资市场。所有制裁不仅使这些企业和金融机构面临营运困难和流动性风险，也在一定程度上打击了俄罗斯经济，削弱了其扩大在叙利亚军事行动的能力，对维持美国在中东、东欧的地缘政治优势起到了重要作用。

2. 基于交易清算权的破坏操作。

货币破坏的第二类操作主要基于关键货币的交易清算权力，我们在第三章已经研究了这种货币权力的基本原理。这类操作中最具代表性的方式是阻止目标国的对外美元交易清算。其操作机理是从美元交易清算权入手，通过将目标国逐出 SWIFT 系统来间接阻断其一切以美元为交易中介的对外贸易。相对于前面的几种货币破坏操作，阻断美元交易清算是一种明显的高烈度制裁，因为这种制裁是从交易清算入手，从根本上封杀目标国重要的对外贸易和金融交易。对于进出口和国际投资结算中大量以美元为交易中介的国家而言，这种操作对经济的杀伤力可能是致命的。

伊朗是近年被逐出美元支付清算体系的主要国家之一。2012 年 3 月 17 日，美国和欧盟借口伊朗违反联合国伊核决议，下令 SWIFT 停止对伊朗的服务，30 家伊朗银行被终止使用 SWIFT 进行跨境汇兑交易，伊朗的石油出口实际被阻断。由于石油收入占伊朗全部外汇收入的 85%，占政府收入的 70%，制裁使伊朗石油出口大幅下降，2012 年伊朗全年出口同比下降 21%，伊朗经济受到重创，时任总统内贾德因此在内政外交上面临巨大压力。①

利用 SWIFT 实施货币金融制裁也有一个缺陷，即当目标国对外支付清算货币不依赖于美元和 SWIFT 系统时，这种制裁就将失效。此时，关键货币国往往需要采取某种替代性的制裁措施，主要是制裁与目标国有业务往来的第三方。美国《2012 年国防授权法》第 1245 节规定，

---

① 遭遇制裁 4 年之后，伊朗最终妥协并与主要大国达成伊核协议，该项制裁已于 2016 年 1 月被取消，伊朗金融机构重新接入 SWIFT 系统。

"如果美国总统认为外国金融机构故意与伊朗中央银行或指定的其他伊朗金融机构处理或提供了重大金融交易，应禁止该国金融机构在美国新开设代理账户或通汇账户、或禁止继续维持这类账户、或对这类账户施加严格的条件。如果外国的中央银行、国有银行或国家控制的银行，参与了和伊朗之间的石油产品购买及销售相关的金融交易，也都在前述制裁范围之内"。这一法案出台不久，美国就将矛头对准中国金融机构。2012年8月，美方援引本国法律指控中国金融机构卷入与伊朗的交易，对中国昆仑银行实施了制裁。2014年5月，美国又将矛头指向自己的盟友国家，指控法国巴黎银行违反美国针对伊朗、苏丹、古巴等国的经济制裁规定，为相关国家提供美元支付服务，对该行处以90亿美元巨额罚款，并暂停该行在部分国家石油、天然气相关美元交易清算业务一年。这是美国历史上最为严厉的同类处罚，不仅令法国巴黎银行的财务和全球业务遭受重创，也让美法关系一度陷入紧张。[1]

3. 基于交易定价权和国际货币政策权的破坏操作。

从关键货币计价权角度对目标国实施破坏，还有一种主要的操作模式是做空目标国汇率、资产价格或者操纵与目标国关系密切的大宗商品价格。这种破坏操作的基本机理，是通过系统性做空目标国汇率、资产价格，做空（针对大宗商品出口国）或做多（针对大宗商品进口国）大宗商品价格，制造目标国货币危机、金融危机，诱导资本大规模流出目标国，破坏目标国政府、银行、企业和家庭资产负债表，打击其经济增长，最终在目标国制造全面经济、政治甚至社会危机，削弱目标国在区域、全球挑战美国主导地位的能力。

在所有货币权力操作中，破坏与掠夺具有最多的关联性：首先表现为相似的操作路径。二者都基于关键货币计价权，都需要借助于各种"价格"操纵。其次，二者具有内在的关联性。任何成功的掠夺，都会对目标国经济造成一定的伤害和破坏。而任何成功的破坏，在某种意义上都是对目标国经济的一种劫掠。尽管如此，两者在以下几个方面还是存在显著的不同：其一，目标性质的不同。掠夺主要基于关键货币国经

---

[1] 26 AFP-JIJI, "BNP Paribas fined ＄8.9 billion over deals with Iran, Cuba, Sudan", *Japan Times*, Jun. 30, 2014.

济利益的考虑，而破坏则主要从关键货币国的政治目的出发，削弱、打击竞争对手，阻止其崛起进程。其二，"烈度"不同。关键货币国对特定国家实施货币破坏，意味着两国在战略上存在结构性矛盾，而这一矛盾又往往难以通过直接的军事对抗来解决。相对掠夺而言，战略性破坏操作具有更高的"烈度"，造成目标国的损失和消极影响更为巨大和持久。掠夺有时可以由关键货币国金融机构局部直接操作，而破坏必须要由关键货币国政府直接、全面的经济、政治甚至军事的介入。最后，操作机制上的差异。掠夺通常既可以通过单边做多，也可以通过单边做空来完成，而破坏最终只能以做空各种"价格"来实现。当然，这并不意味着破坏操作不需要做多。实际上，基于"举得越高，才能摔得越重"的原理，为了达到对目标国经济最大程度的破坏，在对目标国实施战略性做空之前，通常需要先对目标国汇率、资产价格进行战术性做多。做多会给目标国经济带来乐观预期，但这种感觉只是暂时的，随着战略性做空的开始，等待目标国的可能是漫长痛苦的经济衰退。

与其他公开的破坏性货币操作不同，基于定价权的货币操作是最神秘、最复杂的货币权力操作。到目前为止，美国政府、主流金融机构、主流媒体、智库、学者，没有人承认美国针对特定国家实施过货币金融破坏。这并不难理解：第一，承认货币破坏策略的存在，等于承认美国可能针对他国发动货币战争，这会恶化两国外交关系，遭到目标国的政治抨击和经济报复。第二，承认货币破坏，暴露美国对货币、商品和资产价格操纵路径，这将令美国陷入道义和法律上的被动，加大其各种"价格"操纵的难度，使其日后难以有效实施经济掠夺和破坏，也无法再指控他国干预外汇市场或实施资本管制，从而失去对外施加影响的筹码。第三，承认货币破坏，将从根本上打击各国对美元和美国的信任，削弱美国利用美元霸权实现经济政治目标的能力，动摇美元的顶级货币地位，最终危及美国的全球霸主地位。

第六章 国际货币对抗：目标国策略

我们在前一章分析了国际货币对抗中霸权国的对抗策略。身处国际货币体系，没有哪个国家能完全与霸权货币相隔离，遭遇某种程度的货币榨取几乎不可避免，虽然这不至于对一国经济产生过于严重的影响。不过，如果一个国家与美国存在结构性矛盾，该国就极有可能遭遇来自美国的货币威胁、掠夺甚至破坏，此时该国将如何应对才能将损失控制在最小程度呢？本章我们将从货币对抗目标国的角度，提出几个一般性的应对策略。

一、避　　让

遭遇关键货币国的货币掠夺或破坏，往往意味着目标国已经被关键货币国锁定为战略对手。避让的目的，在于通过释放某种程度的善意，辅之以一定程度的妥协、退让，甚至与之建立某种合作关系，来消除或降低霸权国对己方的敌意，使其放弃或延后施行可能不利于本国的战略或战术行动。

避让意味着承认关键货币国的主导地位，避免与其发生正面冲突。在这一过程中，目标国对霸权国所做的利益让渡和妥协是真实的，在某种程度上也是不可逆的。绥靖也带有退让、容忍的涵义，但避让与绥靖不同。避让所做的让步是有限的，不像绥靖那样在核心利益方面也做出妥协。避让的目的在于避对方之锋芒，使己方尽可能不受或少受伤害，而非完全服膺于对方。

避让战略常见于政治、经济、军事等多个层面。德国可能是二战后实施避让战略最成功的国家。作为第二次世界大战的战败国，德国接受了美国在其境内的驻军。在政治上，德国几乎追随美国的一举一动，即使建立欧盟，德国也小心翼翼地避免与美国发生分歧。在经济方面，20世纪90年代之前，德国扮演的基本上是布雷顿森林体系及之后美元本位的支持者、维护者的角色。① 即使后来创设欧元，也从未像20世纪60年代的法国那样，对美元国际货币霸权公然发起挑战。尽管德国拥有强大的制造业，但与20世纪80年代的日本不同，在其具有优势的汽车、电气、化工、机械等领域，德国从不在美国面前表现得咄咄逼人。与美国发生产业上的摩擦，最终多以德国的让步和妥协告终。德国对强势美国的一贯"避让"，使其从未像日本一样，被美国视为最主要经济竞争对手而施以战略性货币打击。

近年来，中国也试图对美国采取避让策略，这体现在与美国建立"新型大国关系"的努力上。这种"新型大国关系"的基本特征，按照中国政府的新说法就是"不冲突、不对抗、相互尊重、合作共赢"，其实质是中国承认美国在国际的主导地位，同时要求美国对中国的核心利益给予尊重。中国外长王毅明确指出，中国"从来都没有想要挑战甚至取代美国地位的战略意图，而是真心诚意地希望和包括美国在内的各国共同维护和平，共同实现发展。从未想过要把美国从亚太排挤出去，而是希望美国为维护亚太和平稳定发展发挥积极和建设性作用"。②

为了构建"中美新型大国关系"，中国在诸多领域对美国做出了妥协让步：中国每年大量采购美国民用飞机和农产品，作为对美国对华贸易逆差的补偿；中方同意与美方以准入前国民待遇和负面清单为基础开展双边投资协定实质性谈判；中方积极挖掘能源、环保、城镇化、生物技术、基础设施建设等领域与美国的合作潜力；重视并愿采取措施解决美方在市场准入、知识产权保护等问题上的关切。中国还表示愿意承担与自身国力及国情相适应的国际责任，在网络安全、气候变化、叙利

---

① 德国在20世纪60年代在货币领域对美国的避让，参见陈平、管清友："大国博弈的货币层面——20世纪60年代法美货币对抗及其历史启示"。

② 王毅："如何构建中美新型大国关系——在布鲁金斯学会的演讲"，中国外交部网站，2013年9月20日，http://www.fmprc.gov.cn/ce/cohk/chn/xwdt/wsyw/t1078765.htm。

亚、巴以、伊核等领域和问题上给予美方积极的配合。

不过，并不是所有的避让策略都能达到预期目的。避让策略的有效性，取决于关键货币国对目标国的战略定位以及对目标国未来潜在威胁的评估。如果目标国具有在意识形态、威胁、地缘政治和经济上挑战关键货币国的实力，被关键货币国定位于战略性竞争对手甚至敌对国家，避让策略的有效性就会受到影响。苏联解体后，俄罗斯对西方采取了远远超出避让，实际上是一种迎合乃至追随的策略，但美欧并不为俄罗斯的姿态所动，对俄罗斯根深蒂固的怀疑和对其潜在军事、地缘政治实力的忌惮，让叶利钦总统融入西方阵营的希望完全落空。中国正在遭遇类似的挑战。在过去的几年中，美国对中国构建"新型大国关系"的建议持模糊、躲闪的态度，不仅有意无视中国的示好，反而大力推进"亚太再平衡"战略，不断在中国周边挑动地缘政治冲突，同时暗中对华实施"不见硝烟"货币金融掠夺和破坏。从这个意义上说，虽然优于迎头碰撞，但不可否认，中国对美避让策略没有完全实现预期目标。

二、转　嫁

转嫁是受威胁的国家应对货币权力打击的又一策略。转嫁的基本涵义，是货币权力目标国试图将关键货币国对本国的敌视引向其他国家，从而规避或减轻可能遭受的打击。毫无疑问，试图将危险转嫁他人的国家必须首先努力建立并维持与关键货币国的良好政治关系，至少不要刺激对方。其次，转嫁者必须找到符合条件的风险转嫁的对象国，并与其保持冷淡的关系。这并不难理解，与关键货币国"潜在"的打击目标保持距离，有助于接近与关键货币国的关系，而且只有在冷淡甚至相互敌视的状态下，才更容易"挑拨"关键货币国与转嫁目标国的关系。

过去二十年，日本针对中国实施的就是一种典型的转嫁战略。日本在20世纪八九十年代挑战美国经济霸权失败后，从森喜朗、小泉纯一郎开始，转向全面追随美国，虽然在民主党鸠山由纪夫任内出现短暂的政策转向，但第二次担任日本首相的安倍晋三将追随美国的政策进一步升级。其间，小泉政府借历史问题，刻意恶化中日关系。在野田佳彦任内，日本政府将钓鱼岛"国有化"，挑动中日关系最敏感神经。安倍第二次上台执政之后，日本政府和媒体大肆渲染、散布"中国威胁论"，并以此为借口，积极推动修改日本和平宪法、制定新安保法案、解禁集体自卫权、扩大自卫队海外行使武力的范围。与此同时，日本积极涉足南海岛礁争端，配合美国"重返亚太"对中国实施遏制打压。在经济上，日本极力夸大中国经济实力，制造中国经济将在不久挑战美国的舆论，将美国经济打压目标转移到中国的意图非常明显。2015年以来，日本政府高官和媒体散布"中国经济衰退论"，配合金融市场做空人民币汇率，遭到中国外长王毅的公开批评。[①]

到目前为止，日本向中国转嫁风险的策略是成功的。日本的经验证明，找到适合的风险转嫁目标，对成功实施转嫁策略至关重要。这样的目标，应该与关键货币国存在结构性矛盾，否则不足以吸引关键货币国的注意；目标国的规模和体量也很重要，要大到关键货币国必须投入足够的精力和资源，从而确保其无法同时将转嫁国列为共同打击的目标。如果转嫁国与风险承担国也存在结构性矛盾，就如中国与日本，那可能将进一步提高这种策略的吸引力———一旦中国遭到关键货币国的货币金融打击，日本的经济和政治影响力将随之扩大。基于几乎同样的理由，2016年印度与中国紧张边境对峙表明，印度似乎也在奉行与日本近乎完全一样的对华风险转嫁策略。

三、遏　　止

如果避让和转嫁策略无效，而关键货币国对目标国的战略敌视不减，目标国必须采取强有力的措施，做好应对关键货币国发动货币攻击的准备，遏止潜在的货币金融攻击。

---

① 参见："王毅就改善中日关系提出四点要求"，中国政府网，http：//www.gov.cn/xinwen/2016-04/30/content_ 5069524.htm。

(一) 控制宏观失衡

宏观失衡会显著加大目标货币国的宏观经济脆弱性，控制宏观失衡是应对可能的货币金融攻击的一种"消极"但非常必要的防御策略。一国汇率和资产价格的高估，是最致命、最可能遭受关键货币国货币攻击的诱因。目标国汇率、资产价格如果高于市场均衡水平，将为关键货币国实施市场操纵提供前提条件。除非目标国能够将汇率、资产价格控制在合理水平，否则一旦关键货币国实施货币掠夺和破坏，目标国将遭受惨重损失。完全消除失衡是很困难的，但当遭遇货币威胁时，目标国政府必须通过适度的货币、财政紧缩、外汇和资产交易限制、调整交易税收、调整信贷可获得性、控制交易杠杆等手段，对汇率和资产价格实施干预，避免其过于偏离均衡水平。

除了汇率和资产价格，过大的国际收支差额、债务规模也是典型的宏观经济失衡。20世纪80年代拉美债务危机，导致墨西哥、巴西等国在整个八九十年代出现宏观经济的停滞。在过去几年中，欧洲部分国家爆发的债务危机，进一步凸显政府债务控制的必要性。20世纪90年代亚洲金融危机及墨西哥、阿根廷经济危机的爆发，国际收支赤字成为对冲基金攻击相关国家货币的直接原因。为了降低被攻击的可能性，控制国际收支逆差，避免债务规模超过公认的安全标准，是各国都必须努力实现的目标。

(二) 降低外部依赖

脆弱性也可能来自过度地对外依赖，特别是对关键货币国及其盟友在市场、资源、技术、资本、支付清算体系等方面的依赖。这种依赖将强化货币发行国货币权力的影响力，使未来针对目标国的货币权力打击产生更为严重的后果。

降低外部依赖有三种基本的解决办法：第一，降低外部需求。例如，当前中国在能源方面严重依赖进口石油，特别是依赖受美国掌控的中东石油。控制石油需求，提高石油使用效率是必选策略。可以考虑通过价格、环保政策，抑制石油需求过快增长。更重要的是，要加大技术创新力度，研发推广各类节油降耗技术，特别是大力研发、推广电动汽车相关技术，减少化石燃料交通工具和内燃机的使用。第二，供给替代与供给多元化。在降低进口需求的同时，也可以考虑供给替代的办法——把由国外提供的供给，尽可能转变为由国内供给；把由部分国家提供的供给，变为由其他国家或更多国家供给。仍以能源市场为例，中国要降低进口石油依赖，在国内无法实现增产石油的情况下，必须大力发展核能、风能、太阳能等新型能源，替代国外石油供给；在能源进口方面，我们不仅要从中东进口石油，还要从非洲、拉美、俄罗斯等国进口石油；不仅要从欧佩克国家进口石油，也需要从非欧佩克国家进口石油。第三，市场替代和多元化。对于外部市场依赖，正确的做法是市场替代和市场多元化。一方面，要努力扩大内需，用国内市场替代出口市场。另一方面，要大力开拓出口市场，降低对单一外部市场出口的集中度。在储备资产管理方面，为防范关键货币国冻结资产、限制美元支付清算等货币权力操作，应将外汇资产币种配置适度多元化，同时应建立本币支付清算体系，努力扩大对外贸易、投资的本币结算。

降低依赖可以在总体上控制目标国对关键货币权力的敏感性和脆弱性。但这一策略也存在缺陷：它需要国内经济结构的调整，而经济结构调整建立在强大的创新能力基础之上，很难在短期内完成。例如，替代能源的开发，无论是太阳能、核能、风能，从全世界角度来讲，还面临许多重大的技术局限，在成本、环保、安全性等方面，石油在能源和经济中的地位在很长时间内可能很难被完全替代。再如，建立跨境支付清算体系，需要克服政治、法律方面诸多障碍，需要巨大资金成本支出，同时也需要有足够规模的贸易、投资支撑体系的运转，这都不是一般国家可以轻易实现的。尽管面临许多问题和挑战，对于应对货币权力攻击而言，降低依赖与减少宏观失衡一样，都是不可替代的。

（三）强化应对能力

防御战略的另外一个重要方面是自身应对货币金融打击能力建设。应对货币金融攻击至少需要下面四种能力：危机预警能力。要能够收集市场信息，预判货币金融攻击的策略、方向和规模；决策指挥能力。理解货币金融攻击的原理，能够根据市场变化，制定有针对性的防御和反击对策方案；反击组织能力。要能够有效整合不同机构、资源，有效实施资本管制，必要时要能够在外汇和资本市场展开直接反击有效遏制外部力量对汇率和资产价格的做空；舆论引导和管控能力。货币金融战本质上是争取人心之战。舆论引导和管控的目的在于争取市场投资者加入本方阵营，而不是被做空者制造的舆论所恐吓和裹挟。目标国政府若具备舆论引导和管控能力，市场参与者就会理性和自信，就越容易与政府期望的方向一致，从而最大程度地孤立和打击货币攻击者。所有上述这些能力，是实施防御策略最直接的支撑。能否逐步生成、强化上述几种能力，并培育、构建相应组织体系，将在很大程度上决定遏止策略最终的成效。

（四）寻求外部同盟

受货币权力威胁的国家可以创建某种形式的经济同盟，帮助其遏制潜在的货币攻击。这种同盟可以通过建立某种形式的共同市场来实现，共同市场有助于减轻目标国对关键货币国及其盟友的市场依赖。同盟成员之间也可以进行货币互换或承诺在危机时相互提供外汇储备方面的支持，这对于应对货币攻击、稳定金融市场可以起到非常显著的效果。1997年，中国中央政府承诺必要时将向遭受对冲基金攻击的香港特区提供一切必要的支持，成为港府击退投机者的重要原因。此外，同盟方也可以在资源、技术乃至政治方面为一国提供支持和帮助，这种支持将分担部分阻击货币攻击的成本，增加对抗攻击的实力，弱化货币攻击的效果，更大程度地减少目标国可能遭受的损失。

寻求外部支持同样会面临一些挑战。同盟的建立和启动通常非常缓慢，而且同盟的效率往往不高。建立共同市场涉及国家间繁杂的经济、政治和法律问题，涉及的国家越多，构建的难度就越大，耗费时间就越长。以亚州区域经济合作为例，中国虽有望占据区域全面经济伙伴关系（Regional Comprehensive Economic Partnership，RCEP）谈判的主导地位，但由于美国和日本的阻挠，谈判历经多年仍未取得关键进展。中国政府力推的"一带一路"倡议,承诺为沿线国家提供慷慨的技术和资金支持,但美国、日本的破坏和阻挠以及个别国家的无底线索求,也使项目合作在相关国家进展缓慢。

四、对　　抗

并不是所有遏止战略都会奏效,这可能源自货币攻击目标国自身实力弱小,也可能是因为目标国遏止战略存在显著的、自身难以克服的缺陷,让货币攻击者相信其有能力在货币金融打击中得手。在这种情况下,如果目标国不甘愿遭受经济洗劫和破坏,就需要实施对抗战略,与做空者展开殊死一搏。

对抗策略针对的对象,可以分为两个层次:第一,针对做空的机构。比如,在亚洲金融危机中,索罗斯的量子基金就是公开做空泰国、香港的金融机构。当然,也有一些机构是匿名地做空追随者。无论做空机构是否公开身份,只要市场出现明显的做空行为,且对外汇市场和证券市场稳定构成重大威胁,这些做空机构就应被作为被攻击国当局反击的目标。针对做空机构的货币金融攻击,按照市场化程度的不同,目标国可以采取三种不同的对抗行动:

(一) 交易成本控制

当面对境外金融机构做空本国货币或资产时,目标国政府最简单的对抗策略是推高做空机构的交易成本,以此抑制其做空行为。典型的交易成本控制方式包括:在货币市场,提高短期拆借利率,提高做空目标货币的成本;在证券市场,提高股票交易印花税税率,可以增加股票做空的成本;在股指期货市场,提高期货保证金比率,降低期指杠杆水平,可以削弱空头做空能力。在1997年5月的泰国泰铢保卫战中,泰国政府曾经大幅提高泰铢隔夜拆借利率。香港特区政府也曾在1997年10月、1998年1月和6月大幅提高港元隔夜拆息利率应对国际投机者的做空。

（二）直接入市干预

交易成本控制虽然在理论上可行，但存在一些致命的缺陷：提高短期拆借利率会导致本国宏观经济预期恶化，在抬高空方交易成本的同时，也可能增强空方做空的理由和力量；提高交易保证金、印花税固然不利于做空，但对市场多头同样具有杀伤力，多方对抗空头的能力会因为交易成本提高而降低。所有这些负面效应，都可能导致打击空头的努力最终失败。1997—1998年，香港特区政府在应对国际投机者多次做空港元冲击过程中，每次都采取提高短期拆借利率的方式加以应对，每次都对香港经济产生严重冲击，导致香港股市大跌。空头虽然没有在汇市得手，但其在股市和期指的空头仓位赚得盆满钵满，香港一度被国际投机者讥讽为"自动提款机"，令当时主导应对金融危机的特区政府财政司司长任志刚陷入窘境。

在这种情况下，要想击退投机者，正确的做法是被攻击国家、地区的中央银行和证券监管当局直接进入汇市、股市、期指市场，与做空者展开直接对决，将汇率以及股指、期指控制在目标范围，使做空者无法在空头交易中获利，甚至迫使其因交易亏损而离场。香港特行政区政府从1998年8月14日起，放弃政府不直接干预证券市场的教条，直接进入股市和期指市场做多，8月14日当天拉升恒生指数上涨564点，并在8月28日期指交割日将恒生指数稳定在7829点，最终令索罗斯等空头机构损失惨重，无功而迫。

（三）直接的行政管制

对付一般的市场空头，通过成本控制和直接入市干预足以取得预期效果，但如果空头一方实力特别强大，如泰国金融危机和香港货币金融攻击中的索罗斯量子基金，其背后有大量西方对冲基金、投行追随，这些机构拥有极其雄厚的资金实力、巨大的舆论影响力和设计巧妙的跨市场价格操纵策略，甚至不排除其做空行为背后带有美国政府的战略意图，面对这样的强大对手，小的主权国家政府往往处于弱势，其市场干预可能无法迫使空头亏损离场。1997年7—8月，在与做空者对抗半年后，泰国、菲律宾、印尼、马来西亚等国因为外汇储备枯竭相继宣布弃守固定汇率。

在这种情况下，如果不想被国际对冲基金击倒，被攻击国家或地区必须断然采取行政措施，改变交易规则，以此取得对做空者的不对称优势。相关的行政管制措施通常包括：第一，限制对做空机构的融资、融券。目的是切断做空机构的"弹药"供给。第二，限制交易工具和交易方式。例如，对由计算机控制的期指高频交易进行限制，防止有关机构利用高频交易做空期指。第三，限制购买外汇的用途、数量，限制期指开空仓数量或者直接禁止裸卖空。只要宏观经济基本面正常，这种基于政府行政权力直接改变交易规则的方法，一般是高度有效的，几乎可以直接封杀空头的做空能力。

作为唯一在与国际对冲基金对抗中取得胜利的地区，香港特行政区政府在1998年9月出台的维护证券市场稳定的"30点措施"，为最终胜利起到了至关重要的作用。维护证券市场稳定的"30点措施"主要包括：限制抛空港币；提高股指期货保证金；缩短股票和股指期货交割期限；完善交易报告制度，降低大额持仓呈报下限等等。这些措施极大地压缩了空方的操作空间，限制了空方的做空能力，为最终战胜国际空头奠定了基础。[①]

在更高的层次，针对做空机构背后的国家。由于针对他国系统性做空的机构主要来自美国，而世界上有能力操纵汇率"配合"做空机构的国家也只有美国，所以这个层面的对抗，实际上主要是针对美国政府采取的反击行动。国家层面的对抗，可以有以下几种形式的反击策略：

1. 对等贸易制裁。如果美国在货币金融攻击的同时，对目标国施以贸易制裁，则目标国可以考虑实施对等贸易制裁，限制美国商品进口，通过征收关税、反倾销税、反补贴税提高其出口价格，迫使美国为其行动付出贸易方面的代价。

2. 金融反击。对于持有大量美国国债的国家，在面临美国公开的货币金融攻击、制裁或其他政治、安全威胁时，可以通过公开抛售美国

---

① 管涛：《汇率的本质》，中信出版集团2016年版，第187页。

国债，影响、破坏美国债券市场稳定，推高美国利率，削弱和破坏美国宏观经济稳定，迫使美国做出一定程度的让步和妥协，达成美国前财长萨默斯所说的"恐怖的金融平衡"。也可以对美国在本国的投资、资产进行制裁和打击。例如，限制美国企业投资、资金汇出、撤资，对美企在本国的违法行为实施法律调查，冻结美国在本国的金融资产，停止偿还美国债务。最极端的情况下，可以对美国在本国的投资实施国有化。

一些国家由于政治和经济的原因，在过去的几年中已经或正在酝酿对美国发起经济方面的反击。美国前财长鲍尔森在其自传中透露，俄罗斯曾经在2008年8月提议与中国采取联合行动，大量抛售持有的"两房"机构债券，以迫使美国接管这两大企业。① 2015年3月，俄罗斯政府通过普京顾问格莱兹耶夫发出威胁，如果美国因乌克兰问题对俄罗斯实施制裁，莫斯科将放弃以美元作为交易估算货币，并拒绝偿还对美国银行的任何贷款。如果美国冻结俄罗斯机构和个人账户，俄罗斯将抛售美国国债。2016年4月，针对美国可能通过相关法案，允许"9·11"事件受害者亲属通过美国法庭起诉沙特政府，沙特外交大臣朱拜尔发出警告说，沙特可能将抛售所持的多达7500亿美元的美国国债及其他美元资产。②

然而，针对于美国的这种战略经济层面的对抗，虽然有可能触动美国的利益，但其局限性也非常明显。

首先，很难基于货币金融攻击行为，与美国政府展开战略性的经济对抗。美国从不公开承认蓄意利用美元国际地位和美元货币权力谋取国家利益，美国也从不公开支持其金融机构对他国实施战略性破坏。因此，即使一国遭到美国金融机构的货币金融攻击，也很难把美国政府直接列为对抗和反击的对象。

其次，战略层面的经济对抗具有很高的门槛，并不适用于对抗能力弱的小型国家。绝大多数国家无论经济体量还是发展水平都远弱于美国。

---

① Henry Paulson, *On the Brink: Inside the Race to Stop the Collapse of the Global Financial System*, Grand Central Publishing, 2010, p. 103.
② "Arabia Warns of Economic Fallout if Congress Passes 9/11 Bill", *The New York Times*, April 15, 2016. http://www.nytimes.com/2016/04/16/world/middleeast/saudi-arabia-warns-of-economic-fallout-if-congress-passes-9-11-bill.html?_r=0.

例如，亚洲金融危机中的国家以及最近一轮美元升值中出现严重货币危机的拉美和中亚地区国家，这些国家连外汇市场上的做空机构都难以对抗，根本无力对美国做出能够产生影响的经济反击。在世界范围内，有能力在经济上对美国进行反击的国家屈指可数，只有中国、欧盟、日本、沙特等大型经济体或拥有雄厚战略资源的少数国家，但欧盟、日本、沙特因为在政治和安全领域高度依赖美国，即使在货币金融领域受到来自美国的打击，他们也几乎没有与美国展开正面对抗的政治可能。

最后，与美国展开战略性经济对抗，具有巨大的经济和安全风险。与美国展开战略性经济对抗，意味着该国与美国经济、政治关系的全面破裂。从历史上看，美国在国际关系中一贯霸道与强势，在战略层面与美国展开经济对抗，几乎必然遭到美国的报复和反击。由于美国不仅经济体量占据压倒性优势，在双边经济关系中还对他国占据相互依存的不对称优势。对绝大多数国家而言，一旦遭到报复和反击，所受经济打击可能是其不可承受的。如果对目标国家拥有绝对军事优势，在极端情况下，美国甚至可能直接选择对该国发起军事攻击。例如，美国在2003年对伊拉克发动军事打击，推翻了萨达姆政权，其不可言说的理由之一，就是萨达姆决定用欧元支付其石油出口，以削弱美元作为石油计价货币的地位——这被美国视为一种严重威胁其战略利益的经济对抗行为。

由于上面的原因，针对货币金融攻击的反击，一般只限于针对市场的做空行为。即使是大国，对与美国进行战略性经济对抗都持非常谨慎的态度。在更多的时候，主要是发出言辞威慑而非实际采取行动。到目前为止，最接近于战略性经济对抗的是伊朗和美国，但由于自身经济和政治实力与美国相差悬殊，伊朗实际上是这种对抗的失败者。莫斯科与华盛顿在乌克兰危机之后，进行了贸易层面的相互制裁，但真正具有战略意义的金融对抗并没有发生。美国对俄罗斯采取了克制的态度，也可以认为是俄罗斯的威慑和遏止策略取得了成效。两国在乌克兰和叙利亚问题上的博弈仍在继续，这为我们继续观察大国战略经济对抗提供了一个现实的窗口。

第七章 大国间的货币金融对抗

前面两章从理论层面研究了霸权国与目标国在货币对抗中的目标和策略。本章选择当代两次典型的大国货币金融对抗——20世纪80年代美国—日本货币金融对抗与2013—14年美国—俄罗斯货币金融对抗作为案例,深刻认识货币掠夺和货币破坏在大国对抗中的角色和影响,理解货币权力在大国货币对抗中的运用方式和策略。从中我们可以看到货币金融对抗对目标国所产生的巨大的破坏力,以及货币权力作为国家间对抗工具所具有的其他工具不可替代的重要作用。

一、美国对日本的货币掠夺与破坏(1983—1991)

作为二战之后的世界霸权,美国对包括自己盟友在内的各国都保持着极强的戒心。经过20世纪60、70年代经济的高速发展,日本成为当时世界的第二经济大国。20世纪80年代,日本汽车、钢铁、电子产业的快速崛起,不仅对美国构成实实在在的挑战,在电子产业甚至后来居上,超过美国。贸易方面,从20世纪80年代初开始,日本的贸易竞争力大幅跃升,在世界出口中的份额年均上升2.5%,超过包括美国在内的任何一个国家。[①] 而美国的贸易竞争力同期大幅下降,由于里根政府的财政扩张和强势美元政策,美国在20世纪80年代初的几年经常项目逆差大幅上升,1984年美国对外贸易逆差1224亿美元,其中对日本逆差超过40%。

[①] 参见 George Tavlas and Yusuru Ozeki, "The Internationalization of Currency: An Appraisal of the Japanese Yen", IMF Occasional Paper No. 90, International Monetary Fund: Washington. D. C., 1992。

日本经济的崛起在国际学术界和新闻界，引起极大关注。美国学者傅高义的著作《日本世界第一》高度赞扬日本劳动生产率的大幅跃升，这令日本人备受鼓舞，却加重了美国政界、经济界和媒体对日本可能挑战美国经济主导地位的担忧。在这种背景下，按照日本政府参与日美货币金融谈判的前官员的说法，"以美国为中心的其他国家认为日本将成为世界第一的金融大国"，作为对日本的崛起"高度敏感"的世界霸主国家，美国开始在其占据优势的货币金融领域采取应对措施，目的是"削弱正在跳龙门的日本经济"。[①]

美国对日本的货币掠夺和破坏从1983年正式开始。正如我们在前文所讨论的，货币掠夺、破坏策略建立在金融开放和对双边汇率、资产价格的操纵之上。不过，至少在1983年之前，由于经济增长强劲以及认为强势美元有助于国债融资，日本优先关注的是本国金融自由化和市场开放问题，而不是日元升值。对于里根政府施压日本金融自由化并开放资本市场，日本媒体给予的解读是所谓"第三次产业摩擦"说——即日美经济的中心支柱向金融、服务等领域转移，在这些领域里美国的竞争力超群，发达国家中只有日本有希望成为这样的国家，所以美国敦促日本早日开放资本市场，以便将来获得更多的市场和盈利机会。[②]

媒体的这种观点，也基本代表了日本官方的态度。负责与美国方面谈判的大藏省财务官大场认为，美国施压日本金融市场自由化的目标主要是两个：一个是作为迫使日元升值的筹码，另外一个则是打开日本金融市场，获得相应的商业机会。但大场并不认为这对日本是严重的问题，在他看来，"放松金融监管，也是日元的商机。日本的银行和证券公司的业务也增加了，（日本企业）也能得到利益"。因此，"即使遇到国内相当大的阻力，也要非常积极地推进自由化"。[③] 明明货币金融战争已经悄然打响，日本政府竟然浑然不

[①] 日本大藏省前国际金融局副局长久保田永夫和大藏省办公厅调查计划科前科长大须敏生语，转引自[日]泷田洋一著，李春梅译：《日美货币谈判——内幕20年》，清华大学出版社2009年版，第99、179页。

[②] [日]泷田洋一著，李春梅译：《日美货币谈判——内幕20年》，清华大学出版社2009年版，第26页。

[③] 同上书，第40页。

知，还沉浸在即将成为金融大国的幻想里，一厢情愿地相信金融自由化对日本并非坏事，这暴露了一个事实：当时的日本政府官员缺乏对货币金融战争的基本认知，也没有意识到金融自由化在货币金融对抗中的作用和影响。

接下来的对日施压，美国人非常讲究策略。他们并不是直接从金融入手，也不是官方直接施压，而是先通过释放贸易保护主义压力来为官方会谈增加筹码。1983年9月19日，卡特彼勒公司主导发布了题为《美元日元的矛盾——现存问题和解决办法》的报告。这份后来被称作"摩根报告书"的报告，认为日元美元背离汇率均衡是导致美国贸易逆差的关键原因，报告对日本政府提出了包括改革金融管理体制、日元升值以及日本国内经济政策在内的11项要求。[①] 以摩根报告为先导，美国财政部迅速行动。9月28日，在筹备11月里根—中曾根会晤的过程中，美国财政部长舒尔茨首次向日本提出金融市场准入自由化、利率自由化和日元国际化三大改革要求。从10月10日开始，美国财政部与日本大藏省就金融资本自由化等问题展开密集会谈。美国财长里甘专门致信大藏省，要求日本政府发布"面向资本市场自由化和废除管制的声明"。[②]一个月后，美国总统里根访日，承诺抑制贸易保护主义，但在三大改革要求之外，进一步明确了要求开放日本国内市场和"修正低位日元"的方针。[③]

为了落实美国要求的日本金融市场开放计划，在美国的提议下，美国与日本在1983年11月1日就建立两国联合工作组——"日美间日元—美元委员会"达成了一致。[④] 在里根访日期间，美国财政部和日本大藏省就日本推行资本市场自由化、日元国际化的措施达成原则框架。美国成功迫使日本在多数议题上做出了具体、带有完成时限的让步。由

---

① ［日］泷田洋一著，李春梅译：《日美货币谈判》，清华大学出版社2009年版，第7—8页。

② 同上书，第10页。

③ Yoichi Funabashi, *Managing the Dollar: From the Plaza to the Louvre*, Washington: Institute for Intenational Economics, 1989, pp. 78 - 79. 此时提出修正日元汇率问题主要是作为逼迫日本开放金融市场、推进金融自由化的手段，与后来要求日元升值还是有本质不同的。

④ ［日］泷田洋一著，李春梅译：《日美货币谈判》，清华大学出版社2009年版，第22—23页。

于设定议题和对美施压的能力有限，日本虽然试图以国内在野党反对为借口与美国方面周旋，最终并未获得多少实际利益，只是在诸如避免日本在美企业双重征税、世界银行日本份额提升等问题上得到美国含糊、空洞的回应。在之后的日元—美元委员会工作会谈中，美国官员大谈"日本金融资本市场的封闭性和日元国际化的迟钝"导致日元低估，日元低估造成美国对日贸易赤字的激增。[1] 这样的逻辑并没有足够的学理和事实依据，但无碍美国借此施压日本开放金融市场。

在日本政府内部，一些中下级官员对开放金融市场管制持谨慎或者反对的态度。日本政府内部为此召开多次会议，就谈判的立场、策略等问题统一思想。[2] 日本政府内部的态度引起了美国方面的关注，美国代表在后续会谈中一再明确要求日本"尽可能快地放开对金融市场的管制"、实现"日元全新的国际化、日元市场完全的自由化"。经过联合特别工作组的多轮会谈，1984年5月谈判基本结束。其间，日本官员进行了一定程度的讨价还价，比如金融自由化要按一定顺序、阶段性推进等等，但面对来自美国的巨大压力，处在"美元与核保护伞之下"的日本别无选择，最终在几乎所有问题上选择退让。作为会谈成果的《关于日元美元汇率、金融和资本市场问题报告》所列出的金融自由化和对外开放的一揽子措施，不过是1983年11月日美财长联合声明的细化版本。在报告仅仅发布之后一个月，日本就取消了日元对其他货币的兑换限制。[3]

金融市场的开放和自由化对日本经济产生了系统深刻的影响。资本自由流动大幅削弱了日本货币政策的独立性和有效性，也让日元汇率和日本资产价格逐步变得难以控制。利率市场化则大幅降低了日本银行盈利能力，迫使日本金融机构大规模进入土地和房地产开发领域，以弥补利率市场化带来的利润损失，为后来日本经济泡沫的膨胀埋下了祸根。总体上讲，金融市场开放和自由化显著加大了日本经济的宏观脆弱性，

---

[1] [日] 泷田洋一著，李春梅译：《日美货币谈判》，清华大学出版社2009年版，第76页。

[2] 日本大藏省当时对金融自由化和日元国际化，确定了积极、自主、渐进主义阶段性推进的方针。参见：泷田洋一著，李春梅译：《日美货币谈判》，清华大学出版社2009年版，第26—27页。

[3] [日] 泷田洋一著，李春梅译：《日美货币谈判》，清华大学出版社2009年版，第44—46页，第77—82页。

加强了美国对日本金融市场和宏观经济稳定的控制力和影响力,成为美国在货币和金融战场击败日本至关重要的一环。

表7—1 日元—美元委员会报告书和的概要与实施情况

项目	实施时间
I 欧洲日元市场的扩大	
1. 面向外国投资者发行欧洲日元债券	1984年12月—1985年4月
2. 放松对国内投资者持有欧洲日元债券的限制	1984年4月
3. 对外国金融机构开放包销欧洲日元债券业务	1984年12月
4. 对外国投资者收购国内投资者的欧洲日元债券的课税问题	1985年4月
5. 欧洲日元CD的发行许可	1984年12月
6. 欧洲日元贷款	1984年6月—1989年7月
II 金融资本市场的自由化	
1. 废除定期存款利率的上限	1985年4月（其中三项）
2. 外国银行参与国债交易	1984年10月
3. 银行日元票据市场的创设	1985年6月
4. 废除外币与日元的兑换管制	1984年6月
5. 日元外资的发行规则的灵活化	1984年7月
6. 废除对外日元贷款限制	1984年4月
III 金融市场开放	
1. 参与兼办信托业务	1985年6月（9家外国银行）
2. 开放东京证券交易所的会员券	1985年12月（6家外国券商）

资料来源：西村吉正：《日本金融制度改革》,转引自[日]泷田洋一著,李春梅译：《日美货币谈判》,清华大学出版社2009年版,第82页。

（一）推升日元

无论是货币掠夺还是战略性的货币破坏,操纵货币都是其中核心的环节。当打开日本金融国门的目标完成后,美国迅速把施压日元升值作为新的目标。1985年2月,总统办公厅主任詹姆斯·贝克取代自由主义色彩浓厚的里甘成为美国新任财政部长,标志着美国国际货币政策调整的开始。由于日本已经取代上世纪70年代的联邦德国,成为美国经济霸主地位最主要的挑战者,日元不可避免地成为美国对日货币金融打击的主要目标。

时至今日,西方和中国的主流学术界,都不把20世纪80年代日元升值看做是美国对日发动货币战的标志,而认为其仅仅是美国基于贸易利益做出的反应。[①] 的确,贸易利益和美国内部利益集团压力是美国政府汇率政策调整的一个理由,但贸易利益并非美国政府国际经济决策追求的全部。实际上,里根政府第一任期贸易赤字的大幅上升,在很大程度上是政府对贸易赤字奉行"忽略"政策的结果。这种"忽略"政策主要体现在财政赤字的大幅扩张和对强势美元的"不干预"。美国政府主要官员——从总统到财政部长,直到1985年初,都视强势美元为美国经济强大的象征,拒绝承认美元高估,拒绝对美元升值进行干预。对于来自企业界和议会的贸易保护主义要求,美国政府在里根的第一任期内基本采取不予理睬的态度。[②]

这种对贸易赤字和强势美元反常的无动于衷的态度并非偶然,而是存在几个方面的重要原因:(1)1985年之前真实的保护主义压力并不强大。虽然1984年美国对外贸易赤字超过1000亿美元,引起市场的一些关注,但在美元本位下,贸易赤字在宏观上并不会对美国构成实际威胁,这是美元霸权的一部分,也是布雷顿森林体系解体带给美国的制度红利。在企业和国会层面,即使在贸易赤字高峰年份的1985—1986年,虽然总计有约300个阻止进口的议案在国会形成,但这些议案绝大多数都没有通过国会表决,真正由两院通过送交总统签批的只有1985年的纺织品配额法案一项。[③] 这在某种程度上反映出,美国国会有关贸易保

[①] 关于美国1985年政策变化的研究除本章已参考文献,另见Robert D. Putnam and Nicholas Bayne, *Hanging Together: Cooperation and Conflict in the Seven-Power Summits*, Cambridge, MA: Harvard University Press, 1987, chap. 9; Funabashi, *Managing the Dollar*, chaps. 1 and 3; Stefen D. Cohen, *The Making of United States International Economic Policy: Principles, Problems, and Proposals for Reform*, New York: Praeger, 1988, chap. 10; C. Randall Henning and I. M. Destler, "From Neglect to Activism: American Politics and the 1985 Plaza Accord", *Journal of Public Policy*, 8, June, 1989: 312 – 33。

[②] 参见Stephen D. Cohen, *The Making of United States International Economic Policy*, New York: Praeger, 1988, pp. 212 – 213。

[③] Ibid., p. 215。

护主义的激烈言辞很大程度上有虚张声势的成分。(2)强势美元不仅有利于抑制通胀以及吸引外部融资,对于美国而言,美元走强持续时间越长,在美元高位流入美国购买美国资产的外围资本规模越大,流出美国购买外国资产的美国资本规模越大,未来当美元开启贬值周期的时候,美国对外融资成本降低的幅度越大,美国对外投资的实际收益水平就越高。这是基于美元货币权力的货币掠夺核心机制之一,也是美国作为世界银行和国际投资家的核心利益所在。(3)就美日双边货币金融关系而言,日美间日元美元委员会协议中关于日本金融自由化和金融市场开放的内容,有很多要到1985年年中后才能完成,过早启动美元贬值,美国资本无法进入日本市场,则所有基于汇率、资产价格波动的战略构想将无法实现。这可能是里根政府宁可承受国内压力却迟迟不启动汇率调整的重要原因。

一旦决定开启汇率调整,其实际操作并不复杂。美国选择了最简单粗暴却也是最有效的手段——强制。国内贸易保护主义压力再次成为美国展开国际间谈判的筹码。1985年2月至8月,美国国会先后通过多个要求针对贸易顺差国采取强制措施的法案,内容主要是对顺差国征收附加关税或者迫使顺差国货币升值。作为最大的贸易顺差国,日本是这些法案指向的重点国家。在由参议院金融委员会国际贸易分委会主席丹佛斯(John Danforth)提出的议案中,日本被描绘成对美国企业采取"不公正、不合理、歧视、限制性"措施的国家,要求美国政府采取一切合理、可行的行动予以纠正。议案展示的强硬姿态,及时地策应了美国政府对顺差国的经济谈判。

有了贸易威胁作为武器,时任美国财长的贝克需要做的就是把国会发出的威胁传递给贸易顺差国。从1985年4月开始,美国"以美元贬值和贸易保护主义威胁作为敲诈的手段",采取分而治之的策略,分别与日本、联邦德国等国展开双边磋商,成功地迫使包括日本在内的几个贸易顺差国接受美国提出的一揽子政策调整方案。[①] 这些会谈的最终结果,就是1985年9月22日美国、日本、联邦德国、法国及英国(简称

[①] 前日本大藏省财务官行天丰雄语,参见[美]保罗·沃尔克、[日]行天丰雄,于杰译:《时运变迁》,中信出版社2016年版,第280页。关于美国与日本双边会谈的详情,参见[日]泷田洋一著,李春梅译:《日美货币谈判》,清华大学出版社2009年版,第四、五章。

G5）财政部长和中央银行行长在纽约广场饭店达成的"广场协议"。"广场协议"要求，G5各国对外汇市场展开联合干预，日本、联邦德国等美国的贸易顺差国货币需对美元升值。协议规定了各国货币对美元升值的基本幅度。作为对美国示好的一种姿态，日本承诺日元对美元的升值幅度在升值四国中最高。至此，美国在短短两年之内，既打开了日本金融市场的大门，又成功迫使日元走上升值道路，基本奠定了对日货币金融战胜利的基础。

对于日元的升值，日本政府最初并未感到担心。一方面，日本政府认为升值可以缓和来自美国的贸易保护主义压力。另一方面，日本政府认为日本经济能够承受一定幅度的日元升值，这也是日本在与美国会谈中超预期做出日元升值承诺的原因所在。但1986年3月，日元大幅升值对出口行业产生了显著影响，日本国内开始激烈批评日元的大幅升值，中曾根首相曾为此致函里根总统和财政部长詹姆斯·贝克，但未得到美国政府的积极回应。[①]不仅如此，此后在日美双边以及多边会谈中，美国财长贝克多次释放美元汇率虽"大致符合各项基础条件"，但如果其他国家不刺激经济，就不惜让美元继续下跌的言论，致使日元升值压力持续加大。[②] 虽然1987年2月日本与美国等国家签署"卢浮宫协议"，试图阻止美元继续下跌，但1987年美国股市崩溃导致资本进一步从美国流出，日元继续升值，日元从1984年初最高251日元兑换1美元升值到1988年初的120日元兑换1美元，在短短4年时间升值幅度超过100%。

日元大幅升值帮助美国实现了多个重要的经济目标。其一，汇率大幅度升值虽然不会总体上消除美国经常项目赤字，但对于降低对日贸易逆差产生了一定影响，1986年日本企业对美出口的显著下降。其二，由于美国对外投资以本币结算，美元贬值产生的货币重估效应，通过提升美国持有日元资产的美元价值，显著提高了美国对外投资的收益水平，也同时降低了美国实际债务负担。其三，长期系统性的日元重估，

[①] 参见［美］保罗·沃尔克、［日］行天丰雄，于杰译：《时运变迁》，中信出版社2016年版，第265页。

[②] 参见［日］泷田洋一著，李春梅译：《日美货币谈判》，清华大学出版社2009年版，第155—159页。

是日本资产泡沫形成的必要条件之一。根据塔瓦拉斯等人的研究,"广场协议"之后,基于日元系统性升值预期,包括直接投资在内的美国资本大规模流入日本,迫使日本政府不得不对外汇市场实施干预,以抑制日元的过快升值。[①] 从流入资本的具体去向看,这些流入资本中有相当规模流入日本房地产和股票市场,成为推动日本资产价格上涨的重要力量。

(二) 催生泡沫

作为货币掠夺和破坏的重要环节,大幅推高目标国资产价格是最核心环节之一。仅靠外部资本流动很难将资产价格推升到足以产生破坏性后果的水平,只有让日本政府实行某种刺激经济的政策,从内部催生泡沫的形成和膨胀,才能最终实现货币掠夺和破坏的目的。历史上,这样的货币宽松真实地发生了:日本央行从1986年1月开始放松银根,把5.0%的贴现率下调0.5个百分点,随后又在当年3月、4月、10月和1987年2月连续4次降息。至最后一次降息,日本官方贴现率降低到2.5%的超低水平,并在此低位保持长达两年之久。与此同时,日本金融机构大规模投放信贷,资金大规模流入房地产、股市等资产市场,而日本政府未采取有力措施予以遏制,不仅听凭大量信贷资金流入不动产领域,还扩大对土地担保和股票担保两项融资,直接导致日本股市和房价从1986年开始加速上升,并最终形成规模空前的资产泡沫。

日本政府持续、大幅的宽松政策是如何形成的?学术界对此长期存在争论,一部分学者认为是美国外部施压的结果;另外一部分学者,以日本央行现任行长黑田东彦为代表,则认为是日本自己决策失误导致。这两种观点都有合理的成分,但前者完全否定日本政府的独立性,后者则有意掩盖外部压力的存在及其对政策决策的关键影响,在一定程度上都存在对真实历史的曲解。客观地看,20世纪80年代导致日本资产泡沫形成的日本大规模经济宽松政策的实施具有内外两个方面的原因:从

---

① George Tavlas and Yusuru Ozeki, "The Internationalization of Currencies: An Appraisal of the Japanese Yen", IMF Occasional Paper No. 90, International Monetary Fund: Washington, D. C., 1992.

外部看，美国的外部施压客观存在，美国对日经济外交的基本策略是强制，以压促变；从日本内部看，由于在政治和安全上依赖美国，日本在经济外交上空间有限，除了服从和逢迎美国，日本希望通过自身的宏观政策调整，来对冲对美妥协带来的经济风险。正是这种"强制 vs 服从+对冲"的政策博弈模式，促成了诱发资产泡沫的超宽松货币政策。

我们可以从几个方面来具体分析"强制 vs 服从+对冲"政策博弈模式与日本经济刺激、泡沫形成的关系：

1. 持续货币宽松。日本在金融危机前的降息共5次，这5次降息都程度不同受到宏观政策协调机制的影响，充分地体现了"强制 vs 服从+对冲"的政策博弈模式。

第一次降息是美国强制的结果。1986年，美国要求日本降息的背景是当时美国经济的减速。为了刺激经济同时保证美元贬值不致失控，美国对日本等国的货币政策提出明确要求，即这些国家必须随美国降息而同步降息。为此，在1986年1月伦敦G5峰会上，美国财长贝克不惜以美元的进一步贬值对日本等国发出威胁。日本选择在1986年1月G5峰会之后开始第一次降息，虽然是己方主动提出，但本质上还是美国外交施压的结果，体现的是日本对美国外交压力"服从的一面"。

第二和第三次降息，更多体现了日本政府"对冲"的意图。正如前文反复指出的，在1985年前后，美国政府和议会以贸易保护主义为旗帜，对日本施加了巨大的货币升值压力，这导致1985年9月"广场协议"的签署。在其后的半年内，日元开启快速大幅升值模式，并很快对日本出口和整体经济景气产生冲击。1986年年中，联邦德国和日本都出现了几个季度的零增长乃至负增长。在日本中小企业界和日本媒体，甚至出现了所谓"日元升值恐惧症"。在这种背景下，通过降息刺激经济同时防止日元大幅升值，对于日本央行而言，是出于经济上的内在要求。[1] 因此，虽然第二、第三次降息是日本与美国协商决定的结果，但这两次降息反映了日本政府对冲风险的想法，是典型的"服从+

---

[1] 关于日本央行货币宽松的动因，参见 [日] 泷田洋一著，李春梅译：《日美货币谈判》，清华大学出版社2009年版，第152—156页，Kunio Okina, Masaaki Shirakawa and Shigenori Shiratsuka, "The Asset Price Bubble and Monetary Policy: Japan's Experience in the Late 1980s and the Lessons", Monetary and Economic Studies (Special Edition) /February, 2001, p. 411。

对冲"政策反应模式。

后面两次加息，则是完全的直接强制。虽然联邦德国和日本已经启动降息，1986年7月，美国在日本第三次降息后不久又开始要求其降息。贝克再次宣称除非联邦德国和日本采取额外措施提高其国内需求，否则美元将进一步贬值。[①] 日本央行此时已经不愿再次降息，但面临大选的自民党政府，急于通过汇率与金融调整来扩大内需、减少贸易顺差，因而呼应美国政府要求日本央行第四次降息。7月10日，美国在没有日本配合的情况下单独降息50个基点，随后继续施压日本降息。此时，日本精英阶层明显预感到货币过度宽松的潜在风险。日本央行总裁澄田在向中曾根首相汇报时称："银根已经足够宽松，东京中心区域的地价上涨已经开始出现向地方上蔓延的迹象。更进一步的放松银根恐怕弊大于利。……降息已接近极限，这次如果继陪着美国一起降的话，以后再要降息就会缺乏空间……"[②] 但从国家关系的角度，日本政府无法抵制美国货币政策协调的压力。1986年10月，美国财长贝克与日本大藏大臣宫泽喜一在旧金山秘密会晤后达成协议，日本以下调利率为条件换取美国放松汇率压力。1987年2月，美国故伎重演，再次以控制美元不继续贬值为筹码，迫使日本将贴现率降低到2.5%的超低水平。

表7—2　日本泡沫经济期间的货币发行与货币供应

（单位：万亿日元）

	1983	1984	1985	1986	1987	1988	1989	1990
货币发行	17.86	18.59	19.73	21.19	23.38	25.89	28.76	31.34
货币供应量（M2＋CD）	268.69	289.71	314.94	343.89	380.86	419.73	470.02	504.97

资料来源：日本《东洋经济新报》主编《经济统计年鉴1992》，第66页。

2. 经济转型与财政宽松。除了持续的货币宽松，日本资产泡沫的发生也与贸易摩擦下日本经济转型路径选择错误有关。从经济理

[①] I. M. Destler and C. Randall Henning, *Dollar Politics: Exchange Rate Policymaking in the United States*, Washington D.C., 1989, p.51.

[②] 转引自翟晓华："日美外交博弈下的日元升值与泡沫经济"，《国际观察》2008年第4期，第78页。

论上讲，贸易顺差国要减少顺差，除了本币升值，增加财政开支、刺激内需、减少对出口的依赖是从根本上解决贸易失衡的办法。里根政府对此很清楚，除了要求日元升值，美国政府在双边、多边等场合不断要求中曾根政府采取措施扩张经济，以帮助美国减少经常项目赤字。①

作为美国的保护国，日本无法拒绝美国的要求。通过"广场协议"，日本政府接受了一定幅度的日元升值。在刺激内需方面，日本政府也不得不做出回应。中曾根首相建立了由日本央行前行长前川春雄领导的首相私人顾问机构——"经济结构调整研究会"，专门研拟通过经济转型刺激国内需求，进而减少国际收支顺差的对策。1986年4月，"经济结构调整研究会"向首相提交了一份对策报告，这份后来以前川行长的名字命名的报告（《前川报告》，Maekawa Report）认为，日本经常项目收支保持顺差是由日本出口导向型的经济结构所致，要减少贸易顺差，需要调整经济结构，使日本经济由外需牵引向内需牵引转型。实现这种经济转型的核心对策，是以住宅政策为中心进行大规模城市再开发，而推动城市再开发的主要政策措施则是对住宅减税和降息。② 不难看出，日本政府这种对于经济转型的认识，为持续货币宽松以及房地产泡沫的持续膨胀提供了理论和政策基础。日本的地价和股价正是自1986年后开始急剧上升。

在财政刺激方面，自"广场协议"达成，实现汇率调整的目标后，美国政府就将其他国家的财政宽松作为与货币政策协调同等重要的经济外交目标。1986年10月的"旧金山协定"和1987年2月的"卢浮宫协定"，都规定了日本扩大财政刺激的内容。虽然日本政府基于稳固财政的考虑，对于财政刺激一度犹豫不决，在履行财政刺激方面也未尽全力，但终究还是无法抵御美国的压力。1987年5月，中曾根政府坚持财政重建的立场发生松动，推出了总额高达6兆日元的大规模财政刺激

---

① 参见［美］保罗·沃尔克、［日］行天丰雄，于杰译：《时运变迁》，中信出版社2016年版，第271页。

② 参见［日］宫崎义一著，安邦富译：《日元的崛起》，中国金融出版社1992年版，第103—105页；［美］保罗·沃尔克、［日］行天丰雄，于杰译：《时运变迁》，中信出版社2016年版，第255页。

计划。① 在货币大幅宽松的背景下，这种强力的财政刺激，犹如火上浇油，助推了日本股市和房地产市场泡沫的进一步膨胀。

3. 金融自由化与金融机构过度放贷。除了大幅度货币宽松，日本资产价格泡沫的膨胀也与美国施压日本金融自由化以及日本对此做出的错误反应存在直接关系。1984年5月的《日元美元委员会报告书》，名义上是讨论日元与美元，本质上则是一个解除日本金融管制的计划，其核心内容是日本开放资本项目和金融自由化。外资金融机构的进入加剧了日本金融市场的竞争，1985年4月开始实施的利率市场化则大幅推升日本金融机构的成本，降低了日本金融机构的营利能力，进而削弱了其对外扩张的能力。为增加盈利，日本金融机构纷纷调整经营策略，特别是加大利润丰厚的房地产、股票抵押贷款，通过这些贷款筹集到资金的企业，又将其大部分资金用于购买将来可能升值的土地、股票、特定货币信托和信托基金。在这一过程中，日本央行采取了默许甚至纵容的态度，企图利用这些业务整固金融机构，应对利率自由化对日本金融业的冲击。日本央行的这种饮鸩止渴式的"对冲"策略与降息策略如出一辙，最后的结果也完全相同——催生日本的股票、房地产泡沫并使其快速膨胀，直到最后不可收拾。

4. 限制加息。宏观政策协调对日本宏观政策自主性的影响不仅表现在降息方面，在日本面对紧缩压力的时候，这种影响变得更加明显，其后果也更加严重。1987年秋，资产价格的大幅上涨和日趋明显的通胀压力，显示日本经济已经出现明显的过热苗头。日本央行意识到有必要调整货币政策，但格林斯潘鲁莽加息引爆了美国股市。10月19日，美国股市突然暴跌，美国立即与日本和联邦德国启动政策协调，贝克会晤了日本与联邦德国财长和央行行长，要求日德保持低利率以配合美国稳定股市和美元汇率。之后，美国多次降息，但日本受到美国方面协调货币政策、阻止资本从美国外流的压力，不得不继续维持超低利率。1988年，美国股市危机得以缓解，但共和党政府面临大选，为了帮助稳定共和党政权，日本政府又将稳定美国债券市场作为了自己的责任，

---

① 参见［日］泷田洋一著，李春梅译：《日美货币谈判》，清华大学出版社2009年版，第186页。

日本的超低利率被继续强行维持在低位,时间前后长达两年零3个月之久。① 直到老布什当选美国总统之后的1989年5月,日本才被允许提高利率,但为时已晚,日本的资产泡沫已经几乎膨胀到极限。

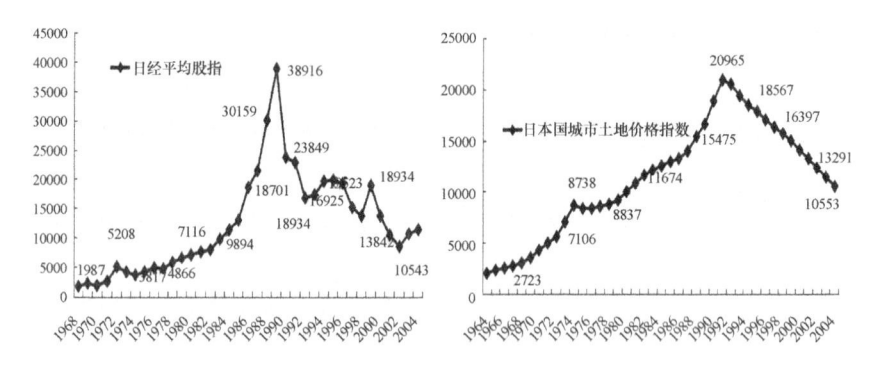

图7—1 日本的股票与土地价格(1968—2004年)

资料来源:CEIC.

(三)泡沫的崩溃

在长期的低利率和日元汇率升值的共同刺激下,日本的资产价格从1985年开始加速上涨。日经指数从1985年初的约10000点,上涨到1989年末的最高38916点;日本的土地和房地产价格指数,从1985年至1991年房地产泡沫破裂,分别上涨约79%和170%。伴随资产价格的快速膨胀,从1986年末开始,日本经济增长开始加速,进入后来被称作"平成景气"的第二个经济发展的高峰时期。高汇率、低通胀、经济增长加速、巨额的金融财富、强大的国际购买力,日本举国上下沉浸在经济泡沫化带来的虚假繁荣之中。②

一幕戏剧,当高潮来临的时候,通常离剧终已经不远。进入1989年,国内外的各种压力和冲击接踵而至。首先是日本国民中出现了强烈

---

① 美国对日本此阶段在货币政策方面的施压,[日]泷田洋一著,李春梅译:《日美货币谈判——内幕20年》,清华大学出版社2009年版,第174—175页。
② 20世纪80年代末,日本的土地财富占国家财富的比例高达70%,而美国仅占25%。日本的土地资产总额超过2000万亿日元,为当时美国全国土地资产额的将近4倍。参见[日]吉川元忠著,孙晓燕等译,《金融战败》,中国青年出版社2001年版,第90页。

的挤破泡沫的呼声。这种声音当然不是来自房地产和各种金融资产的持有者，而是那些在房地产和股票价格上涨中受损的无房、无股票的中低收入阶层和不堪土地价格重负的中小企业。这些利益受损者眼见泡沫绅士们不同凡响的作派，他们的不满越积越深、越散越广，无形中为消灭泡沫奠定了社会民众基础。

直接刻破泡沫的是日本央行激进的货币紧缩。由于利率被日本央行长时间保持在低位，1989年初，持续的资产价格上涨和不断上升的通胀风险，日本央行开始感到坐卧不宁。1989年5月，当美国终于不再强制日本协调货币政策，日本央行立即启动了激进的加息进程。日本官方贴现率先是被一次性大幅上调1个百分点，到1990年8月，日本央行在短短1年半左右的时间内5次加息，累计的加息幅度高达3.5个百分点。货币政策大幅收紧开启了资产泡沫破灭的序幕。

在日本资产泡沫的崩溃中，美国扮演了重要角色。以1989年"日美结构协议会"成立为标志的美国新一轮对日经济强制，是货币政策之外，导致日本资产泡沫崩溃的重要外部因素。所谓"日美结构协议会"，是美国以解决日美经常收支不平衡为名设立的政府间双边经济对话机制。与历史上的"日美间日元美元委员会"一样，"日美结构协议会"本质上是一个对日经济施压的机制，日本在该机制中处于明显被压迫、被指责的地位。一些日本学者甚至认为，对日经济结构协议谈判不是普通的商业谈判，美国在谈判过程中"实施了挤破日本经济泡沫的战略"。[①]

就股市而言，美国将由来已久的封闭交易和企业集团内部或同一系统内的相互持股作为切入点，提出了具体要求：第一，将银行持股标准由5%降到2%；第二，取消综合商社不得持有制造业企业股份的限制；第三，强化子公司持有母公司股份的限制等等。[②] 公司间相互持股是日本股票市场的制度基石，上述这些要求如果执行势必引起系统性的股票抛售，推动股价上涨的制度条件由此将被彻底瓦解。美国通过结构协议会发出的信息，使日本股民理解到原来美国不希望日本股市行情居高不

---

① ［日］吉川元忠，孙晓燕等译：《金融战败》，中国青年出版社2001年版，第98页。
② ［日］同上书，第92页。

下。1990年上半年，这些"要求"频繁出现于日本各大主要经济类报刊的头版，日本股市市场情绪受到巨大的冲击，直接加重了日本国内投资者对股票的抛售。

在房地产方面，美国的政策干预同样助推了最后的价格崩溃。关于土地市场，美国准备了所谓"日本土地战略纪事"，以提高住宅质量、提高国民生活水平为名，要求日本根据美国的要求加紧开发大都市近郊土地，以增加房地产供给。除此之外，美国要求日本调整房地产信贷和房地产税收制度，以改变日本国民保有土地的心理。1990年4月，日本大藏省开始就日本的房地产贷款进行总量控制，同时对房地产开发征收"地价税"。日本土地市场的投机风向由此逆转，土地市场很快陷入激烈的土地降价战之中，并最终走向崩溃。①

目前没有可信的资料证明美国政府直接卷入对日本资产价格的做空。但日本学者研究认为，美资大型金融公司的市场交易可能与股市的崩溃存在一定的联系。这种交易被称作"差额交易"，即利用"日经225指数"期货与现货之间的价差进行期现套利。理论上，这种套利有助于缩小股指期货与现货价格之间的价差，从而平抑现货或期货的大幅度波动，但在市场情绪不稳的时候，期现套利操作可能对市场其他投资者的交易行为产生影响。特别是大型美资金融机构对现货或期指的抛售，会使普通投资者产生巨大心理波动。在这种情况下，即使这些机构没有像后来索罗斯那样具有操纵市场价格的意图，但其交易行为足以在客观上影响价格走势。日本股市崩溃后，大藏省在对股灾形成原因进行调查后认为，美资金融机构这种"差额交易"可能正是日经指数暴跌的导火索。②

包括强力加息在内的政策没有立即抑制泡沫的膨胀，但是当后续政策陆续出台并产生叠加效应，日本资产泡沫终于无法承受而走向崩溃。日本股市在1989年年末、房地产市场在1991年先后崩溃。在这一过程中，美国的掠夺战略大获成功。由于日元相对美元大幅升值，日本对美投资产生的汇兑损失、美国资本在日本资产泡沫膨胀中获得的投资收益

---

① [日]吉川元忠，孙晓燕等译：《金融战败》，中国青少年出版社2001年版，第98页。

② 同上书，第99—100页。

以及这些投资因日元升值而获得的汇率重估收益，以几千亿美元计。从战略破坏的角度，日本学者的研究表明，在地产泡沫破灭后的两年，仅房地产市场因价格下跌造成的资本损失，就超过日本GDP的107%。[1] 由于资产价格下跌引发了严重的资产负债表衰退，日本从上世纪90年代中期开始陷入"失去的20年"，经济增长陷入长期衰退。按美元计算，日本的GDP直到2010年才恢复到1995年的水平，但由于随后几年日元贬值，2015年的日本GDP为4.29万亿美元，仅为1995年GDP的约79.6%。随着危机的深化，日本的汽车、电子产业失去了以前那样的强劲上升势头。到20世纪90年代中后期，信息化互联网技术在美国迅速发展，日本在其原本领先的各个领域几乎都被美国超越。20世纪80年代那个咄咄逼人、撼动美国全球经济霸权的日本，在这场经济危机之后，被彻底击倒在地。

对于20世纪80年代日本的金融泡沫的生成与崩溃，多年来存在两个认识误区。第一个误区，日元升值不是日本资产泡沫生成的原因。持此观点的人经常以联邦德国为例，认为联邦德国和日本在1985年至1990年期间，货币升值幅度相似，但联邦德国并未发生经济泡沫和金融危机，故"广场协议"与日本后来的金融危机无关。[2] 第二个误区，绝大多数学者从经济学角度，认为日本经济泡沫的形成与崩溃主要原因是日本政府自身的失误，美国对日本的外部施压并非主要问题所在。换句话说，他们并不相信美国对日本发动过货币与金融战争。

通过本书前面的分析，我们认为，这两种认识都是错误的。第一个问题，关于汇率与资产泡沫的关系。的确，汇率并非资产价格泡沫形成的充分条件，特别是汇率的非趋势性波动与资产价格波动并不存在紧密的关系。然而，一旦汇率出现趋势性波动，而且如果这种波动由于美国的外部压力而变得具有确定性，根据汇率波动趋势配置升值货币及其计价资产将是跨国投资者的理性选择。如果这种资产配置规模较大并且影

---

[1] Kunio Okina, Masaaki Shirakawa and Shigenori Shiratsuka, "The Asstet Price Bubble and Monetary Policy: Japan's Experience in the Late 1980s and the Lessons", Monetary and Economic Studies (Special Edition) /Febrruary, 2001.

[2] [日]黑田东彦："日本汇率政策失败所带来的教训"，《国际经济评论》2004年第1—2期；徐奇渊："'广场协议'之后日本经济泡沫化原因再探"，《日本学刊》2015年第1期。

响到目标国国内投资者的投资偏好，那么，毫无疑问，该国汇率的波动就是影响资产价格变化的重要变量。日本在 80 年代的情形正是如此。"广场协议"使日元升值具有确定性，国外机构投资者购买包括日本股票、房地产在内的日元资产，影响到日本国内投资者的投资策略，是导致资产泡沫形成的一个重要外部因素。日元升值与日本资产泡沫形成的另一关系机制众所周知，在前文也有详细的分析，就是日元快速升值在 1986 年引起"日元升值萧条"，日本央行基于对冲升值冲击的考虑而连续降息，之后又长期将利率保持在低位，泛滥的流动性最终导致泡沫的发生。由此可见，汇率升值与日本资产泡沫形成绝非没有关联，而是在其中扮演了至关重要的角色。

第二个问题，关于日本经济泡沫与美国的关系，首先明确一点，日本政府和央行犯下的种种错误对于经济泡沫形成和崩溃负有直接的责任。但也应该看到，如果没有美国外部强制施压，日本政府很多错误可能就不会发生。由于无论在政治还是经济上日本都完全受制于美国，后者通过一系列货币金融谈判影响了日本的外汇市场、宏观经济政策，进而影响到日本的经济运行。日本重要官员曾经明确指出，"美国以美元贬值和保护主义威胁作为敲诈的手段"谋求本国利益，"日本的政策过程明显受到协作行动中外部压力的影响"。[①] 从用贸易逆差逼迫日本"用金融自由化和日元国际化的手段调整高位美元（日美间日元美元委员会），到用干预手段和宏观政策协调来调整美元升值（广场协议），直到最后要求改变日本的企业行为和行政方法（日美结构协议会谈）"，在资产价格形成、膨胀到最终崩溃的过程中，美国的外部影响可以说无处不在。在这个意义上，日本的股票和房地产泡沫虽然经由日本政府和央行的政策促成并最终崩溃，但本质上则是美国一系列外部压力操纵和影响的结果。

美国是否存在明确的对日货币金融战略呢？目前美国政府未解密相关政府档案，美国和日本主流学术界也通常对这一问题讳莫如深，因此，这个问题目前还没有确切的答案。但可以肯定的是，布雷顿森林体

---

① [美] 保罗·沃尔克、[日] 行天丰雄，于杰译：《时运变迁》，中信出版社 2016 年版，第 279—280 页。

系解体之后，美国对美元和其他国家货币、资产价格的操纵能力，使其能够针对特定目标国家实施掠夺和破坏。我们无法确定华尔街银行家或者与华尔街关系密切的美国政府和联储官员——里甘、沃尔克、斯普林克尔、莫尔福德等人是否知晓"威尼斯泡沫骗局"，但日本资产泡沫形成及其崩溃俨然就是"威尼斯泡沫"的现代版本。带有民族主义色彩的日本经济学家吉川元忠指出，20世纪80年代美日之间不仅发生了一场公开的贸易战争，在这场贸易战争的背后"还应该有过一场平行发展的日美金融战争"。在他看来，日本政府根本没有金融战略的意识，"真正明确意识到'金融战争'意义的只有美国"。①

二、美国对俄罗斯的货币金融破坏（2014—2016）

美国通过打压石油价格对俄罗斯经济实施战略性破坏，可能是能够说明霸权国对他国实施货币破坏的最新例证。这一货币破坏的背景，是2013年以来俄罗斯与美欧在乌克兰和叙利亚问题上日益坚锐的矛盾。先是2014年2月美国支持乌克兰反对派发动"颜色革命"推翻了亲俄罗斯的乌克兰总统亚努科维奇，俄罗斯则迅速策动克里米亚议会通过了克里米亚独立宣言，并支持乌克兰东部顿涅茨克亲俄者宣布独立并拟公投入俄。5月12日，乌克兰东部顿涅茨克州和卢甘斯克州宣布成立独立的"主权国家"，随后乌克兰政府军与乌东部亲俄武装展开激烈战斗。由于普京政府的强力支持，亲美的乌克兰政府未能对乌东部地区实施有效管制。

操纵油价会伤害俄罗斯经济吗？答案是肯定的。石油价格下跌对俄罗斯的影响速度和力度超过任何其他国家。作为世界最大石油生产国，石油和天然气是俄罗斯收入的主要来源，石油和天然气贡献了俄罗斯68%的出口和48%的联邦预算。② 俄罗斯的石油和天然气收入在2005—

---

① ［日］吉川元忠，孙晓燕等译：《金融战败》，中国青年出版社2001年版，代序，第4页。

② 参见《2014年联邦预算和2015、2016年预算计划结论》，转引自雷曼誉："你所不知道的俄罗斯"，新华网，2014年11月20日，http://news.xinhuanet.com/world/2014-11/20/c_127230166.htm。

2008年年均为2236亿美元,2011—2013年达到3940亿美元。俄联邦2015年政府预算是基于平均油价96美元/桶制定的,因此石油价格稳定在90美元/桶上方对维持俄罗斯财政平衡至关重要。俄罗斯财政部长曾经估计,自2014年春至2015年,俄罗斯因石油价格下跌,损失超过1400亿美元,俄罗斯政府的运作和社会稳定受到很大冲击,并对普京反击西方阵营的行动能力造成严重影响。

操纵油价下跌的机制并不复杂,最关键的是两个环节:(1)增加石油供给。增加石油供给,将立竿见影地改变原油市场的供求关系。在全球经济处于下滑趋势、原油需求下降的背景下,增加石油供给是打压石油价格最根本的手段。(2)操纵美元汇率上升。由于石油价格以美元计价,美元汇率趋势性上升会导致期货市场以美元计价的石油价格出现下跌。

在克里米亚加入俄联邦之后,美国总统奥巴马发出威胁,称俄罗斯将会为此"付出代价"。之后不久,美国媒体开始公开讨论惩罚俄罗斯"入侵"克里米亚的方案。乔治·索罗斯建议美国每天动用500万—750万桶战略储备,这将导致石油价格下降10—12美元。奥巴马政府似乎采纳了这一建议,在克里米亚投入俄罗斯怀抱之后,美国政府立即宣布抛售500万桶石油储备。不过,石油储备数量毕竟有限,也不可能全部抛出,要想长期抑制油价,必须让石油生产国特别是沙特增加石油产量。

作为最大的石油生产国之一,沙特尽管增产打压石油价格会让其付出经济代价,但这也符合其自身的战略利益:其一,在战略上支持美国,会相应获得美国在战略和安全方面的回报;第二,俄罗斯、伊朗支持叙利亚阿萨德政府,对沙特在中东的地位构成威胁,通过油价打压俄罗斯或许能削弱俄罗斯、伊朗在中东的政治和安全影响;第三,打压油价不仅对俄罗斯石油产业构成打击,也能同时挤压美国页岩油产业,这有利于沙特长期保持在石油市场上的份额。

通过操纵沙特增产引导油价下跌,历史上早有先例。20世纪70年代中后期,石油价格的暴涨导致苏联实力大增。1979年的伊朗伊斯兰革命和同年苏联对阿富汗的入侵,使美国意识到有必要通过抑制石油价格对苏联和伊朗实施经济打击。在80年代前期,美国主要通过强势美元抑制石油价格上涨。1985年，当美元进入新一轮下跌而无力继续抑制油价之际，美国开始操纵沙特和石油输出国组织（OPEC）中亲沙特的成员国接力打压油价。1985年9月13日，沙特石油部长亚马尼（Sheikh Ahmed Zaki Yamani）突然宣布沙特将改变石油政策，停止维稳油价。在之后的6个月，沙特石油生产增加了4倍，从200万桶/天增加到1000万桶/天，OPEC其他国家和英国的产量在1985年下半年也相应提高。国际市场石油价格随之崩溃，从每桶32美元被打压到每桶10美元。苏联实际的石油出售价格更低，只有每桶6美元，每年因石油价格下跌导致的损失超过200亿美元。由此对苏联财政和国内经济产生的消极影响，成为后来苏联解体的重要诱因。①

2014年3月28日，奥巴马到访沙特首都利雅得，石油问题是美国与沙特两国讨论的重要话题。虽然沙特没有立即增加石油产量，但两国显然达成某种默契。此后不久，美元汇率这一武器开始发挥作用。2014年5月上旬，美元在低位徘徊数年之后，突然开始大幅升值，在随后的8个月时间，美元指数升值幅度达到26%。此间美联储并未明确退出量化宽松政策的时间，众多市场人士对美元的突然拉升感到困惑。但无法否认的一个事实是，随着美元的上涨，油价在2014年6月中旬陷入跌势。到同年8月底，在两个多月的时间里下跌到90.7美元/桶，跌幅接近16%。

接下来，美国和沙特加紧了继续打压油价的政治磋商。2014年9月，美国国务卿克里与沙特国王阿卜杜拉在红海秘密会晤。据称，美国与沙特在这次会晤中达成一项秘密交易，沙特大幅扩大石油产量并降低石油销售价格，通过压低油价来向俄罗斯和宿敌伊朗施压，换取美国打击叙利亚阿萨德政权的承诺。② 在之后11月举行的OPEC部长会议上，

---

① "Obama Wants Saudi Arabia to Destroy Russian Economy", *Pravda*, Mar. 04, 2014, http://www.pravdareport.com/world/asia/03-04-2014/127254-saudi_arabia_russia_obama-0/.

② 按照恩道尔的分析，美国和沙特打击叙利亚，兼有地缘政治和伊斯兰教派冲突的双重原因。奥巴马视俄罗斯为战略对手，叙利亚是俄罗斯的坚定盟友和伊朗事实上的盟友，也是沙特和阿联酋控制欧美天然气市场的障碍。打击叙利亚，特别是以空袭"伊斯兰国"（ISIS）为名，轰炸叙利亚的重要粮仓和炼油厂，可以削弱叙利亚经济，为最终以"卡扎菲方式"消灭巴沙尔创造条件。参见William Engdahl, "The Secret Stupid Saudi-US Deal on Syria", October 24, 2014, http://www.boilingfrogspost.com/2014/10/24/the-secret-stupid-saudi-us-deal-on-syria/。

沙特代表 OPEC 宣布放弃价格目标，并不顾多数成员国支持减产的意见，坚持增加石油产量，声称要以低价把高成本的石油商特别是页岩油挤出市场，夺回 OPEC 的市场份额。但熟悉国际原油市场和中东地缘政治的人士清楚，这不过是沙特掩饰其石油扩产真实动机的一个借口。

随着美元的持续强势和美国沙特战略合作的推进，在 2014 年 9 月至 2015 年 1 月间，石油价格迎来极为凌厉的一波快速下跌。2015 年 1 月 27 日，奥巴马出席阿卜杜拉国王葬礼并与沙特新国王萨勒曼会晤，双方再次讨论了沙特石油产量的问题。奥巴马敦促沙特维持产量，不要改变立场。2015 年 7 月，沙特石油产量升至每日 1060 万桶的历史最高值，较上年同期增加 80 万桶，并持续保持每日 1000 万桶以上的高产。2015 年 8 月下旬，石油价格已经下跌到 37.75 美元一线，较下跌前高点跌幅达到 65%。

顶着油价下跌带来的经济冲击和财政压力，2015 年 9 月俄罗斯以反恐为名正式军事介入叙利亚内战，美国和沙特支持的反政府武装对叙利亚政府军的进攻受到遏制。在俄罗斯的支持下，叙政府军大举收复失地，美国和沙特的地缘政治空间受到挤压。而美国与伊朗就伊核问题达成协议，也使沙特颇为不快。与此同时，沙特自身也因打压油价损失惨重，财政支出压力日渐增大。尽管如此，美沙两国在打压油价问题上仍然保持合作。随后的半年多时间，美元高位震荡，沙特仍进一步增加产量，油价（WTI）最低被打压到 26.05 美元/桶。以 2014 年 6 月下跌前的最高价 107.68 美元/桶计算，石油价格在约 1 年半时间里跌幅高达 75.8%。

当然，为了避免激怒普京，美国和沙特并未将石油战争的目标公开指向俄罗斯，而是采取了"瞒天过海"策略。沙特除了强调争取市场份额的诉求外，否认将原油价格政治化，称石油是一个"供求问题，纯粹的商业问题"。① 但事实显然不是像沙特说的那么单纯：（1）石油作为一种战略资源，油价作为一种经济武器，是国际政治的常识。在俄罗斯与乌克兰冲突激化不久，美国智库和媒体已经公开讨论利用油价打击俄罗斯、伊朗、委内瑞拉等反美国家。小布什政府国家安全委员会能源主管麦克纳利直言："低油价促使我们的敌国石油收入受损。"（2）作

---

① "Saudi oil minister denies crude price war", AFP, Nov. 13, 2014, https://www.yahoo.com/news/saudi-oil-minister-denies-crude-price-war-190919739.html?ref=gs.

为打压油价的另外一方，沙特只是否认基于政治的意图打压油价，但并不讳言与俄罗斯争夺市场份额的意图。沙特石油大臣在2014年12月22日接受中东媒体采访时拒绝减产，强调在任何价格削减产量，都不符合OPEC生产者利益，只会让非OPEC国家受益。（3）美国政府对油价下跌的态度诡异。沙特石油增产的一个借口，是对美国的页岩油等替代资源实施打击，迫使这些产能退出市场。但奇怪的是，在油价暴跌过程中，美国坐视本国石油工业遭受惨重损失，对沙特的行为从始至终不置一词，从未提出哪怕口头的抗议，更不要说对沙特实施反制。对于这种奇怪的低调，除了美国参与其中，找不到更加合理的解释。（4）俄罗斯官方揭露美沙打压油价的政治意图。普京总统承认全球经济增速下滑影响油价，但他也指出，政治因素会影响油价，美国和沙特为了政治利益操纵油价下跌，打击俄罗斯经济。①

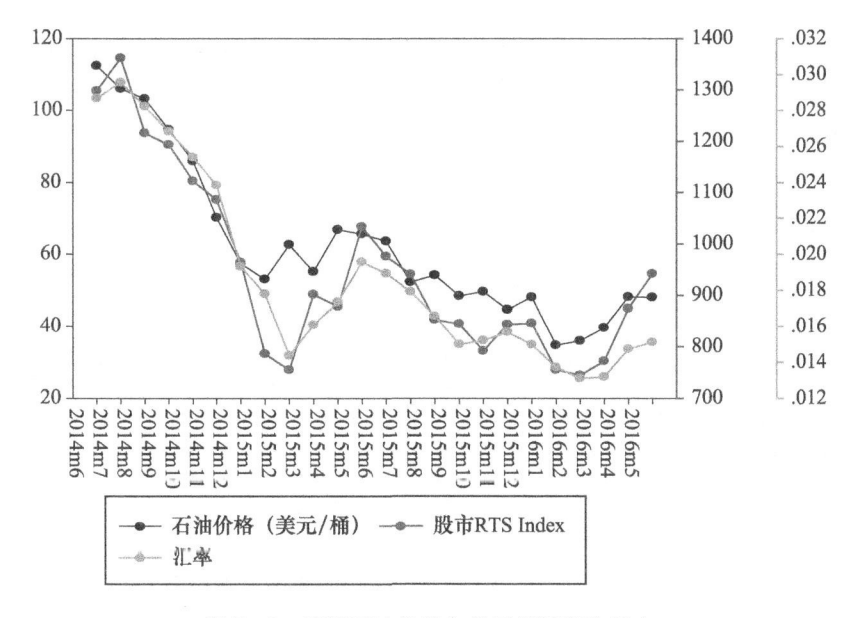

图7—2　国际石油价格与俄罗斯汇率和股市

资料来源：俄罗斯中央银行，http：//www.cbr.ru/eng/；伦敦布伦特原油历史数据，http：//cn.investing.com/commodities/brent-oil-historical-data；http：//moex.com/en/。

① Peter Spence, "Vladimir Putin: oil price decline has been engineered by political forces", *The Telegraph*, Nov. 06, 2014. http://www.telegraph.co.uk/finance/newsbysector/energy/oilandgas/11215063/Vladimir-Putin-oil-price-decline-has-been-engineered-by-political-forces.html.

毫无疑问,油价下跌符合美国和沙特利益,并且打击了俄罗斯和伊朗。其间,按加权均价53美元/桶,俄罗斯出口石油按470万桶/日计算,石油价格下跌给俄罗斯出口造成的损失保守估计约为1400亿美元,考虑其他大宗商品价格的下跌,其间俄罗斯出口收入损失超过2000亿美元。随着油价下跌,卢布在2014年对美元汇率下跌40%,2015年又下跌约20%,股市则在两年中最多下跌近50%。油价、股市暴跌连同财政支出的被动收紧,导致俄罗斯经济产出连续两年负增长,其中2015年下降3.3%,通货膨胀率高达12.7%。俄罗斯总统普京公开承认,油价下跌对俄罗斯经济造成"最严重伤害"。① 有研究认为,如果原油价格继续下跌并持续低于30美元/桶,俄罗斯经济将面临崩溃的风险,其对抗西方的能力将遭受致命打击。

任何战争都要付出代价,油价博弈也不例外。石油价格在跌破30美元后出现明显反弹,但当前价格仍大幅低于2014年初的水平。因为石油价格下跌,沙特阿拉伯在2016年一度出现严重财政问题。持续的石油价格下跌以及沙特对美国中东政策的不满,削弱了沙特继续增产打压油价的动力。这暴露了美国此类货币和经济破坏战略的一个短板——操纵大宗商品价格将令自己以及盟友付出代价。但总体上说,美国货币破坏操作本身是有效的,无论在经济上还是在政治上,无论对俄罗斯还是对伊朗、委内瑞拉、阿根廷等国都产生了强烈冲击。除俄罗斯之外的激进反美政府,要么已经下台,要么面临巨大执政压力。俄罗斯没有明显向西方妥协,但其经济遭受重创是不争的事实。对于俄罗斯而言,由于油价反弹,当前的经济压力有所缓解,但货币博弈、石油战争作为美国对抗俄罗斯的经济策略,可能永远不会过时。从一个较长的时段来看,俄罗斯未来仍然必须面对汇率和石油价格波动带来的挑战。

三、理解货币"帝国"

货币破坏、掠夺操作需要美国政府、美联储与市场力量的紧密协

---

① 普京总统2016年1月11日接受德国《图片报》采访时做此表示;转引自新华网,"普京:伤我最深是油价",2016年1月12日,http://news.xinhuanet.com/world/2016 - 01/12/c_128621268.htm。

调，美国政府能否影响和控制市场力量，市场力量究竟是会制衡货币权力还是助推货币权力？带有市场原教旨色彩的反阴谋论者通常对此持怀疑的态度。在他们看来，全球金融市场规模过于庞大，市场主体的多空分歧如此巨大，任何政府都无法操控如此规模的市场交易。然而，现实似乎并不支持这种观点。有越来越多的证据表明，美国政府以及华尔街绝非反阴谋论者所认为的那么较弱无力。美国不仅是一个军事和政治霸权国，它更是一个货币"帝国"。

首先，低估美联储及其对于全球金融市场的影响力是错误的。美联储作为世界上最具影响力的中央银行，其背后是主导整个西方世界的美国政府。一旦美联储和美国财政部决定做出某种货币金融决策，其他西方政府和央行几乎只能唯美国马首是瞻。不仅如此，美联储还能够得到世界银行、国际货币基金组织、国际清算银行以及各区域发展银行的支持和协助。自布雷顿森林体系解体以来，美联储和美国财政部已经多次逆转市场趋势，在利率、汇率、资产价格和商品价格决定中表现出强大的引领作用。2008年美国金融危机中，在金融市场即将崩溃的时刻，美联储和美国财政部不仅逆转了市场颓势，更在之后的数年引领市场不断创出新高，所谓政府必然无法逆转市场趋势的观点并不成立。

其次，把美国政府、美联储与市场对立起来的观点是错误的。美国政府本身是国际市场中的一部分，是具有重大甚至决定性影响的一部分。而且，基于以下的理由和证据，我们认为，美国政府、美联储与市场金融机构不是对立关系，在更大程度上它们之间是一种共谋关系。

1. 神秘的股权联系。美联储于1913年由沃伯格等金融家设计并推动成立。美联储各地区分支机构的股东多为美国私人金融机构。这种股权关系，很长时间并不为公众知晓，至今也很难准确查询美联储各分支机构完整、真实的股权构成。虽然股权关系不代表私人银行直接控制美联储，但这种股权关系也绝不只是具有象征意义。实际上，美联储货币政策决策机构联邦公开市场委员会（The Federal Open Market Committee，FOMC）的近半数成员由地方联储主席兼任。拥有最大权力的纽约联储主席，是该委员会常任委员。不仅如此，美联储主席、副主席虽然由总统任命，但是没有华尔街金融机构的认可很难被提名，即使被提名也可能遭到华尔街在国会代表的否决。从这种股权关系和决策机构人员的提名任命机制可以看出,美联储与华尔街机构之间很难保持相互独立,即使华尔街不是直接操纵美联储,两者利益也是紧紧联系在一起的。在美国 2008 年金融危机最危急的时刻,美国政府和美联储对于高盛、AIG 等私人金融机构的全力救助,虽然打着维护金融稳定的名义,似乎也可以作为这种神秘股权关系的一个注脚。

2. 紧密的人事关系。美国政府、美联储与美国私人金融机构之间存在众所周知的"旋转门"。华尔街投行高管担任政府高官,政府高官卸任后到金融机构任职,在美国已经司空见惯。美国财政部的部长,负责国际货币事务的部长、副部长、助理部长,负责经济事务的副国务卿等高官,多由华尔街投行人士或亲华尔街投行的学者担任。克林顿政府以来的 9 位美国财政部长中,有 6 位来自华尔街或与华尔街关系密切,分别是罗伯特·鲁宾、劳伦斯·萨默斯、亨利·鲍尔森、蒂莫西·盖特纳、雅各布·卢和努姆钦。即将接替耶伦出任美联储主席的杰罗夫·鲍威尔也是一位资深华尔街投行家,曾长期担任和募投权巨头凯雷集团(Carlyle Group)的合伙人。

高盛是当今所有华尔街投行中最具影响力的一个。1985 年,高盛前联合董事长约翰·怀特黑德、副董事长罗伯特·霍尔默茨,先后出任里根政府副国务卿和助理国务卿。克林顿政府之后 6 位华尔街背景的财长中,有三位财长(鲁宾、鲍尔森和努姆钦)来自高盛集团。纽约联储前主席斯蒂芬·弗里德曼(Stephen J. Friedman),曾经在任职之初兼任高盛董事会成员,同时握有大量高盛股票。大权在握的纽约联储现任主席比尔·杜德利,任职纽约联储前曾经担任高盛集团首席经济学家。高盛的影响甚至超出了美国,现任英国央行行长马克·卡尼、欧洲央行行长德拉吉、澳大利亚总理特恩布尔、新西兰总理约翰基都曾经在高盛供职。这种从华尔街向联储乃至国外中央银行扩散的人脉关系,使华尔街的影响力更容易产生国际影响。[①] 因此说联邦基金利率、美元乃至欧元的汇率由高盛和华尔街决定,绝非耸人听闻之言。

3. 松散的监管。神秘的股权关系和人事上的"旋转门",决定了监

[①] 在特朗普内阁中,同样拥有多名前高盛的高管。国家经济委员会主席加里·肯恩(Gary Cohen)就职前为高盛集团总裁,财政部长斯蒂芬·姆努钦(Steven Mnuchin)也是高盛集团前高管,为高盛服务长达 17 年。

管机构难以对美国私人机构实施有效的监管。欧美监管机构和高盛、摩根大通等华尔街投行关系暧昧,长期以来一直为人所诟病。有消息指,纽约联储不但极为不愿披露所监管银行的风险,而且对监管对象不能一视同仁。例如,纽约联储对摩根大通(JP Morgan)的"伦敦鲸"在伦敦衍生品市场的违规交易长期视而不见,直至东窗事发。对Libor(即银行间同业拆借利率,是全球金融市场的重要参考利率)定价负有监管责任的英格兰银行,在利率操纵丑闻曝光后自查,据称发现了多达"50例可能的市场滥用行为"。[①] 2015年,媒体报道,纽约联储官员向高盛的一位银行家透露了机密信息。同时,联储内部以及联储监管者和高盛高管的对话录音也被曝光。这些秘密录音表明,纽约联储不仅未能鼓励反而妨碍监察人员履职,变相纵容高盛进行不合法规的交易,而且拒不接受对高盛利益冲突管控方面的评估。随后,秘密录音的曝光者——负责"监管"高盛的纽约联储监察员塞加拉(Carmen Segarra)被纽约联储解雇。[②] 身为局内人的美国前财长盖特纳在离任后曾经写道:"美联储在治理方面的公众形象非常糟糕,美联储一直被认为是遭到大银行的挟制。"可见,关于高盛操纵纽约联储的传闻并非空穴来风。

4. 无处不在的操纵。一些市场人士认为,政府无法操纵市场。然而,完成对特定市场的操纵甚至无需劳动政府,几个大的华尔街投行就足以做到。根据已经公开的资料,目前几乎所有的金融大宗商品市场都被美欧金融机构操纵。离岸美元利率(Libor)、汇率、贵金属、大宗商品等市场被高盛、花旗、摩根大通、巴克莱、瑞银、德意志银行等十几家美欧金融机构联合操纵。[③] 美欧监管机构对这些操纵心知肚明,美国政府和美联储实际上默认美国私人金融机构操纵国际金融市场。在操纵

[①] 卡罗琳·宾哈姆:"英国央行可能卷入货币市场操纵调查",FT中文网,2015年03月05日,http://www.ftchinese.com/story/001060891。

[②] 汤姆·布雷斯韦特、吉纳·肖恩:"处在十字路口的纽约联储银行",FT中文网,http://www.ftchinese.com/story/001059589?channel=lifestyle。

[③] 因操纵汇率被调查的欧美投行共计12家,包括:摩根大通(JPMorgan Chase)、美国银行(Bank of America)、巴克莱(Barclays)、法国巴黎银行(BNP Paribas)、花旗集团(Citigroup)、瑞信(Credit Suisse)、德意志银行(Deutsche Bank)、高盛(Goldman Sachs)、汇丰银行(HSBC)、摩根士丹利(Morgan Stanley)、苏格兰皇家银行(Royal Bank of Scotland)和瑞银(UBS)。参见吉纳肖恩·华盛顿、汤姆·布雷斯韦特:"摩根大通就外汇操纵案达成和解",FT中文网,http://www.ftchinese.com/story/001059990。

丑闻被曝光前，他们没有采取任何的实际行动。2008年石油价格被操纵到历史高位后，美国国会和美国监管机构只是对参与操纵的投行和对冲基金在国会进行了象征性的"听证"，没有任何一家金融机构被实际调查。即使那些操纵利率、汇率的美欧金融机构，最终只是被监管机构处以罚款，没有任何一个高管因市场操纵承担法律责任。

5. 金融共谋。私人金融机构虽然强大，但操纵全球金融市场显然不是靠市场力量自身能够完成的。松散无力的监管、无处不在的操纵，明白无误地折射出美联储、财政部与私人金融机构之间的特殊关系。美国政府、美联储与"市场"在操纵"价格"、实施货币掠夺和货币破坏方面，不是博弈，而是共谋关系。美国政府、美联储通过货币对抗实现战略利益，包括华尔街在内的国际投行、智库、媒体则在操纵各种"价格"波动中获得经济利益。在这一过程中，美国政府和美联储负责利用货币权力，为操纵市场提供政策和宏观基本面的支持；作为货币权力操作的抓手和工具，美国私人机构凭借雄厚的资金实力、信息优势和市场话语权，负责在前台具体实施市场操纵。可以说，在价格操纵、货币掠夺和破坏中，美国政府、美联储与私人机构各自扮演自己的角色，缺少其中任何一方都将无法顺利实现目标。至于国际金融市场中非美国的机构和中小投资者，一部分（如沙特、欧洲、日本）成为美国金融机构的同盟者，另外一部分则无力对抗美国政府和私人金融机构的市场操纵，成为货币掠夺的牺牲品。

第八章 21世纪以来的
中美货币对抗

在结束对国际货币权力理论的研究之后，本章将转向当代中美之间的货币对抗。自20世纪80、90年代美国在金融博弈中击败日本以来，国际经济界持续关注的一个问题是：谁将是美国货币金融打击的下一个目标？这个问题现在已经有了明确答案——中国。先是2003年后美国政府和国会持续施压人民币升值，中国被迫在2005年7月对美妥协，允许人民币升值。经过长达8年的升值，随着美国宣布退出量化宽松货币政策，人民币兑美元汇率在2014年初掉头向下。之后，人民币兑美元汇率在2015年下半年快速贬值，同时伴随股市的暴跌和大规模的资本外逃，中国宏观经济一度险象环生，国际间对中国经济的信心降到1998年以来的最低点。诸多迹象显示，激烈的货币金融对抗已经在中美两国之间真实发生，而中国对这种大国货币对抗明显准备不足、处境被动。在本章，我们将分析中美货币对抗发生的背景、货币对抗中的攻防转换，特别是分析中国的应对失误以及由此付出的代价。

一、美国的对华战略遏制

2015年11月25日，中国央行行长周小川在中国权威媒体《人民日报》发表长篇署名文章，文章非常罕见地指出，要"切实防范和化解金融风险是未来五年面临的严峻挑战，要完善相关措施，有效应对极端情况下境外对我国实施金融攻击或制裁"。[1] 在"8·11"汇改之后的

---

[1] 周小川："深化金融体制改革"，《人民日报》2015年11月25日。

货币金融动荡时刻，由一位中国高级财经官员发出这样的言论极其不同寻常。这可能是中国货币当局第一次承认中国可能遭受"境外金融攻击"，第一次把防范"境外金融攻击"放到战略的高度，表明中国政府已经清晰地意识到来自外部的经济威胁，向市场和境外投机者发出了中国政府将正视并应对挑战的明确信号。

中国会遭遇美国货币金融打击吗？回答这个问题，首先要回顾一下中美关系的历史。中美关系自1972年尼克松访华开始破冰，在20世纪80年代有过短暂的蜜月期。然而，中美关系的黄金时期为时不长，在1989年夏季戛然而止。背后的原因，既有苏联解体导致中国在美国外交中战略价值和战略地位的下降，也有中国国内政治事件引发的中美意识形态对抗升级。出于大国霸权心理和反对共产主义的意识形态本能，美国在此后近20年间对华奉行"接触+遏制"战略。接触，是因为美国相信贸易可以帮助中国转变，自由市场可以促进民主政治，通过对话和经济上的一些合作，能够将中国纳入美国主导的国际秩序；遏制，则是考虑中国政权的性质和意识形态，要保持对华政治和军事压倒优势，阻止中国崛起挑战美国在全球的主导地位。其间，虽然发生过美国轰炸中国驻南斯拉夫大使馆、中美南海撞机等激烈的双边外交和军事冲突，但是美国对华关系基本保持了接触和遏制的基本平衡，没有过度向军事遏止倾斜，中美双边关系得以在总体上保持稳定。[①]

奥巴马和希拉里的上台打破了这种平衡。2009年7月，美国国务卿希拉里在东盟会议上首次提出"重返亚太"战略，美国军力部署开始向亚太倾斜。之后美国对中国的军事现代化日益关注，遏制中国的意图日益公开化。2011年11月，奥巴马总统在亚太经济合作组织（APEC）非正式首脑会议上正式提出"亚太再平衡"战略，明确美国

---

① 美国2002年版的《国家安全战略》将中国定位为"军事和意识形态潜在对手"，但希望"寻求与变化中的中国发展建设性关系"；2010年版的《国家安全战略》中，对中国军力发展保持警惕，但认为"分歧不影响在具有共同利益议题上的合作，因为务实和卓有成效的中美关系是应对21世纪主要挑战的关键"。在2015年版的《国家安全战略》中，美国仍然声称"欢迎一个稳定、和平、繁荣的中国的崛起"，在应对"共同的地区和全球挑战"中"寻求与中国发展建设性的关系"，否定"对抗的必然性"。但新版战略对"中国的军事现代化和扩大在亚洲的存在"更加警惕，明确提出"将从一个实际的立场来管理竞争"，坚持认为"中国应遵守从海上安全到贸易和人权等问题上的国际规则和规范"，这导致了后面"亚太再平衡"战略的产生。

将调整全球力量布局,从中东和欧洲等地向亚太地区倾斜。美国这一战略调整基于三条主要的原因:

1. 中国综合国力的快速上升。经过近30年改革开放,中国经济规模已经跃居世界第二,经济总量达到美国的约60%,美国作为守成国陷入对崛起国的恐慌陷阱,认为中国崛起必将挑战其全球霸权,必须遏制中国,阻止在东亚乃至整个亚太地区出现新的一个主导性国家。

2. 内部瓦解战略的失败。在对华遏制的同时,美国也希望通过接触战略,在中国内部推动其体制的改变。但这一战略被认为是失败的:中国执政党在中国国内拥有高度的政治支持,中国现行政治制度依然保持高度的稳定;加入世贸组织、施压人民币汇率升值未能从体制上束缚中国的发展,也未能将中国经济制度引向他们期望的方向。

3. 中国的军事力量突飞猛进。在过去的十几年时间,中国的军事实力快速发展壮大。中国弹道导弹、隐形战机等先进武器的研发成功为"反介入"和"区域拒止"战略的实施提供了装备保障;中国在南海岛礁的填海造地,从长期看可能会限制美国在亚太地区的力量投射,美国认为自己在亚太地区的主导地位正在受到威胁。[1]

"亚太再平衡"战略本质上是一种进攻性现实主义对华政策。奥巴马政府不仅拒绝与中国建立"新型大国关系",拒绝予以中国大国地位应有的尊重,美国军方甚至公开宣称将对华展开"冷战",这使得"亚太再平衡"战略表现出高度的对抗性和侵略性:(1)直接介入中国领土争端。奥巴马执政后,美国放弃原来的中立立场,直接介入南海、东海岛礁争端,高调指责中国搞"南海军事化",通过所谓"航行自由行动"宣示武力,极力强化对中国的军事围堵。(2)强化对华尖端武器和关键技术封锁。老布什以来的美国历任政府均禁止对华武器出口和转让敏感技术,奥巴马政府坚持并强化了这一政策,其目的旨在最大限度减缓中国军力增长,保持美国对华军事和技术优势。(3)巩固与盟友的关系,构建反华准军事同盟。奥巴马执政期间,以朝核危机和东海问

---

[1] 参见 *Sustaining U. S. Global Leadership: Priorities for 21ˢᵗ Century Defense*, Department of Defence, Jan. 2012.

题为由，通过部署"萨德"系统和对日军售，强化和巩固美日韩军事同盟；借助南海问题，通过加强军事合作、解除军售禁令、解除政治制裁等方式，拉拢新加坡、菲律宾、越南、缅甸和澳大利亚等国；借助中印边境争端，通过扩大军事合作拉拢印度，将其变成美国对抗中国的又一战略"支点"。(4)强化美军在亚太地区的军力部署。美国军方提出要大幅增加美国在太平洋地区的军事力量，在2020年之前将60%的海军军力部署在亚太，并把最先进的武器装备配备给美军太平洋司令部。①

在政治和军事对抗的同时，美国也在经济方面对华采取遏制和孤立的政策。在美国主导下，2015年10月5日，美国与亚太12个国家签署"跨太平洋伙伴关系协定"（Trans-Pacific Partnership Agreement，TPP）。这是一个带有地缘政治企图的经济协定，旨在通过升级国际贸易规则，构建将中国排除在外的多国自贸区，主导国际贸易规则的制定，削弱中国的贸易优势和"世界工厂"地位，并对中国主导的区域经济整合进行破坏和围堵。②另外，美国对由中国发起的多边合作机制采取了公开敌视的态度。奥巴马政府不仅拒绝参与中国主导的亚洲基础设施投资银行，对于中国发起的"一带一路"倡议，美国官员也表现出傲慢的态度，对中国推动该倡议的动机公开提出质疑。奥巴马政府所有这些对华政策调整，其目的均是阻止中国经济和军事的崛起，在原来"接触+遏制"的对华政策框架中，美国更加倾向于对华遏制，而且这种遏制是军事与经济双管齐下。

二、不可避免的中美货币对抗

虽然美国极力强化对华军事遏制，但并不意味着美国愿意立即与中

---

① Aaron L. Friedberg, *A Contest for Supremacy: China, America, and the Struggle for Mastery in Asia*, 2012, pp. 89, 101–112.

② 正如后文将要指出的，被视为奥巴马政府重要外交政策遗产的"跨太平洋伙伴关系协定"虽然达成协议并于2016年2月正式签署，但随着奥巴马政府的下台和希拉里的败选，这一协定未及获得美国国会批准，就被特朗普政府放弃，成为一个胎死腹中的经贸协定。

国开战。这有几个方面的原因：(1) 中国军事实力的提升，已经在一定范围内形成对美国的反介入能力。即使经过数年的"再平衡"，美国在中国周边仍无法建立绝对军事优势。美国与中国在中国近海和周边地区如果发生直接军事冲突，失败的未必是中国。(2) 美国在二战后，从未赢得过势均力敌的战争。美国战后发动并取得胜利的一些战争，从科索沃到伊拉克，都是针对国力居于绝对劣势的小国，且付出巨大战争耗费。① (3) 南海对维持美国亚太主导权有重要影响，但南海并非美国核心利益，中国在南海的行动不会对美国直接构成战略威胁，如果中国不对美国首先发动攻击，美国可能也难以轻启战端。(4) 奥巴马在安纳伯格庄园拉拢东盟失败，表明除了越南、澳大利亚等少数国家，美国在南海缺乏足够的国际支持。而如果不能赢得东盟多数国家支持，美国将无法获得与中国开战的政治合法性。

与军方宣扬"中国威胁论"、一味对华用强不同，一些美国学者更加推崇用非军事的方法击败中国。例如，著名国际关系学者、进攻性现实主义理论大师约翰·米尔斯海默在接受美国媒体采访时指出，与中国展开代价巨大而没有十足获胜把握的军事对抗没有意义，扼杀中国经济从而削弱中国将经济资源转化为军事实力，才是美国对抗中国"最后的王牌"。② 而在另一位长期唱空中国经济的美国律师章家敦看来，一旦中国经济崩溃，中国的崛起将被打断，中国对地区和国际经济的主导地位将被迫延后几十年。③

扼杀中国经济，贸易战略是一项选择。不过，贸易战略存在两大问题：(1) 公开发动贸易战能够对中国产生巨大杀伤力，但副作用同样巨大。美国与中国贸易规模超过 5000 亿美元，美国如果发动贸易战必遭中国直接报复，令美国付出同样巨大的代价。而且对中国实施贸易制

---

① 美国布朗大学沃森国际研究所的研究显示，美国为入侵伊拉克支付的战争成本、退伍军人福利支出和各种后续开支，总规模超过 2.2 万亿美元。诺贝尔经济学奖得主斯蒂格利茨在其专著中估计，美国投入伊拉克战争的总花费可能超过 3 万亿美元。参见［美］斯蒂格利茨著，卢昌崇等译：《三万亿美元的战争：伊拉克战争的真实成本》，中国人民大学出版社 2010 年版。

② Peter Navarro, "Strangle China's Economy: America's Ultimate Trump Card?", *The National Interest*, February 1, 2016.

③ Gordon G. Chang, "Will 2016 Bring the Collapse of China's Economy?", *The National Interest*, December 29, 2015.

裁，在美国国内有各种利益集团掣肘，在外部受到WTO规则的制约，并非美国政府能够轻易付诸实施。（2）战略性贸易遏制，如美国推动的跨太平洋伙伴关系协定，虽然理论上可以破坏中国主导的区域经济一体化进程，削弱中国贸易和投资吸引力，遏制中国的长期经济增长，但该协定在各国内部存在巨大争议，最终能否获得各国议会批准也存在不确定性，且TPP产生对华遏止效果要耗时多年，如果中国与TPP缔约国积极商签双边或区域自贸协定，TPP对中国最终能够产生的经济遏制效果将大打折扣。①

与贸易战略相比，利用货币权力削弱中国经济可能是美国更为有利的选择。前文已经指出，货币战相对贸易战具有三大优势：（1）安全。基于货币权力的货币金融打击，手段隐蔽甚至是以"非意图"的方式操作，不会引发两个核大国之间破坏性极大、极其危险的直接军事对抗，中国甚至难以找到美国发动货币金融攻击的直接证据。（2）低成本。货币金融打击不仅可以避免战争冲突所导致的严重人员损失和巨额军事开支，也可以避免贸易战中对方报复带来的本国经济损失。在货币和金融方面，美国也只有较低且可承受的经济代价。②（3）高度有效。无论历史上对日本、东南亚还是2014年以来对俄罗斯，货币金融攻击都显示了强大的攻击性和高度的有效性。

更重要的一点，中国当前的一些宏观经济脆弱性，也可能为美国对华发动货币金融打击创造适宜的经济条件：

1. 中国有规模巨大的企业和地方政府债务，房地产价格和人民币汇率处于历史高位，一旦美国加息、美元持续升值引发人民币贬值和资本大规模外流，可能导致房地产价格崩溃，引爆中国债务危机，导致货币危机和系统性金融危机。③

---

① 例如，2015年11月，中国—东盟自贸区升级版谈判完成，并签署成果文件。由东盟发起，中国积极推动的"区域全面经济伙伴协定"（Regional Comprehensive Economic Partnership, RCEP）谈判也在进行中。后者中有多个国家同时是TPP成员国。

② 以中国抛售美元资产为例，这种抛售不仅造成中国存量储备资产价值的下降，由于美联储具有美元发行权，只需增发美元购买中国抛售资产，就可以轻松化解中国的这一反击。

③ 国际清算银行（BIS）的数据显示，2015年第三季度我国非金融部门债务水平占GDP的比重为247%，其中企业部门债务占GDP的比重高达166%，高于多数主要经济体的水平。转引自马骏等："2016年中国宏观经济预测"，中国人民银行工作论文No. 2016/9，第10页。

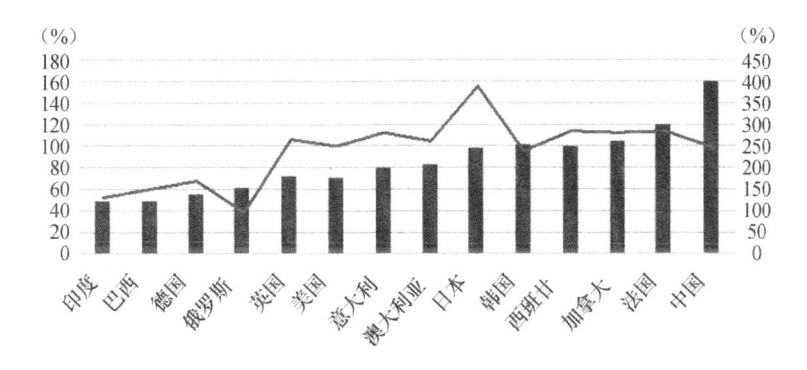

图 8—1 主要经济体非金融部门债务水平

资料来源：国际清算银行（BIS），中国人民银行。

2. 中国经济在石油、铁矿石等重要资源方面严重依赖进口，其中石油对外依存度超过 60%，铁矿石对外依存度超过 70%。美国如果操纵美元定价权拉高大宗商品价格，中国经济运行成本将大幅攀升，通胀率的持续攀升以及由此产生的一系列政策反应将对中国经济稳定产生巨大冲击。

3. 中国有超过 15000 亿美元资产，中国的对外贸易、投资的支付清算对环球银行间金融通信协会（SWIFT）高度依赖。极端情况下，美国如冻结中国在美资产并针对中国的对外美元支付实施制裁，将对中国的金融资产安全、对外贸易、对外投资造成致命打击。

上述无论哪一种情形发生，对中国经济而言都将是不可承受的，都可能如"中国崩溃论"主张者预期的一样，达到掠夺财富、破坏中国经济稳定、延迟乃至中断中国崛起的目的。

美国是否有通过货币手段打击中国的主观意愿呢？这几乎无需怀疑。实际上，从美元登上全球舞台开始，美国对货币权力的经济和政治影响就有着清晰、深刻的认知。作为美国金融权术（financial statecraft）的核心工具之一，货币权力在美国对外政策中一向扮演至关重要的角色。[①] 从 20 世纪 50 年代以抛售英镑威胁迫使英国结束入侵埃及，到

---

① 参见 Ben Steil and Robert Elian, *Financial Statecraft*, Yale University Press, New Haven and London, 2006。

20世纪80年代操纵美元、日元汇率和石油价格，再到20世纪90年代宏观政策转轨诱发东亚、拉美金融危机，每一次的全球金融动荡都与美国运用本国经济权力，特别是货币权力有关，每一次都以美国实现本国战略和经济利益最大化而告终。对美国而言，对付中国这样一个体量巨大但经济具有内在脆弱性的竞争对手，无论从政治还是经济的角度，无论考虑收益还是代价，通过货币权力打击、削弱中国，都优于其他手段和路径，都是美国不能放弃的最优选择。

三、对华货币打击的条件与准备

从经济角度而言，美国若对华发起货币金融攻击，必须满足三个基本条件：

第一，中国要暴露出足够多且足够严重的宏观经济脆弱面，比如严重高估的汇率、资产泡沫、高于合理水平的政府或公司债务、严重的国际收支逆差等等。中国经济的宏观脆弱性越突出，其对货币金融破坏的抵抗力就越弱，尤其是当几种脆弱性叠加出现，那么美国战略做空中国成功的概率就会越高。

第二，中国要具备美元权力操作的制度支点，以确保其有效实施。例如，资本项目自由化，市场化的汇率形成机制，股票市场开放以及股指期货市场的建立与准入等等。没有这些制度条件，美国投行、对冲基金资本实力无论如何强大，都难以操纵人民币汇率以及人民币计价资产的价格，货币破坏和货币攻击也就无从进行。

第三，美国必须进入加息周期。货币金融攻击的切入点一定是汇率，要对中国进行货币战略攻击、做空人民币和人民币资产，美元必须强势。要保证美元的持续走强，美国必须进入加息周期。没有持续的加息预期和美元持续大幅度升值，将难以大幅做空人民币汇率和人民币资产，货币金融攻击将无从谈起。

上述三个条件，不会自动实现。前两个条件主要取决于中国国内的经济发展和改革进程，第三个条件取决于美国国内经济状况。美国当然不会坐等条件成熟，那样美国可能丧失遏制中国崛起的机会，美国必须赶在中国军事实力真正崛起之前对中国实施货币金融打击。虽然中美关系与中日关系存在实质上的不同，但凭借其巨大的国际政治和经济影响力，多年来美国一直试图将货币金融打击日本的一整套成功经验在中国复制，经过多年努力，在为最终战略做空中国创造宏观、制度条件方面，美国取得了一系列明显进展。

（一）助推、强化中国宏观经济脆弱性

这一工作的实质，就是美国及其金融资本直接或者间接通过各种方式"战术做多"人民币和人民币资产。

1. 施压人民币升值

施压人民币升值，一方面可以提高美国在华投资的美元价值，使美国金融资本能够通过所谓"估值效应"获取经济利益。另一方面，施压使人民币持续大幅升值，最终将使人民币脱离其均衡价值，促成人民币和人民币资产的高估，为最后战略做空创造条件。

美国施压人民币升值从2003年正式开始。2003年6月和7月，时任美国财长约翰·斯诺和美联储主席格林斯潘先后发表公开讲话，要求人民币选择更具弹性的汇率制度。这是美国官方首次就所谓人民币汇率问题向中国发难，标志着美国战术性做多人民币和人民币资产的开始。之后多年，包括美国总统、财长、商务部长、贸易谈判代表在内的美国高级官员，不断发表讲话，指责中国操纵汇率。美国财政部每半年一次发表针对各国汇率的评估报告，其中针对中国的汇率评估是整个报告的重点，威胁、施压中国的意图十分明显。

在人民币汇率问题上，美国国会一直与政府有系统、密切的配合，对中国不断展开强硬施压。2003年9月5日，美国参议员舒默和格雷厄姆提出所谓中国操纵人民币汇率、人为低估人民币谋求不公平竞争优势的"1586号议案"，要求美国政府在与中国谈判未果时，对中国采取必要的制裁行动。自2003年起至2012年，美国国会参众两院议员就所谓中国操纵汇率谋取不公平竞争优势问题提出的议案超过30个，不断要求美国政府将中国认定为汇率操纵国，对中国采取包括征收惩罚性关税

在内的保护主义措施,以弥补由于人民币汇率"低估"给美国出口带来的不利影响。①

美国主要智库和自由派学者在中美汇率争议中扮演了重要参与者的角色。美国著名经济智库——彼得森国际经济研究所(PIIE)2003年出版的《汇率操纵》为国会议员指责中国操纵汇率提供了最早的理论支持。随后几年,该所以及其他机构学者发表了大量有关中美贸易失衡、人民币汇率低估方面的书籍、论文、报告、国会证词,为议员和政府官员对华施压提供理论和数据支持。② 美国国会议员之所以得出人民币汇率低估27.5%的结论,即出自彼得森国际经济研究所主任伯格斯滕和另外一位学者各自认为的人民民低估数据的折中。

随着美国不断扩大对中国"操纵"汇率的指责,美国的一些盟国也积极加入其中。2002年2月,日本财务大臣盐川正十郎在七国集团财长会议上要求逼迫人民币升值,在时间上甚至早于美国。美国控制下的国际货币基金组织、世界银行等国际金融机构,通过其官员讲话、研究报告、工作论文等不同形式,均发出了指责人民币汇率低估、暗示中国政府操纵汇率的声音。

上述所有的施压行动,美国以及亲美国的西方主流媒体都进行了大量的报道。美国《华尔街日报》《纽约时报》,英国《经济学家》《金

---

① 关于征收惩罚性关税方面的代表性提案及主要内容包括:a. 如果与汇率操纵国的谈判没有取得实质性的结果,美国贸易代表可以根据1974年的美国贸易法第301条采取行动(H. CON. RES. 285);b. 对所有来自中国的进口商品征收与货币低估值相同幅度的关税来抵消由于货币操纵而引起的补贴(H. R. 3058; H. R. 3004) c. 对来自中国的进口商品全部征收27.5%的附加关税,除非总统向国会提交证明中国不再操纵汇率的证据,并且中国接受以市场为基础的贸易政策(S. 1586; H. R. 3364; S. 295; H. R. 1575)。

② 美国学术界关于人民币汇率"失衡"问题的研究,参见 Morris Goldstein, *Currency Manipulation*, Washington: Institute for International Economics, Dec. 2003; Hufbauer, Gary Clyde, *US-China Trade Disputes: Rising Tide*, Rising Stakes, Washington: Institute for International Economics, Aug 2006; Morris Goldstein and Nicholas Lardy eds, *Debating China's Exchange Rate Policy*, Washington: Peterson Institute for International Economics, 2008; William R. Cline and John Williamson, "Estimates of Fundamental Equilibrium Exchange Rates", Policy Brief 09 – 10, Peterson Institute for International Economics, 2009; Morris Goldstein and Nicholas R. Lardy, "The Future of China's Exchange Rate Policy", Policy Analyses in International Economics 87, Washington: Peterson Institute for International Economics, July 2009; C. Fred Bergsten, "Correcting the Chinese Exchange Rate: An Action Plan" Peterson Institute for International Economics, Testimony before the Committee on Ways and Means, US House of Representatives, March 24, 2010。

融时报》等美英主流媒体，或者邀请学者或者由其记者撰写大量文章、评论，附和美国对中国的各种指控，抨击中国通过操纵人民币汇率，损害美国就业，谋取"不正当国家利益"，给中国政府造成了巨大的国际舆论压力。

2. 推升人民币资产价格

资产泡沫的形成是一国宏观政策、制度条件和国际环境共同作用的结果。对于人民币资产价格而言，美国并没有直接、完全的操控能力。但美国作为全球最大经济体，美联储作为全球流动性的最主要供应者，美国可以通过以下渠道有力影响中国的房地产和股市价格：（1）货币宽松跨国传递——资产价格渠道。即美国可以通过在国内实施宽松货币政策，在中国半盯住美元的汇率制度、加入世界贸易组织、资本项目自由化背景下，中国经常和资本项目的双顺差导致中国被动的货币宽松和流动性过剩供给，推动中国国内股票和房地产市场的上涨。（2）汇率升值——资产价格渠道。美国通过对人民币的政治施压，迫使人民币升值，人民币的升值预期引起套利、套汇资本流入中国并购买人民币资产，推动中国国内资产价格的上涨。

在过去的 10 年里，美国充分运用了上述两种机制，从外部助推了中国资产价格的上涨。美国先是在小布什政府执政后大幅降息，促使流动性大规模外溢，推升了包括中国在内外围国家资产价格。2009 年金融危机后，美国推出大规模量化宽松货币政策，使更大规模的热钱流入外围市场，通过中国"外汇占款机制"增加中国货币供应量，为中国资产价格特别是房地产价格的上涨火上浇油。另一方面，2003 年之后美国对中国施加人民币升值的强大政治压力，加上中国实际上的"蠕动盯住"汇率制度，极大促成、强化了人民币升值预期，由此带来的人民币和人民币资产的高收益预期，直接导致国际投机性资本涌入中国，大幅度推升了中国的资产价格。作为中国股市基准的上证指数在 2005 至 2007 年间上涨超过 400%；在 2006 年第一季度到 2015 年第四季度的十年间，中国主要一二线城市房价总体上涨约 255.1%。其中国内一线城市涨幅平均超过 400%，涨幅最大的深圳高达508%。① 中国资产价格的飙涨,与美国两阶段货币宽松引起的热钱流入和美国政治施压导致的人民币强烈升值预期具有直接关系。

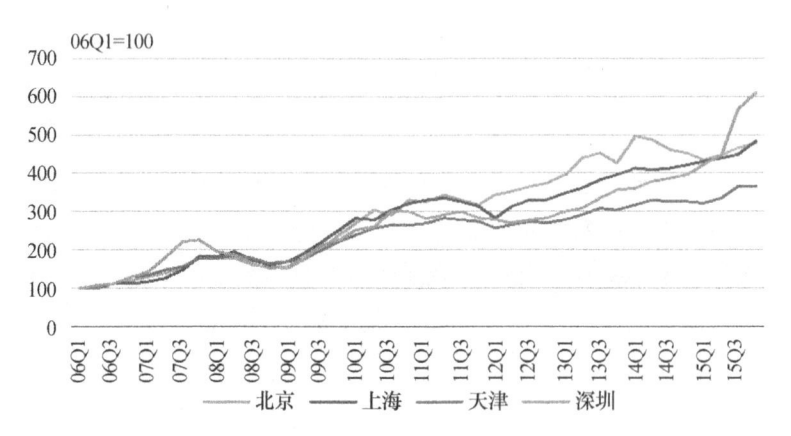

图 8—2 中国代表性城市房地产价格变化（2006 年第一季度—2015 年第四季度）

资料来源:"中国典型城市住房同质价格指数"（CQCHPI）。

（二）施压、诱导中国向自由化、市场化制度转轨

从中国申请加入世界贸易组织开始,美国对中国金融体系的态度是一贯的,即要求中国按照新自由主义模式放松资本管制,扩大市场准入。不同于在人民币汇率问题上的强硬施压,在推动中国向自由市场经济体制全面转轨方面,特别是让中国开放金融市场实现资本项目自由化方面,美国采取了软硬兼施的策略。所谓"硬"的策略,是指强硬的政治和经济施压。自 2003 年开始,美国财政部公开要求中国政府"放宽人民币波动范围"。之后的美国历任财政部长都公开敦促中国"采取更具弹性的人民币汇率机制"。2006 年起,美国通过"中美战略经济对话"机制,在最高外交层面施压中国对美开放资本市场。2009 年,这一机制升格为"中美战略与经济对话",美国在继续要求中国开放金融市场的同时,把施压的重点进一步转向要求中国开放资本项目和实施市

---

① 数据来自:清华大学恒隆房地产研究中心与北京大学——林肯研究院城市发展与土地政策研究中心共同发布了 2015 年第四季度"中国典型城市住房同质价格指数"（CQCHPI）, http://www.cre.tsinghua.edu.cn/publish/cre/9254/index.html。

场化的人民币汇率决定机制。从 2010 年到 2013 年，美国不断指称中国通过"操纵"人民币汇率，获取对美巨额贸易顺差，造成美国就业和经济方面的重大损失，威胁中国如果不让人民币升值或增加人民币汇率弹性，将对中国施以经济制裁。为此，2010 年 9 月美国国会众院通过了《汇率改革促进公平贸易法案》，公开威胁对中国实施贸易制裁。总体上看，美国在汇率和汇率制度问题上对华施压是以单边贸易威胁为后盾，在策略上与当年施压日本如出一辙。

在"硬"的策略之外，美国也试图通过"软"的方式，诱导中国开放资本项目以及推动人民币汇率市场化改革。（1）以落实 2010 年 IMF 份额和治理改革方案为诱饵，通过向中国让渡部分份额，换取中国在市场准入和汇率制度改革方面的让步。① （2）考虑中国正在推动人民币国际化以及国内货币政策自主性受到跨国资本流动影响的实际，在过去多年中，美国政府官员和智库学者出面，通过公开讲话、报刊文章、研究报告、学术论文等各种形式，强调人民币盯住美元会削弱中国货币政策的独立性，同时指出开放资本项目是人民币国际化的先决条件，强调没有资本项目的开放，不可能实现真正意义上的人民币国际化等等，试图从理论上诱导中国主动全面开放资本项目以及改革人民币汇率形成机制。

此外，为了在思想和技术上"帮助"中国实施这种变革，在最高层次的中美战略与经济对话之外，美国还与中国建立了若干智库层面的对话、磋商机制和合作研究项目。例如，从 2004 年开始，由美国哈佛大学与中国国务院发展研究中心下属中国发展研究基金共同举办中美金融研讨会，主要就中国"构建 21 世纪金融体系"以及中美双边投资协定谈判等问题进行探讨；在宏观政策领域，美国最重要同时也是具有明显保守倾向的国际宏观经济研究机构彼得森国际经济研究所（PIIE）、布鲁金斯学会与中国半官方机构"中国金融四十人论坛"（CF40），自 2012 年开始共同举办每年一次的"中美（欧）经济学家学术交流"系列活动，对中美宏观政策与经济关系、金融稳定与金融改革（资本项目、人民币汇率制度）、人民币国际化进行"指导"。通过智库交流隐

---

① 2010 年 IMF 份额改革方案主要牺牲的是美国和日本的利益，而非美国自己的份额。

性介入中国改革的巅峰之作,是美国前副国务卿、时任世界银行行长佐利克2010年9月访华敲定,由世行与中国某官方智囊机构联合进行的一个研究项目。这个项目于当年11月正式启动,2012年2月完成研究,项目的最终报告提出了包括加速推进国企私有化、利率市场化、资本项目开放、土地私有化等具有强烈新自由主义色彩的一揽子改革计划,旨在"为未来20年中国的改革和发展设定目标和蓝图"。

不管是基于美国施加的外部压力、政策诱导,还是中国政府自身变革的意愿,最终的结果是,最近10年中国在金融改革和开放领域不断对美方做出大幅度的妥协和让步。2005年7月,中国宣布放弃盯住美元,允许人民币相对美元升值。截至2014年12月末,人民币兑美元汇率中间价较2005年汇改时累积升值35.2%,国际清算银行(BIS)人民币实际有效汇率较2005年汇改时累积升值47.6%。在汇率制度方面,中国自2011年在中美战略与经济对话中首次承诺加大人民币汇率弹性,在随后的几年中,中国反复对美承诺"推进汇率市场化改革,增强汇率灵活性,加快推进由市场决定的汇率制度"。① 2012年4月和2014年3月,中国两次大幅调整人民币汇率浮动区间上限,由最初的0.5%上调到2%。

中国央行是推动资本项目自由化和人民币国际化的大本营。在2012年之后,中国央行加速推动资本项目自由化,并为此制定了一个实现人民币资本项目开放的三阶段路线图。② 这种推动实现资本项目可兑换的激进态度,受到一部分国内学者的批评,央行与这些批评者之间为此展开了激烈的论战。③ 有资料显示,甚至参加中美智库交流的美国

---

① 参见历次中美战略与经济对话的《联合成果情况说明》。
② 中国人民银行调查统计司课题组:"我国加快资本项目自由化的条件基本成熟",2012年第5期。
③ 中国央行的观点参见:伍戈、温军伟:"破解资本账户开放迷思——与张明博士商榷",《金融发展评论》2013年第9期;盛松成:"为什么需要推进资本账户开放",《中国金融》2013年第18期;中国人民银行调查统计司课题组:"我国加快资本项目自由化的条件基本成熟"2012年第5期。反对过快开放资本项目的代表性观点参见余永定:"亚洲金融危机的经验教训与中国宏观经济管理",《国际经济评论》2007年第3期;张明:"资本账户开放迷思",《财经》,2013年第14期;张明:"中国的资本账户开放仍应审慎渐进",《国际金融》2012年第7期。有关争论的论文汇总参见陈元、钱颖一主编:《资本账户开放》,社会科学文献出版社2014年版。

学者也并不都支持中国央行过快的开放资本项目。① 但无论是国内学者还是外国学者的批评,都未能阻止拥有实际操作权力的央行,资本项目自由化在随后几年快速推进。2015 年 3 月,中国央行行长周小川在"中国发展高层论坛 2015"上提出,争取年内实现资本项目完全可兑换。截至 2015 年底,按照国际货币基金组织的分类,资本项目管理的 7 大类、40 个子项中,中国已经实现了 37 项完全可兑换或部分可兑换,可兑换比率达到全部项目的 92.5%。尚有管制的 3 项,由于通过非法途径、经常项目以及其他资本账户逃避管制,其管制的有效性也已经被大大削弱。特别是在证券投资、跨国融资等领域,外资实际进出的规模远远大于合法渠道进出的规模。②

在资本项目加速开放的同时,中国金融市场对外开放和金融衍生品市场建设也大大提速。保险业中,除了对寿险公司有外资比例不超过 50% 及设立条件限制外,对外资没有其他限制,非寿险公司则除了设立条件以外,没有其他限制,法定再保险比例降为 5%。外资机构在华投资证券的持股比例,从 2002 年的合计不超过 1/3 大幅放宽到 49%。2015 年,在上海自贸区、《内地与港澳关于建立更紧密经贸关系的安排》补充协议(CEPA10)以及中国福建自贸区框架下,对港澳台资新设合资证券公司的持股比例放宽到 51%。外资机构设立合资证券公司的业务范围也被大幅度放宽,港澳台资企业在自贸区可以设立全牌照合资证券公司。

与此同时,美国极力支持中国扩大金融创新,特别是发展期货、期权等金融衍生品市场。美国政府和学者把本国金融业和金融市场的发展,解释为持续金融创新的结果,并把这一药方推荐给致力于培育、扩大中国金融市场的中国官员。中国在 2010 年 4 月推出沪深 300 股指期货,2015 年推出股票和股指期权并增加上证 50 和中证 500 股指期货合

---

① 杜大伟(David Dollar):"金融改革和中国经济再平衡",这是作者在 2015 年 8 月 29 日由中国金融四十人论坛、布鲁金斯学会、欧洲 50 人论坛共同举办的 2015 中美欧经济学家学术交流会"中国金融稳定与货币政策"上所做的主题演讲,http://www.cf40.org.cn/plus/view.php?aid=10141。

② 截至 2015 年 8 月底,合格境外机构投资者(RQFII)投资额度 767.03 亿元,人民币合格境外机构投资者(RQFII)投资额度 4049 亿元,沪股通额度 3000 亿人民币。考虑通过非法渠道进入国内、以内资形式持有的股份,以及通过风险投资、战略投资形式持有的非流通股份,外资持有的 A 股市值可能超过 20000 亿人民币,占 A 股总市值的约 4%。

约,实现对中国 A 股市场不同类型股票的基本覆盖,期货市场对股票市场走势的影响大大加强。美国也一直致力于让中国官员相信美国金融管理体制,特别是证券市场运行管理体制的先进性。美国证券市场的注册制被解释为美国资本市场高效率的关键。2014 至 2015 年,中国证券监管机构明确提出要以注册制替代中国现行的审核制,并试图将包括股市熔断机制在内的美国一系列监管机制引入中国,以提高证券市场效率、降低市场风险。

然而,中国的相关部门对大幅度开放和自由化改革的风险似乎估计不足。不断放松的资本管制,大幅提高了国际资本进出中国的自由度,但也增加了中国金融市场对资本流动和外部冲击的脆弱性和敏感性。包括股指期货在内的金融创新,虽然在微观层面为规避市场风险提供了对冲工具,但在宏观层面却加大了市场波动风险,并为跨市场操纵提供了可能。2010 年 4 月,高杠杆、具有做空功能的中国股指期货合约上市交易,立即诱发中国股市的大幅度下跌。2015 年,中证 500 和上证 50 期货合约上市交易,在不久后发生的中国证券市场崩盘中,包括美国对冲基金在内的境外公司衍生品操作,在中国股市崩盘中扮演了重要角色。① 中国金融市场的剧烈波动,显示美国强制和刻意诱导下的中国金融市场自由化改革,在很大程度上加强了国际金融资本对中国资产价格和金融市场的影响力,也暴露了中国政府金融监管能力和风险控制经验的不足。如果美国通过货币权力对中国实施经济打击,这些缺少风险控制的自由化改革将为货币打击提供必不可少的制度条件。

四、阿喀琉斯之踵

无论在战略做多方面美国做多少工作,实现根本的战略目标——通

---

① 根据中国警方调查,境外公司伊士顿贸易和司度贸易(美国对冲基金公司 Citadel 的子公司)以贸易公司身份,利用中国股市对期货交易的监管漏洞,非法开立多个私人账户,与境内期货公司和券商相互勾结,通过高频交易操纵股指期货市场,获取了巨额利润并转移境外,并在一定程度上诱发了中国股市的崩溃。关于伊士顿公司操纵期市的情况,详见:"上海破获特大操纵期货市场犯罪案",新华网,http://news.xinhuanet.com/finance/2015-11/02/c_128382799.htm。

过货币金融打击阻遏中国崛起——最终都必须通过战略做空实现。而基于下面的原因，美国对华战略做空的切入点必然是人民币汇率：

（一）汇率操纵是战略做空的核心机制

正如上一章所分析的，通过操纵目标国汇率趋势性贬值，可以诱发目标国资本外流和资产价格下跌。此时，目标国中央银行将被置于两难境地：如果目标国为保护资产价格而降息，则该国汇率将继续贬值，诱发更大规模的资本外流；反之，如果目标国为保护本国货币而加息，将对该国资产价格造成致命伤害，其结果仍将是资产价格下跌和大规模资本外逃。如果目标国缺少足够的外汇储备，央行将不得不放弃对汇率的保护，而汇率的暴跌会在汇率贬值、资本外流和资产价格崩溃之间形成负反馈，最终引发系统性货币危机和金融危机。这正是最近几年在俄罗斯、哈萨克斯坦等国已经发生的情况。

（二）美国可以通过各种方式影响、操纵人民币汇率

正如前面章节所指出的，美联储事实上的世界中央银行地位，决定了美国有能力通过操纵本国货币政策，影响、甚至操纵目标国货币对美元的汇率。美联储只需释放可能改变货币政策的信息，就能影响国际金融市场对美国货币政策的预期，就可以对目标国货币对美元汇率和国际资本流动产生重大、直接和持续的影响。除了这一强大的战略性货币操纵杠杆之外，美国还有各种战术性的、也是更直接的操纵人民币兑美元汇率的方法，例如，发动《华尔街日报》《纽约时报》《金融时报》、路透社等西方主流媒体，高盛等美国权威投行，以及标普、惠誉等国际评级机构唱空中国经济、下调中国经济评级，诱导资本从中国向外流出；正像当年在香港和东南亚国家所做的，美国也可以通过其投行、对冲基金直接在香港等离岸市场直接做空人民币；在极端情况下，美国不排除在中国周边制造地缘政治冲突，通过政治和军事手段做空中国经济和人民币汇率。

(三) 人民币汇率是中国宏观经济的阿喀琉斯之踵

中美货币金融博弈，本质上是各自维持本国经济稳定能力的对抗，而人民币汇率恰恰是当前中国维持宏观经济稳定最脆弱的环节，可以从三方面理解这个问题：

1. 人民币汇率贬值预期以及由此而带来的资本外流，对中国宏观经济稳定构成重大威胁。一方面，持续的人民币汇率贬值会导致资本外流，而资本外流会削弱中国的投资能力和经济的潜在增长；另一方面，持续的资本外流及其对外汇储备的大量消耗，将对中国维持汇率稳定的能力构成极大挑战。一旦资本外流加剧，中国外汇储备低于最低安全阈值，在外资逃离的同时，中国国内居民也可能开始抢购美元，中国将因此而陷入汇率贬值、资本外逃和资产价格暴跌的死亡螺旋，引发致命的系统性货币金融危机。在这方面，1997年的泰国、印尼货币金融危机可谓是前车之鉴。

2. 相对国内其他问题，中国政府对人民币汇率贬值的应对工具不足。国内宏观经济面临一系列问题，比如企业债务、影子银行等等，这些问题在一定程度上可以通过央行的货币政策加以控制，无论影子银行、企业债务还是资产价格，都可以借助适度的货币宽松得到控制和化解。人民币汇率问题则不然，当汇率贬值压力出现时，既不能为保汇率而大幅收紧货币政策——那样会导致资产泡沫破裂，也不能实施严格的资本管制——那样会导致资本的恐慌性外逃，想通过提高本币资产收益率以刺激经济也将遭到迎头痛击，因为降息或者财政宽松会立即加大本币贬值的压力。

不仅如此，以前支撑人民币升值的几大因素在2015年前后似乎都发生了逆转：一是中国宏观经济的持续高增长，因为国外经济低速和国内去杠杆、去产能而持续减速，人民币资产的收益率呈现逐年下降态势；二是中国的货物出口虽然仍然维持一定规模顺差，但持续增长的服务贸易逆差，已经大大削弱了经常项目盈余对人民币汇率的支撑，而且诸如出国旅游、购物的增长趋势依然强劲，短期几乎无法扭转；三是中国的资本项目热钱流入，随着美国加息和人民币贬值预期的形成已经完全逆转，国内企业债务的去美元化、跨境直接投资增长和中国居民在人民币贬值预期下对境外资产配置的需要，导致资本流出的规模持续扩大；四是中国外汇储备充足性也在受到越来越多的质疑。截至2015年6月底，中国拥有超过33000亿美元的外汇储备，远超世界其他国家。但考虑中国短期外债、跨国企业利润汇出、中国境内高净值人群资产全球配置需要巨大的进口用汇，特别是中国超过150万亿人民币的M2规模，中国外汇储备可能并不像人们想象的那么充裕。所有这些情况，都使得中国政府维持汇率稳定的难度大大增加。

3. 中国央行无法单独控制人民币兑美元汇率。与利率、财政赤字这些由一国政府可以单独决定的政策工具不同，名义汇率是货币与货币的双边相对价格。在弹性汇率制度下，中国央行只能从本国层面影响人民币兑美元汇率，而人民币兑美元汇率定价权有一半掌控在美联储和美国政府的手中。中国当然可以用外汇储备干预外汇市场，在一定时间内保持人民币汇率的相对稳定，但外汇干预操作一方面受制于外汇储备的规模，随着干预的持续和外汇储备规模的不断下降，外汇市场干预的边际效用不可避免出现递减；另一方面，中国的外汇市场干预，也受制于中国政府扩大汇率制度弹性的承诺，由于这些承诺，受到美联储政策影响更大的外汇市场投机者将更有能力对中国政府发起强有力挑战。

五、不宣而战

中国在人民币汇率问题上所存在的脆弱性，美国方面早已了然于胸——这从美国主流媒体各种分析中国宏观经济脆弱性的文章可以很清楚地看到。之所以对中国的战略做空迟迟没有展开，除了考虑中国内部做空条件达成与否，也要看美国国内是否具备收紧货币政策的宏观经济条件。如果美国自身经济迟迟没有复苏，强行加息意味着经济自杀。任何理性的政治家都不会拿本国经济和本人的政治生命与他国对决。因此，在2014年以前，即使美国在战略上希望做空中国，即使美国认为做空中国的外部条件已经成熟，但只要美国经济复苏乏力，美国也只能将做空中国的时间延后。

在经历四轮量化宽松之后，美联储终于认为美国经济已经摆脱颓势。2013年6月，美联储前主席伯南克开始表露可能择机退出量化宽松的意向。从2013年12月起，美联储开始缩减资产购买规模。2014年1月，美联储进一步将每月债券购买规模缩至650亿美元。2014年2月底，美联储新任主席耶伦明确将继续审慎减少购买资产。在3月的美国联邦公开市场委员会（FOMC）例会上，美联储宣布继续以每次会议减持100亿美元的速度减少资产购买并明确在2014年秋季完全停止资产购买。① 6月份的FOMC议息会议纪要和耶伦在国会的半年度货币政策报告都显示，除了明确将在10月底结束资产购买，美联储此时已经开始详细讨论实现货币政策正常化的相关步骤。② 到这个时候，量化宽松已经注定走入历史，而外围国家的宏观风险陡然上升。

与此同时，美国对欧洲和日本疯狂且宽松的货币政策持默许甚至纵容的态度。在美联储正式宣布结束为期两年的第三轮量化宽松（QE3）后不到36小时，即2012年10月31日，日本央行决定将每年基础货币的刺激目标从原先的60—70万亿日元，增加到80万亿日元，扩大正在实行的质化与量化宽松（QQE）规模。这一计划在2013年4月成为日本正式宣布启动的"安倍经济学"的一部分。欧洲在其持续操作的长期再融资操作（LTRO）之后，从2015年10月底开始由欧洲央行启动购买资产支持证券（ABS），欧洲央行行长德拉吉承诺，要将欧洲央行现有的资产负债表扩大1万亿欧元，达到2012年初的规模。在美国与日欧这种公开的货币政策分化之下，套利资本大规模做空欧元、日元，使得美元的上行变得轻松异常。人民币汇率可能大幅贬值的悲观预期开始形成并扩散开来。

美联储退出量化宽松的明确意向和不断强化的加息预期，向国际金融市场大鳄发出了明确的信号。从2014年7月开始，国际金融机构开

---

① "Statement Regarding Purchases of Treasury Securities and Agency Mortgage-Backed Securities", http：//www.federalreserve.gov/newsevents/press/monetary/20140319a.htm.

② Minutes of the Federal Open Market Committee, June 17 – 18, http：//www.federalreserve.gov/monetarypolicy/files/fomcminutes20140618.pdf; Janet L. Yellen, Semiannual Monetary Policy Report to the Congress, Before the Committee on Banking, Housing, and Urban Affairs, U.S. Senate, Washington, D.C. July 15, 2014, http：//www.federalreserve.gov/newsevents/testimony/yellen20140715a.htm.

图8—3　人民币兑美元汇率的逆转

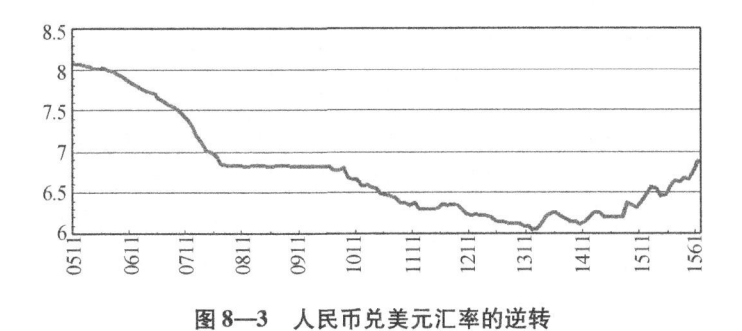

资料来源：wind 资讯。

始做多美元与美元资产，同时全面做空大宗商品。自此，美元摆脱底部震荡，开始持续、强势升值，到 2015 年 3 月，在不到半年内，美元指数由 80 上升到最高 100.4，上升幅度超过 25%。与此同时，反映一揽子商品价格走势的 CRB 指数从 2014 年 6 月的 313 点下跌到 2015 年 8 月的 185 点，跌幅达到 40.9%。其中世界最重要的大宗商品石油的价格，从 2014 年 6 月中旬的每桶 107.7 美元下跌到 2015 年 8 月下旬的 37.8 美元，跌幅高达 64.9%。

美元的升值和大宗商品的暴跌首先重创了包括俄罗斯在内的大宗商品出口国。从 2014 年 6 月至 2015 年 8 月，巴西雷亚尔、阿根廷比索、俄罗斯卢布相对美元贬值超过 30%，加元和澳元相对美元贬值超过 20%。伴随着货币危机，这些国家普遍出现大规模的资本外流，严重依赖大宗商品出口的单一经济结构，使这些国家不可避免地出现经济增长的急剧减速和财政收入的大幅缩水。甚至连财政家底雄厚的中东石油输出国，如沙特阿拉伯，从 2015 年下半年开始，政府财政也频频亮起红灯。

作为大宗商品的进口国，中国宏观经济的冲击虽没有这些国家严重，但 2014 年下半年以后，中国经济也出现了非常明显的不适症状。首先，中国经济增长出现了明显的减速。中国经济从 2013 年第三季度开始减速，但这个时期的减速主要是中国政府主动降速，推动经济结构调整的政策所致。在 2014 年第一季度和第二季度，经济增长保持在 7.4%—7.5% 的相对稳定状态。然而，到 2014 年第三季度，经济增速急速下降到 7.1%，在随后的几个季度勉强维持在一度被认为是经济增速底线的7.0%的水平,到2015年第三季度甚至跌破7%,达到6.9%的五年低位。导致这一阶段经济增速急剧下降的主要原因,除了前期房地产调控引起房价下跌和房地产投资减速的因素,一个重要影响来自国际大宗商品价格下跌引起的国内能源、资源和强周期重化工业的急剧减速甚至负增长。虽然大宗商品价格下跌有助于降低中国工业的成本支出,但石油、煤炭、矿产、有色金属、钢铁、化工这些大宗商品相关行业在中国产业结构中仍占有较大比重,这些行业的衰退,明显向下拉动了中国的经济增速。

其次,与其他国家的情况类似,尽管没有造成危机,中国也明显感受到资本外流的冲击和人民币汇率贬值的压力。人民币对美元的贬值,不是从美联储2014年10月29日正式宣布结束量化宽松货币政策开始,而是始自2014年1月,也就是在美联储2013年12月第一次减少购买资产之后不久,人民币终止了长达7年半的持续升值,出现一波急剧贬值。之后,随着美联储退出量化宽松政策日益明朗化,人民币的贬值趋势也日趋明显。从2014年1月到2015年3月,人民币出现了近4%的贬值,这是2005年以来的首次。

在西方学术界和金融界看来,中国经济这样的走势并不出乎意外。实际上,在过去的几年中,看空中国经济一直是西方学术界和金融机构的主流声音,诸如"金融风险爆发论""经济硬着陆论""改革缓慢论""中国崩溃论"都在不同背景下被轮番炒作。早在2011年,成功预言美国金融危机、有"末日博士"之称的美国经济学家努里尔·鲁比尼和"空头大师"吉姆·查诺斯就曾断言,中国的房地产泡沫极其严重,中国经济软着陆是"不可能完成的任务","硬着陆已经开始"。[1] "中国崩溃论"最著名的代表人物、华裔律师章家敦也再次发出中国经济可能崩溃的"警报"。[2] 2012年,国际金融大鳄索罗斯公开宣称"中国经济正在失去动力"。到2014年,国际货币基金组织首席经济学家莫里斯·奥伯斯菲尔德(Maurice Obstfeld)也开始加入看空中国的队伍,他在

---

[1] Jamil Anderlini, "In China both bulls and bears look likely to have their day", *Financial Times*, Oct. 20, 2011. http://www.ftchinese.com/story/001041275/en.

[2] 章家敦:"中国经济能否救自己?",福布斯中文网,2011年11月28日,http://www.forbeschina.com/investment/review/201111/0013681_2.shtml。

IMF 的一篇文章中对中国可能会陷入日本式通缩泥潭表示了担心。①

进入 2015 年，金融市场的人民币空头似乎可以为他们看空中国经济找到更多注脚。一方面，美联储逐渐从量宽递减过渡到退出量宽，美国与欧洲、日本宏观政策出现分化。美元自 2014 年走强以来，欧元、日元显著贬值，而人民币相对美元下跌幅度较小，较日元、欧元甚至出现一定程度升值，使得中国在贸易端受到日欧的挤压，削弱了中国经济增长的动力和维持人民币汇率稳定的能力。另一方面，在资本端，由于美国在进入 2015 年后加息预期持续升温，中国面临巨大资本外流压力，一旦美联储确认美国进入加息周期，前期所受影响不大的中国，被认为将难免迎来一场"补课"式的下跌。

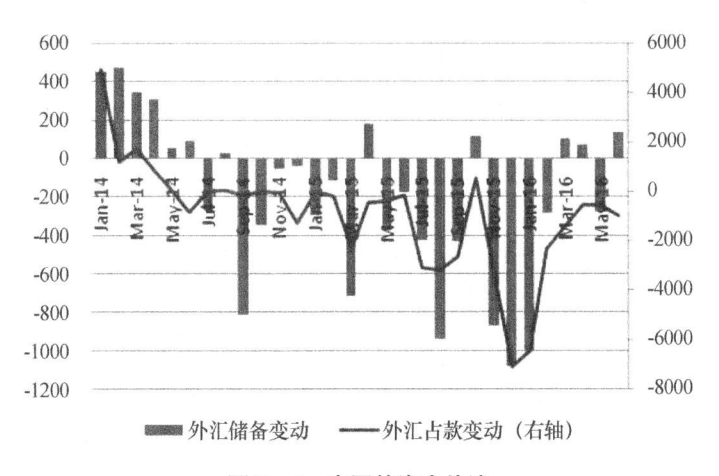

图 8—4 中国的资本外流

资料来源：国家外汇管理局。

几乎与各种看空的声音同步，西方金融机构也开始各种做空中国的尝试。考虑到中国尚且存在的资本管制和金融监管，2015 年之前，做空主要集中在离岸市场。例如，做空在美国上市的中概股或者买入与中国企业有关的信用违约互换（CDS）。随着中国经济的减速和大宗商品价格下跌，西方金融机构开始鼓吹做空诸如澳大利亚、韩国、马来西亚、

---

① "Economic Forum: Policy Lessons and the Future of Unconventional Monetary Policy", IMF, 6 Nov. 2015.

中国香港等中国影子经济体及其货币。这种做空虽然不足以对中国经济构成致命威胁，但也不可避免地对在岸市场人民币汇率预期产生影响，引起一定规模的资本外流。2014 年第二季度中国资本外流约 630 亿美元，当年下半年资本外流猛增到 2043 亿美元。到 2015 年上半年，随着美国加息预期开始形成，这一数字继续增加到 2407 亿美元。[1] 中国外汇储备在 2014 年 6 月达到 399932 亿美元的峰值之后，2014 年下半年外汇储备自峰值下降约 1500 亿美元，2015 年上半年继续下降大约 1492 亿美元。[2]

六、汇率"闯关"

面对资本外流和经济下行压力的持续加大，政府理性的反应本应该是经济稳增长的同时，稳定汇率预期，在宏观经济保持稳定的基础上提高人民币资产收益率，逐步稳健地化解宏观经济风险，从根本上抑制资本外流。事实上，在经历 2015 年年初一段时间的资本外流冲击之后，央行通过强化外汇市场"维稳"，资本外流形势在当年 4 月以后出现了很大程度的好转。整个 2015 年第二季度，美联储官员虽不断通过所谓"前瞻指引"强化加息预期，推升美元强势，引导资本从包括中国在内的新兴市场国家退出，但中国外汇市场情绪稳定，没有出现明显的恐慌情绪，也没有资本的大规模集中流出，资本外流较第一季度甚至出现大幅下降，只有约 750 亿美元，外汇储备下降的速度总体温和可控。可以说，直到这个时候，美联储并未在与中国央行的博弈中占据绝对上风，局面仍然完全在中国政府的掌控之下。按照当时的情况，只要中国政府保持镇定，美国的加息预期不太可能对中国宏观经济稳定带来实质冲击。

---

[1] 外汇储备和资本外流数据取自国家外汇管理局网站：外汇储备月度数据和中国国际收支平衡表时间序列数据（BPM6）。

[2] 需要注意的是，外汇储备规模的变化不等于国际收支平衡表中外汇储备流量变化的简单加总。此处外汇储备规模的变化部分来自国际收支流量影响，另外一部分则来自美元与其他货币汇率变化引起的估值效应。

然而，令人意想不到的是，2015年8月11日，中国人民银行突然启动新一轮人民币汇率形成机制改革。央行在一份声明中宣布，自8月11日开始，"完善人民币兑美元汇率中间价报价，以增强其市场化程度和基准性"。这是中国自2005年以来的第二次人民币汇率制度改革，这次改革在内外形势极其紧张的情况下强行推出，颇有当年价格改革"闯关"的意味。本已趋于平稳的中国宏观经济形势由此急转直下。

在操作上，这次人民币汇率形成机制改革分两阶段进行：

第一阶段：2015年8月11日，一次性贬值与人民币兑美元汇率中间价报价机制的调整。主要由两部分内容构成：一是将人民币兑美元汇率中间价一次性贬值1.86%。此举旨在"一次性校正"过去中间价相对市场汇率的高估，令中间价报价机制更大程度地反映外汇市场供求。[1] 二是改革中间价报价机制，做市商中间价报价由原来自由报价变为参考上日银行间外汇市场收盘汇率，同时综合考虑外汇供求情况以及国际主要货币汇率变化。央行认为，人民币汇率原中间价形成机制缺乏弹性，导致"中间价与市场汇率偏离的幅度比较大，影响了中间价的市场基准地位和权威性"。因此，有必要通过汇改，增强人民币中间价市场化程，提高其市场地位和权威性。[2]

第二阶段：从2015年12月11日开始，对人民币兑美元汇率中间价汇率形成机制实施具体调整，人民币中间价报价由盯住美元转向"参考"篮子货币。此举目的是弱化人民币汇率对美元的盯住程度，让人民币与美元脱钩。

经过两步汇改，人民币兑美元汇率中间价形成机制的市场化程度有所提高，弹性有所加大。在实际的汇率形成机制上，根据官方说法，制定当日中间价时候，首先参考上日"收盘汇率"，即银行间外汇市场的人民币兑美元收盘汇率，该汇率反映了外汇市场人民币兑美元的供需状

---

[1] "中国人民银行新闻发言人就完善人民币汇率中间价报价问题答记者问"，2015年8月11日，中国人民银行网站，http://www.pbc.gov.cn/goutongjiaoliu/113456/113469/2927057/index.html。

[2] "完善人民币兑美元汇率中间价报价吹风会文字实录"，2015年8月13日，中国人民银行网站，http://www.pbc.gov.cn/goutongjiaoliu/113456/113469/2927856/index.html。

况。同时，也要参考"一篮子货币汇率变化"，即在一篮子货币兑美元汇率有所变化的情况下，要保持人民币对一篮子货币汇率基本稳定，在此基础上，对人民币兑美元汇率做适当幅度的调整。

对于这次突然推出的汇改，央行没有事先与市场沟通。突如其来的汇率闯关，立即在外汇市场掀起轩然大波。2015年8月11日当天，央行公布人民币兑美元汇率中间价6.2298，较10日中间价下跌1.86%，随后两天央行分别再次下调中间价1008bp和704bp，人民币兑美元中间价累计贬值约4.66%；在岸人民币对美元名义汇率连续两天大跌，跌幅2.74%，最大跌幅3.7%，创1994年汇率市场并轨以来跌幅之最。人民币在岸和离岸汇率波动幅度之大，不仅令中国外汇市场交易者错愕，也对全球金融市场产生了剧烈冲击——美国道琼斯指数在"8·11"之后的10个交易日里跌幅最多超过12.6%。

为什么在这个时候央行启动影响如此巨大的汇改？央行在"8·11"汇改启动后与市场进行了为数不多的几次沟通，学术界和金融市场人士也有各种猜测，综合官方公开的立场认为缺乏弹性的，我们认为央行可能有下面几个方面的考虑：

一是认为原汇率制度不利于维护央行货币政策独立性。作为一个大国，独立的货币政策是维护宏观经济稳定的必然要求。然而，根据经典的"三元悖论"，在资本项目自由化程度不断提高的中国，单一盯住美元的汇率制度，无法与独立货币政策兼容。在央行看来，解决这一问题的可行办法，是增加汇率弹性并"建立一个比较透明的、有市场公信力的一篮子汇率机制"，这种汇率机制有助于稳定市场预期，让更多的市场参与者"顺应一篮子货币的目标进行交易，从而有效地减少央行干预的频率和规模"，让货币政策与国际收支脱钩，获得更大的独立性。[①]

二是认为盯住汇率制度在宏观上不可持续。除了难以实现货币政策独立，盯住汇率制度也被认为不利于宏观经济的稳定。央行认为，由于不同经济体所处经济周期存在差异，货币环境和贸易条件也不可能完全一致，单一盯住美元的汇率制度十分僵化，会"积累问题、积累矛盾、

---

① 马骏："人民币汇率形成机制将更多地参考一篮子货币"，2016年1月11日，中国人民银行网站，http：//www.pbc.gov.cn/goutongjiaoliu/113456/113469/3003537/index.html。

积累一些不均衡",特别是"加剧国际收支的不平衡,也会导致更多的套利活动,不利于增强经济应对外部冲击的弹性"。① 在他们看来,与美元脱钩,建立"一个有弹性的汇率形成机制肯定会对经济的长期发展更有利"。央行相信,"有弹性的汇率制度是经济发展的稳定器,也是国际收支的稳定器",② 它会逐步调整一些不平衡,使得整个经济发展、国际收支处于均衡的状态,并避免盯住单一货币可能导致的"汇率扭曲"和"失衡的积累"。③

三是认为人民币汇率存在高估,有必要提前释放压力。央行认为,由于原汇率制度缺乏弹性,人民币汇率出现了一定高估。特别是在汇改前的一年多时间,人民币"相对全球多种货币表现较强",人民币实际有效汇率与市场均衡汇率偏差大约累积了3%"。既然人民币汇率"高估",从保持人民币有效汇率平稳的角度考虑,央行认为,"人民币兑美元汇率有一定的贬值要求"。④ 除此之外,从国际博弈角度,央行似乎认为,联储加息在即,"美元可能在较长一段时间走强",让人民币预做调整,提前释放贬值压力,并在更大弹性的汇率机制下始终保持对美元汇率的基本均衡,是一种以退为进,争取主动的积极应对举措,可以防止汇率风险累积,避免未来对宏观经济造成重大冲击。

四是认为缓解经济下行压力,需要人民币与美元脱钩并贬值。维持出口竞争力,刺激经济增长,是央行推动汇改的又一个不便明言的动因。央行官员指出,由于我国贸易和投资的多地区、多伙伴和多元化,单一盯住美元而又缺乏弹性的汇率制度已经与当前的国情不相适应,不

---

① 引自2015年12月11日中国货币网特约评论员文章和央行首席经济学家马骏2016年1月11日接受的专访,详见:中国货币网特约评论员:"观察人民币汇率要看一篮子货币",2016年12月11日,中国人民银行网站,http://www.pbc.gov.cn/goutongjiaoliu/113456/113469/2988677/index.html;马骏:"人民币汇率形成机制将更多地参考一篮子货币",2016年1月11日,中国人民银行网站,http://www.pbc.gov.cn/goutongjiaoliu/113456/113469/3003537/index.html。

② "完善人民币兑美元汇率中间价报价吹风会文字实录",2015年8月13日,中国人民银行网站,http://www.pbc.gov.cn/goutongjiaoliu/113456/113469/2927856/index.html。

③ 中国货币网特约评论员:"人民币汇率具备对一篮子货币保持基本稳定的基础",2015年12月14日。

④ "完善人民币兑美元汇率中间价报价吹风会文字实录",2015年8月13日,中国人民银行网站,http://www.pbc.gov.cn/goutongjiaoliu/113456/113469/2927856/index.html。

利于维持出口竞争力。根据央行测算，2014年以来，由于汇率缺乏弹性，人民币随美元对欧元、日元大幅度升值，导致人民币对一篮子货币的有效汇率显著升值，中国的外贸竞争力受到很大影响。① 而参考一篮子货币"更能反映一国商品和服务的综合竞争力，也更能发挥汇率调节进出口、投资及国际收支的作用"。② 既然人民币汇率存在高估，而出口减速是导致2014年以来经济下行的重要原因，对于央行而言，借汇改让人民币适度贬值，是提振贸易表现，缓解经济下行压力的现实要求。

五是认为汇改可以为加入特别提款权（SDR）货币篮子、推动人民币国际化创造条件。2008年金融危机以后，央行把推动人民币国际化作为摆脱美元霸权影响的长期战略。在中国央行看来，"人民币加入SDR是一个里程碑式的事件，它的意义非常重大、利在长远，标志着国际社会对中国经济发展和改革开放成果的肯定，特别是对人民币国际化的肯定"，③ 将提升人民币的国际地位，增强全球各国持有人民币资产的信心，对未来人民币完全国际化将起到积极助推作用。按照IMF有关要求，人民币加入SDR货币篮子并不要求汇率浮动，但需要满足"可自由使用"的条件。从纯技术角度而言，汇改前人民币并不完全满足"可自由使用"这一条件。考虑到国际货币基金组织即将在2015年11月末审查SDR货币篮子货币构成，央行似乎认为，通过汇改增强人民币汇率弹性，不仅可以展示中国推进金融市场化的决心和诚意，也有利于中国达到IMF关于"可自由使用"的技术条件，从而为人民币顺利进入SDR货币篮子，最终实现人民币国际化增添筹码。④

最后，央行认为汇改有助减轻中国货币外交压力。多年来，增加汇

---

① 马骏："人民币汇率形成机制将更多地参考一篮子货币"，2016年1月11日，中国人民银行网站，http://www.pbc.gov.cn/goutongjiaoliu/113456/113469/3003537/index.html。
② 中国货币网特约评论员文章，"观察人民币汇率要看一篮子货币"，2016年12月11日，中国人民银行网站，http://www.pbc.gov.cn/goutongjiaoliu/113456/113469/2988677/index.html。
③ "人民币加入特别提款权（SDR）有关情况吹风会"，中国人民银行网站，http://www.pbc.gov.cn/goutongjiaoliu/113456/113469/2984160/index.html。
④ 根据易刚在"吹风会"上透露的情况，中国在与IMF关于人民币加入SDR货币篮子磋商中，中方同意由中国外汇交易中心每天5次公布汇率，并且用下午四点钟的汇率作为SDR使用的参考汇率。因此，可以认为汇改是达成这一技术标准的一个必要条件。

率弹性一直是美国对华施压的重点,也是中国长期以来对美国的一项承诺。中国政府在其认为合适的时间推出汇改,既可以实现其他方面的目标,也是兑现对美方的承诺,这在经济上对美国有利,在政治上也是对美国示好的一种表现,有利于减轻中国的外交压力,有利于构建中国政府所期待的"新型大国关系"。

表面上看,关于汇改,央行的上述动机考量非常缜密,面面俱到,而且国内官方与学术界在推动汇改这个长期改革方向上并无分歧。然而,突然推出的汇改、央行事后的解释以及由汇改引发的剧烈经济动荡,还是暴露了央行在汇改条件、时机选择、策略和路径选择上的诸多重大疏漏。我们认为,这次汇改至少在以下几个方面存在明显的失误:

其一,时机选择。无论从当时还是事后分析,我们有充分的理由相信,在2015年的第三季度推出汇改,都不是一个明智的选择。根据艾肯格林等学者的研究,一国汇率脱钩的最佳时机,应该是金融平稳期,如果未能把握这一阶段的机会,下一个比较有利的时机应是在当本币面临升值压力的时候。[①] 在其他时间退出盯住汇率,特别是在资本流出和汇率面临贬值压力时退出,"经济和金融系统会承受压力","政府政策的信用在国内和国外都会受到怀疑"。[②]

中国在汇率脱钩时机选择上,恰恰犯下重大的错误。2015年第三季度,正是国内经济下行压力巨大,资本市场连续暴跌,美国加息预期不断强化的时候。此时资本外流规模虽暂时缓和,但人民币汇率贬值预期已经形成,导致前期大规模资本外流的内外因素随时可能被激活。无论是外汇市场稳定情况还是国内国外宏观经济形势,2015年8月都不是人民币汇率改革的有利时机。这个时候中国的最佳策略是冷静观察,以静制动。此时强推汇改,不管出于何种动机,都显得过于草率和鲁莽。

其二,改革策略。此次汇改方案采行改革人民币兑美元汇率中间价形成机制而非扩大汇率波幅的策略,是一个巨大的错误。改革汇率中间

[①] Barry Eichengreen, Masson, and Others, "Transition Strategies and Nominal Anchors on The Road to Greater Exchange-rate Flexibility", Princeton University: Essays in International Finance, No. 213, 1999, pp. 23, 26.

[②] Ibid, p. 26.

价形成机制可以有效控制汇率短期波幅，有利于控制外债敞口风险。然而由于中间价的存在，改革后的机制仍非真正意义上的市场化汇率形成机制。更重要的是，此种汇改方案实际上把人民币汇率定价权部分让渡给"市场"，且未给汇率波动设定目标区间。在国内经济下行叠加外部美元指数持续走强的背景下，不仅人民币兑美元汇率将形成持续贬值预期，人民币对美元贬值的幅度也不确定，这将诱发持续且规模巨大的资本外流，对中国宏观经济稳定产生重大威胁。此外，本次汇改中的一次性贬值幅度偏小，远低于市场预期，既无法消除汇率高估，也不足以刺激出口以强化贸易对人民币的支撑，反而强化、刺激了人民币贬值的预期，变相鼓励了市场对人民币贬值的单向押注。

其三，危机应对。央行不仅制定并执行了错误的汇改策略，在与市场沟通以及危机应对上也存在严重问题：（1）自曝其短。如果资本外流、货币面临贬值压力，央行最应该做的是为人民币汇率稳定进行辩护。然而在"8·11"媒体吹风会上，央行官员公开承认中国人民币相对美元高估3%。在国内市场信心不足、离岸市场人民币做空力量虎视眈眈的背景下，央行自曝其短、不打自招的做法，为市场做空力量提供了人民币高估的最直接的证据，重创了市场多头信心，也使中国央行在与市场空头的对垒中处于心理上的劣势。（2）言行不一。自汇改启动，面对人民币贬值预期不断强化和大规模资本外流的压力，央行一方面重弹"人民币不存在持续贬值的基础"，"人民币将在合理均衡水平上保持稳定"的老调，另一方面又对汇率的贬值趋势采取默认态度。在2016年1月之前的很长时间，央行既不对各种唱空言论在中外媒体、自媒体上的传播进行严肃、有理有据的宣传反击；也未对市场空头采取严厉、坚决的打击行动。反而屡次自欺欺人的辩称外储下降是"我国'藏汇于民'战略的体现，有利于促进国际收支平衡"、① 做空投机者"其交易行为与实体经济需求无关，不代表真正的市场供求"云云，② 令市场对人民币汇率稳定失去信心。（3）高层分歧。作为政府和国内

---

① "中国人民银行新闻发言人就外汇储备下降有关问题答记者问"，中国人民银行网站，2015年9月8日，http://www.pbc.gov.cn/goutongjiaoliu/113456/113469/2947922/index.html。

② 中国货币网评论员："2015年人民币汇率对一篮子货币保持基本稳定"，2016年1月，http://www.pbc.gov.cn/goutongjiaoliu/113456/113469/3001858/index.html。

企业高层，本应统一思想，谨慎发表言论，但在汇改的敏感时期，竟然有多位央行顾问和国资背景的金融专业人士公开发表文章、谈话，支持或预测人民币汇率贬值。一位中国人民银行的货币政策委员会委员，同时也是中国有影响力的经济学家，甚至在接受外媒采访时公开表示"资本外流在某种意义上是好消息""中国政府将适度调控，以允许人民币逐步贬值"。① 姑且不论这些言论是否代表中国央行的真实意图，重要内部人士公开发表与央行政策宣示相矛盾的观点，本身就严重扰动了市场情绪，加剧了对人民币的看空预期。

总之，央行的汇改方案和事后的相关言论，坐实了中国政府试图实现人民币"有序贬值"的传闻，也让市场看清了中国政府的底牌——面对即将开启的美国加息周期，中国央行对维持汇率稳定存在信心上的不足。在前期资本外流尚未平息，而人民币贬值预期不断强化之际突然推出汇改，公开宣称人民币汇率高估，扩大汇率波动区间，贸然宣布与美元脱钩，意味着央行对做空力量公开的妥协，这无异于开门揖盗，鼓励市场做空人民币。在这种情况下，人民币汇率贬值的预期无可避免地被迅速激活和强化。自宣布汇改的 8 月 11 日起，伴随汇改后强大的外围看空舆论下，资本外流重新骤然增加。整个 2015 年的第三季度，资本外流较汇改前第二季度资本外流增加 200%，其中仅 8 月央行外汇储备损失接近 1000 亿美元，为 7 月份外汇储备下降的约 2 倍。

面对汇率贬值和大规模资本外流，央行陷入极大窘境：对汇率波动进行干预，与汇率市场化改革的初衷相背离；任由人民币汇率贬值，资本必然大规模外流，可能引发系统性金融风险。正因为这种矛盾，在之后几个月内央行在外汇市场干预问题上表现得犹豫和摇摆。在最初两天的猛烈下跌之后，央行开始担心贬值失控，从 8 月 13 日开始入市大力干预在岸人民币市场，人民币贬值预期随后有所弱化，资本外流也开始放缓。从 11 月中旬开始，似乎是为了推动人民币加入 SDR 货币篮子，央行对外汇市场的干预再次趋于放松。12 月 11 日，央行推出第二步汇改，发布了参考一篮子货币的人民币汇率指数（CFETS），加上美联储

---

① "樊纲：中国经济已经见底 政府将适度调控允许人民币缓慢贬值"，《华尔街见闻》网，2016 年 9 月 9 日，http://wallstreetcn.com/node/262026?_t_t_t=0.6768564988887482。

首次加息预期日趋强烈,人民币汇率又重新开始快速贬值,央行不得不再次加大力度入市干预人民币在岸市场。经过数日短暂的稳定,从2016年1月4日开始,人民币汇率出现汇改以来第二波急剧贬值。1月4日当天,在岸人民币兑美元汇率下跌0.66%,离岸人民币下跌0.93%。1月6日,离岸人民币暴跌850个基点,单日跌幅达1.27%。在前后4个交易日,香港离岸人民币兑美元汇率一度跌破1:6.76,跌幅高达2.81%。在岸与离岸汇差最多扩大至1600基点,显示出对人民币空前强烈的贬值预期。资本也再次出现大规模外流,外汇储备在2015年12月和2016年1月的下降达到了创纪录的1150亿美元和1040亿美元。

2016年初的这次汇市动荡,是2015年8月以来两次汇改动摇人民币汇率稳定基础的必然结果,同时也与以下一系列事件有直接关系:

首先,国内证券市场暴跌引发跨市场传染效应。2016年初,在证券市场尚未从2015年下半年连续暴跌的恐慌情绪中恢复过来的时候,中国证监会再出昏招,贸然引入熔断机制,诱发股票市场新一轮连续数日的"千股跌停"。股市暴跌产生的跨市场传染效应,引起外汇市场对人民币的大规模抛售。[①] 此时,看空做空人民币的不再只是离岸市场的境外对冲基金,原本认为人民币汇率将保持稳定的国内居民也信心尽失,抛售人民币兑换美元汇往境外成为市场大小投资者的一致策略。

其次,唱空中国升级。汇改之后,西方主要金融机构、媒体唱空中国的声音不断加强。在2016年的展望报告中,花旗银行认为依赖投资驱动的中国经济以及国际贸易支撑的传统新兴市场增长模式已经破产。美国银行强调,资本市场开放后,中国将无法承受强美元和美国的高利率,中国将不能在降息的同时维持汇率稳定。进入2016年1月,随着中国股市和汇市的同时暴跌,西方媒体唱空中国的行动进一步升级。这次它们不再评论中国具体经济形势,而是直接对中国政府稳定经济的能力提出质疑。《华尔街日报》1月7日发表文章,称"中国失去对人民币汇率的掌控",指出新年过后人民币汇率的贬值,叠加股市暴跌,让投资者对

---

① 周小川认为,解释人民币自去年起出现对美元贬值的压力,主要不是中国经济放缓,"还应主要看美元对多种货币升值过快、国际国内若干事件的冲击以及市场上短期情绪的影响"。

"中国政府应对近来市场动荡的能力失去信心"。① 在另一篇文章中,《纽约时报》将股市暴跌与人民币贬值联系起来,文章暗示"中国的规划部门正在对这个世界第二大经济体失去控制,妄称"去年搞砸的股市干预与人民币小幅贬值,打破了中国官僚体制绝对正确的神话"。这些对外汇市场具有重要影响的对冲基金、国际投行的唱空言论,特别是西方主流媒体对中国政府经济控制能力下降的极力渲染,极度放大了国际市场对中国经济的悲观预期,进一步加剧了市场对人民币的抛售。

最后,对冲基金公开做空人民币和人民币资产。美联储加息预期和汇改后人民币贬值,令西方金融机构唱空、做空中国的行动显著升级。此时,他们已经不再满足于在外围做空中概股和中国影子经济体,而是将做空的矛头直接对准人民币。英国《金融时报》的一篇文章引用IMF的标准,高声质疑中国外汇储备的充足性。② 法国兴业银行2015年11月份曾经预言,中国人民币将在18个月内再贬值18%。美银美林在一篇报告中公开宣称:做空人民币是2016年外汇交易首推策略。③ 2016年1月下旬,在瑞士达沃斯"世界经济论坛"举行期间,索罗斯公开宣称"中国经济硬着陆不可避免"。在此之前,包括索罗斯在内的大批对冲基金、西方投行已经云集香港,准备在离岸市场对人民币发起直接的攻击。④ 这些西方机构如此信心满满、跃跃欲试,显然是希望能够将当年索罗斯率众围猎亚洲货币大获全胜的辉煌一幕在中国身上重演。

西方金融机构和对冲基金并非虚张声势。2016年1月初对人民币的这次攻击,可以说是他们试图击败中国政府的一次尝试。通过这一轮做空,他们已经形成了沽空人民币的系统化策略:第一,打压人民币中

---

① "中国失去对人民币汇率的掌控",《华尔街日报》中文网,2016年1月7日,http://cn.wsj.com/gb/20160107/fin101251.asp。
② "中国外汇储备真的充足吗?",FT中文网,2015年9月3日,http://www.ftchinese.com/story/001063784?dailypop。
③ Shuli Ren, "Merrrill: Short YUAN is our Favorite 2016 FX Trade", *Barron's*, Nov. 23, 2015. https://www.barrons.com/articles/merrill-short-yuan-is-our-favorite-2016-fx-trade-1448261114。
④ 公开看空中国经济和人民币汇率的对冲基金经理还包括海曼资本管理(Hayman Capital Management)的凯尔·巴斯(Kyle Bass)、欧迪资产管理(Odey Asset Management)的克里斯平·欧迪(Crispin Odey)以及迪凯纳资本(Duquesne Capital)的斯坦利·杜鲁肯米勒(Stanley Druckenmiller)等。

间价。通过早盘大幅压低离岸人民币汇率，营造人民币汇率大跌的恐慌氛围，"引导"第二天人民币中间价持续大幅下挫，进而引发市场更多的沽空人民币投机浪潮。第二，人民币境内外汇差套利交易。由于境内人民币汇率大幅高于境外，先在境外卖出美元买入离岸人民币，再通过贸易项下将这些人民币划转到境内账户，再按境内较高的人民币兑美元汇率兑换更多美元流向境外。第三，远期做空。由于汇改后人民币波动幅度扩大，单日波幅动辄高达 400—500 个基点，在香港无本金交割远期外汇（NDF）市场建立基于波动性套利的人民币沽空期权投资组合，赚取可观的沽空收益。不难看出，上述三种策略抓住汇改后人民币兑美元中间价定价机制过于市场化的漏洞，借助各种外汇金融衍生品的杠杆放大机制，在唱空舆论的配合下，通过操纵市场形成市场羊群效应，在离岸和在岸人民币两个市场成功制造了巨大的空头旋涡，一些机构和个人从中大获其利。

2016 年 1 月初的巨大贬值压力和大规模的资本外流，让央行从市场化改革幻象中回归清醒。央行开始意识到，中间价的市场化定价以及与美元脱钩，并没有使市场自动恢复平衡。如果继续纵容离岸市场做空人民币，外汇市场可能失控，同时也将让市场对中国政府维持汇率稳定的能力彻底失去信心。一旦在岸市场信心动摇，居民开始大规模抛售金融资产并兑换美元，将可能导致灾难性的后果。从 1 月 11 日开始，央行不再坚持减少外汇市场干预和资本管制方面的教条，转而在离岸市场对人民币空头发起全面反击。央行的反击借鉴了 1998 年港府反击索罗斯投机性攻击的操作，主要包含了四部分内容：

1. 在已经采取措施基础上，进一步加强资本管制，限制人民币和美元流出境外。

2. 令香港中资银行全面收紧人民币流动性，大幅推高香港市场人民币隔夜拆借利率。香港人民币隔夜、一周和两周拆借利率被大幅抬高到 66.82%、33.79% 和 28.34%，以遏制跨市场套利，打击人民币空头的做空能力，抬高其做空成本。

3. 在香港人民币市场直接大规模抛售美元，做多人民币，逼空人民币空头，迫使其亏损立场。

4. 通过新闻媒体，对各种唱空中国经济和人民币汇率的言论进行正面反击。特别是针对索罗斯唱空中国经济的言论，国内主流媒体如《人民日报》、新华社都正式发表文章，予以直接、正面驳斥。

由于外汇储备仍然庞大并且占据政策规则的主导权，央行的反击迅速取得效果。2016年1月11日，离岸人民币对美元暴涨1027点，在随后的两个交易日内，离岸人民币尽数收复失地并将离岸和在岸人民币兑美元汇率基差控制在200点以内，基本消除了投机套利盘的获利空间，给予市场空头毁灭性打击，部分恢复了"央行"在市场中的威信。在此后一段时间之内，空头对"央行"开始有所忌惮，不敢再如以往公开、肆意做空人民币。而央行虽然无意回归盯住汇率制度，但也含蓄地承认在汇改时机上选择失误。[①] 此后，外汇市场逐步趋于平稳。虽然2016年6月英国意外"脱欧"，英镑暴跌引发美元指数大涨带动人民币汇率再次出现下跌，但离岸人民币市场人民币空头未能再如1月份那样掀起波澜，中国的资本外流也未出现明显的恶化，直到2017年美元走弱央行终于将外汇市场主导权重新掌控在手。

七、惨重的代价

"8·11"汇改，央行"搬起石头砸自己的脚"，在不到半年时间里制造了两次汇率的暴跌，最终不得不重回老路，靠央行强力干预外汇市场勉强维持局面。不仅令中国损失巨额外汇储备，也令中国宏观经济陷入空前危险之境地，代价极其惨重。

（一）激活贬值预期，加剧资本外流，动摇宏观稳定根基

如前文指出，"8·11"汇改之前，虽然存在人民币贬值预期，但直到2015年第二季度，这种预期是温和的，资本外流也处于温和可控的状态。"8·11"汇改彻底激活了这种预期，特别是关于央

[①] 参见："周小川行长接受《财新周刊》专访"，中国人民银行网站，2016年2月13日，http://www.pbc.gov.cn/goutongjiaoliu/113456/113469/3016856/index.html。

行引导汇率有序贬值的传言，引发看空人民币的一致预期。在"8·11"之后的半年多时间，中国外汇储备大幅下降4205亿美元，资本外流超过6000亿美元。比汇改之前的半年多损失外汇储备约2600亿美元，资本外流多流出约2500亿美元。① 中国宏观经济预期在汇改后一度严重恶化，所受冲击之大为1989年以来前所未有，宏观经济稳定的根基发生动摇。

（二）金融市场动荡，巨额证券市值损失

"8·11"汇改之后，中国股市出现两轮大幅度下跌，股指从4000点下跌到最低2638点。两轮下跌，造成约20万亿人民币股票市值损失，对宏观经济造成巨大冲击。股市这两轮暴跌一次始自2015年8月18日，一次始自2015年12月末，恰逢两次汇改之后。正如周小川行长所指出的，除了股市自身的问题，与两次汇改后汇率暴跌强化市场对中国经济的悲观预期也有密切的关系。

（三）经济增长遭受重创

"8·11"之后半年多时间，截至2016年2月，人民币对美元贬值不足5.5%，对出口未产生任何显著影响。汇改后的汇率贬值和股市下跌，一方面冲击了资本流入，特别是境外FDI流入，导致国内外商投资流入负增长。另一方面，在国内，汇率贬值引发的资本外流、宏观经济悲观预期和股票市场暴跌，严重抑制了国内投资和消费。中国经济在2015年第四季度和2016年第一季度连创新低，面临经济失速、地方政府债务、影子银行等问题集中爆发的巨大风险。

---

① 除了汇率估值效应，账面显示的资本外流，未必就是真正意义上的流入中国外国资本的外逃。根据周小川的解释，"8·11"后的资本外流主要包括热钱流出、偿还美元债务、提前支付或延期结汇、外企利润汇出以及国内居民换汇等5种情况。虽然汇率估值效应和国内居民换汇未必导致外汇逃离中国银行体系，但从影响宏观经济稳定的角度而言，未引起资本实际外流的情形与真实的资本外逃并无本质区别。周小川对资本外流的分析见："周小川行长接受《财新周刊》专访，2016年2月13日，中国人民银行网站，http://www.pbc.gov.cn/goutongjiaoliu/113456/113469/3016856/index.html。

(四) 人民币国际化大幅倒退

汇改的目的之一是推动人民币加入 SDR，最终目的是推动人民币加速国际化。然而，匆忙汇改后的汇率大幅下跌，迫使央行强化资本流出管制并在离岸市场大规模干预人民币汇率，导致离岸人民币规模锐减。而人民币贬值预期的上升也破坏了市场对人民币的信心，人民币贸易结算全球占比因人民币汇率贬值从 2015 年 9 月的 2.45% 大幅下降至 2016 年 8 月的 1.86%。[1] 人民币国际化虽然不能说遭到逆转，至少是遭遇重大挫折。

(五) 货币政策陷入困局

汇改的另一个目的，是通过增加汇率弹性，提升货币政策的独立性。但汇改之后，人民币汇率贬值预期被彻底激活，加上经济下行、股市连续暴跌、资本大规模外流，中国央行陷入了现实版的"三难选择"困局：实施资本管制意味着自由化、市场化金融改革出现倒退；不实施资本管制，中国政府要被迫在稳定汇率和稳定国内经济两个目标之间进行艰难选择。选择保持汇率稳定，就要收紧货币政策，而收紧货币政策意味着无法完成地产去库存，意味着地方政府债务和影子银行风险会快速上升，宏观经济预期将进一步恶化，经济下行压力会进一步加大；选择稳定经济增长，需要实施相对宽松货币政策，但在美国加息的背景下，中美利差缩小，人民币汇率贬值预期会被进一步强化，资本将大规模持续外流。上述两种情形，虽然路径不同，但最终结果都不为央行所乐见，都会导致经济形势恶化，汇率大幅持续贬值，资本大规模外流，一旦外汇储备跌破关键水平引发全民换汇，则最坏有可能爆发货币危机甚至系统性金融危机。

---

[1] 参见 SWIFT Watch，Sep. 2016.

（六）宏观政策信誉严重受损

虽然《华尔街日报》和《纽约时报》2016年1月有关中国经济失控的报道有些夸张，但必须看到，在错误的时间推出错误的汇改，令中国政府长期以来累积的宏观政策信誉遭受重创。汇改给人留下的印象，是中国政府认为人民币汇率高估，因而有意推动人民币贬值。在中国经济增长动能减退、风险集中暴露的背景下，突然的汇改以及央行官员的相关言论自曝其短、未战先怯，实际上为看空、做空中国做了背书。之后的多轮人民币大跌，则强化了市场对中国政府可能已经对经济"失去控制"的认知，国外金融机构因此而对中国政府失去敬畏，开始在离岸市场大肆做空人民币；国内民众也对政府部门的汇率维稳能力失去信心，开始大量购买囤积外汇向国外转移。宏观政策信誉在汇改中严重受损，不仅直接加大恢复汇率稳定的代价和成本，也将大幅弱化中国政府宏观调控能力，令未来维持宏观经济的难度更大、代价更高，为国际市场择机再次做空人民币汇率和人民币资产留下了隐患。

第九章　世纪博弈的中国战略

在所有的非西方大国中，中国可能是最不愿意与美国发生冲突和对抗的国家。但中国的崛起和美国的国家战略，决定了两国无法完全避免"修昔底德陷阱"困局的出现。在过去的数年中，美国不仅在军事和政治，也在经济特别是货币方面对中国发起攻势。正如前一章所分析的，2014年以来的中美货币对抗，以人民币贬值预期强化和大规模资本外流为标志，美国在货币对抗中明显占据战略上的主动，而中国总体上处于被动和守势。本章我们将以此为出发点，主要探讨三个问题：一、中国陷入战略被动的原因；二、特朗普当选与美国对华货币对抗的前景；三、最后也是本书研究的一个关键问题：中国在这场世纪货币对抗中的应对策略。

一、中国战略被动的根源

过去的两年中，中国在与美国的货币对抗中显然处于战略上的被动地位。这主要体现在汇改前后两轮人民币贬值和大规模资本外流。在汇改之前的2014年第四季度和2015年第一季度，人民币出现了一波明显贬值，资本外流在这两个季度达到在当时看来惊人的3617亿美元。2015年"8·11"汇改之后，中国在2015年的第三、四季度和2016年的第一季度，连续出现更为强烈的贬值预期和更大规模的资本外流，其中三个季度资本外流规模达到惊人的5957亿美元，比汇改前的三个季度大幅增加2340亿美元，增幅高达64.7%。[1] 美国只是玩弄加息预期，

---

[1] 根据相关时期中国国际收支平衡表计算而得。

加上投行、媒体唱空，就令中国宏观经济几乎地动山摇。直到汇改一年多之后，中国仍然处于美联储加息、储表、人民币贬值和大规模资本外流随时卷土重来的巨大阴影中。

必须承认，美国确实拥有强大的货币权力。在强大的美国经济实力和美元霸权面前，即使如中国这样的全球第二大经济体，也不可避免地会受到美国政府和美联储政策的影响，不可避免地在某种程度上受制于美元霸权。然而，即使中国政治、军事、经济整体实力仍然与美国有较大差距，并不意味着中国没有机会或完全没有能力应对美国货币权力操作。实际上，中国也有一些应对美元霸权的有利条件，比如，大规模的经常项目顺差，汇改前超过3.6万亿美元的外汇储备，中国一贯强大的政府宏观经济控制能力等等。凭借这些优势，即使在与美国的货币对抗中不占优势，也未必如2015年这样陷于全面被动。

问题还是在于央行"鲁莽"的汇改。正如第八章所分析的那样，央行在2015年推动人民币与美元脱钩有诸多貌似合理的理由：从化解人民币汇率高估到增强货币政策独立性，从应对联储加息到刺激出口应对经济下行，从阻止资本外逃到推动人民币国际化，每一条理由似乎都非常充分。然而，汇改推出后实际的效果却完全背离了央行的初衷，经济现实根本没有沿着央行期望的路径演进，反而导致原本力求避免和阻止的最坏结果的发生，其背后的原因令人深思。

在我们看来，"8·11"汇改的根本问题，不是要不要汇改，而是有关部门存在一系列理论上的认识误区，导致低估、忽视汇改的风险，最终令央行在错误的时间以错误的方式推出汇改：

1. 对汇率脱钩存在理论认识上的误区和盲区。汇率脱钩是风险巨大的重要制度变革，必须选择在适当的时间，以风险最小的方式加以推进。国外学者对于汇率脱钩已经有成熟的研究，特别是艾肯格林等人的研究（Eichengreen, 1999），对于汇率改革的时机选择、操作路径、风险控制等已经进行了相当客观、深入的研究和分析。但中国央行在汇改决策中，完全无视相关研究文献和部分国家汇改脱钩的经验教训，认为汇改"没有所谓的最佳改革时机"，只要改革条件成熟，就应该积极推进改革。明明汇改之前人民币贬值压力很大，央行却声称"人民币汇率处于均衡合理水平，人民币不存在大幅升值或贬值的基础"；明明大规模资本外流在汇改之前已经多次出现，央行认为中国国际收支基础依然稳健。在汇改开始后，央行甚至还声称"当前我国外汇市场健康发展，……人民币汇率预期分化，完善人民币汇率中间价报价的条件趋于成熟"。事实证明，央行无视国内经济风险叠加联储加息和美元升值的预期强烈，严重低估宏观经济风险，在汇改条件的判断上完全错误；在联储加息之前，在强势美元阶段实施汇改脱钩，时机选择上严重适当；一次性贬值和强行脱钩，在方案设计上存在巨大缺陷和漏洞。汇改不仅没有消除贬值预期，反而激活乃至强化了贬值预期，诱发了大规模资本外逃。本来央行通过文献研究就可以避免的错误，在现实中却险些将中国宏观经济带入万劫不复之险境，教训实在太过深刻。

2. 高估浮动汇率保持汇率稳定的能力。"8·11"汇改方案和决策过程，也反映出有关部门对市场交易行为和浮动汇率运行特点缺少深刻理解，对市场化改革保持汇率稳定的能力抱有不切实际的幻想。(1) 央行简单地认为，通过一次性贬值就可以消除汇率高估。事实是这种一次性贬值，不仅没有消除高估，反而坐实了之前市场关于人民币高估的猜测，彻底激活了原本并不强烈的贬值预期。(2) 央行认为，中间价报价调整"有利于减少扭曲"，一次性贬值后再引入中间价市场化定价机制"有助于人民币兑美元汇率中间价向市场均衡汇率趋近"。[①] 事实是，在美元强烈升值预期之下，外汇市场只有基于人民币贬值预期的趋势性交易，而根本不会自动实现多空平衡，市场也根本无从知晓均衡汇率在何处。(3) 央行认为，人民币与美元脱钩后，汇率的双向波动会加大，会减少对人民币贬值的单向押注，进而消除人民币汇率贬值预期。事实是人民币汇率贬值的根源（例如，美国加息预期）根本不会因为汇率形成机制调整而消失。在强烈贬值预期下，汇率弹性的增加只会加大贬值压力，强化贬值趋势，而根本不会出现真正的"双向波动"，消除贬值预期更是无从谈起。(4) 央行认为汇率制度由盯住单一货币改为盯住篮子货币，市场参与者会"顺应一篮子的目标进

[①] "中国人民银行新闻发言人就人民币汇率有关问题进一步答记者问"，2015年8月12日，中国人民银行网站，http://www.pbc.gov.cn/goutongjiaoliu/113456/113469/2927848/index.html。

行交易",就可以减少央行干预的频率和规模,从而避免外汇储备的流失。① 事实是,汇改后外汇市场对一篮子汇率指数并不重视,依然最关注人民币兑美元汇率,因为美元是中国最大的贸易结算、投资和储备货币,美国在中国外汇市场投资心目中的"避险天堂"地位,根本不会因为央行汇率制度改革而发生变化。市场只看最现实的矛盾,而央行沉迷于自己的改革幻象。央行制定的与现实完全脱节的汇改方案,把人民币被卷入巨大的贬值旋涡之中。

3. 高估浮动汇率自动平衡国际收支的能力。从公开资料看,在汇改决策中,央行认为保持人民币对单一货币汇率基本稳定会导致汇率扭曲,引起"外贸竞争力的大幅波动",② 想当然的以为通过汇改增强汇率弹性,可以自动消除失衡,抑制资本外流。央行在多个不同的场合宣称,增加汇率弹性能够减少扭曲,"防止中间价持续偏离均衡水平";"弹性的、比较灵活的汇率机制,实际上是资本流入流出的稳定器","有利于让资本流入流出更加平稳"。③ 这种对浮动汇率自动消除扭曲、自动实现国际收支失衡的理想化理解,建立在市场不存在一致预期的基础之上,但在现实中,由于存在关键货币国货币政策外溢和跨境资本流动,由于资本市场市场操纵和羊群效应的普遍存在,外汇市场一致预期经常出现并可能长时间持续。在这种情况下,资本项目平衡无法靠浮动汇率来自动实现。在美联储加息、美元升值预期强烈,中国宏观经济存在一定宏观脆弱性的情况下,通过汇改增加汇率弹性不仅不能促进国际收支平衡,反而为贬值预期与资本外流相互强化进而形成负反馈创造了条件,最终推动市场朝爆发货币危机和大规模资本外逃的方向发展。"8·11"汇改后,在岸、离岸人民币市场几个关键时点汇率和资本外逃风险的爆发和共振,将中国央行对浮动汇率机械、理想化的理论认知

---

① "完善人民币兑美元汇率中间价报价吹风会文字实录",2015 年 8 月 13 日,中国人民银行网站,http://www.pbc.gov.cn/goutongjiaoliu/113456/113469/2927856/index.html。

② 马骏:"人民币汇率形成机制将更多地参考一篮子货币",中国人民银行网站,2016 年 1 月 11 日,http://www.pbc.gov.cn/goutongjiaoliu/113456/113469/3003537/index.html。

③ 参见:"中国人民银行新闻发言人就人民币汇率有关问题进一步答记者问",2015 年 8 月 12 日,中国人民银行网站,http://www.pbc.gov.cn/goutongjiaoliu/113456/113469/2927848/index.html;"完善人民币兑美元汇率中间价报价吹风会文字实录",2015 年 8 月 13 日,中国人民银行网站,http://www.pbc.gov.cn/goutongjiaoliu/113456/113469/2927856/index.html。

与经济现实之间的巨大鸿沟暴露无遗。

4. 低估汇率风险对资本项目的冲击。在汇改决策中，相信央行一定知道汇改可能导致一定程度资本外流，但由于过度高估浮动汇率自动实现汇率稳定、自动恢复国际收支平衡的能力，或者认为一次性汇率贬值足以消除汇率贬值预期，对汇改后人民币贬值预期强化的可能性以及随着汇率贬值预期强化资本大规模外流的风险，央行似乎未做严肃认真地评估。央行仅仅从经济增速相对较高、贸易顺差规模较大等表面依据，就得出"不存在人民币汇率持续贬值基础"的结论，一厢情愿地认为，经过短暂的磨合之后"汇率变动将趋于合理"。① 面对大规模的资本外流，央行先是拒不承认，认为流入流出基本正常，继而偷换概念，用"藏汇于民"加以搪塞，直到人民币汇率贬值和大规模资本外流已经严重冲击资产价格和金融市场安全，才不得不重回老路，靠外汇市场干预和严厉资本流出管制重新稳定局面。对于汇改这种事关全局的重大制度变革，央行虑事不周，严重低估汇率贬值和资本外逃风险，其决策之草率和轻疏，实在令人匪夷所思。

5. 低估金融市场之间的交叉感染和相互冲击。中国央行对金融风险的跨市场感染、传递也明显估计不足。对于作为广义资产价格的股票价格与汇率在非常时期的相互关系认识不够充分。当中国股市2016年1月出现多次"千股跌停"时，包括央行在内的中国监管机构的准备应对明显不足，既无力阻止股市暴跌，也未能有效稳定汇率，以致有人将股市的暴跌解读为政府是在"弃股保汇"。姑且不论"弃股保汇"策略是否真的存在，市场已经证明在现实中"弃股"并不能"保汇"。在风险暴露的时候，不同市场的金融资产价格不是理论上的彼此替代关系，在现实中它们往往交叉感染、相互冲击乃至形成负反馈。如图9—1所示，"8·11"汇改后，股市与汇市显著呈正相关，显示股票价格与汇率之间存在明显的交叉感染和跨市场相互冲击机制。所谓浮动汇率自动实现市场均衡的观点在现实中已经完全被证伪。

6. 改革的新自由主义倾向。前述一系列问题的根源和症结，在于

---

① "中国人民银行新闻发言人就人民币汇率有关问题进一步答记者问"，2015年8月12日，中国人民银行网站，http://www.pbc.gov.cn/goutongjiaoliu/113456/113469/2927848/index.html。

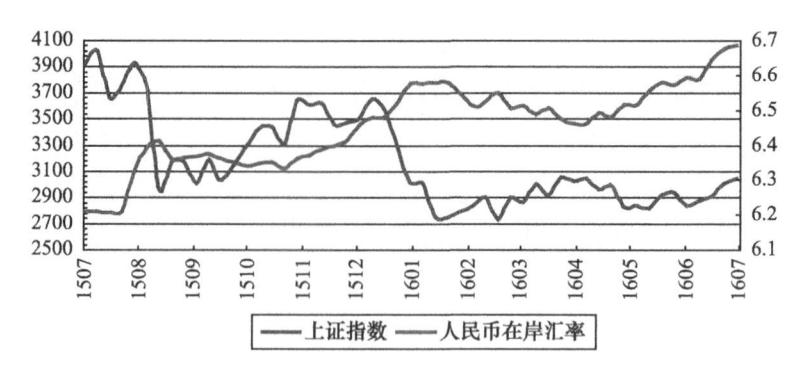

图9—1 "8·11"汇改后人民币汇率与上证指数一度显著正相关

资料来源：万得资讯。

改革设计和推动的新自由主义倾向。对金融自由化、市场化的理想主义想象；对人民币国际化推进速度不切实际的规划；在汇率制度、资本项目开放等关系经济安全的重大改革问题上，认为"长痛不如短痛"，应该进行"闯关"式改革的激进主张；对金融创新的极端推崇，以及伴随而来的对金融监管的缺失甚至去管制化，都是新自由主义改革范式的典型表现。围绕人民币国际化展开的金融改革和对外开放，缺少对改革开放所需内外条件、时机、顺序等问题的深刻、系统研究。没有平衡好国内与国外、长期与短期、转型与增长、改革开放与宏观稳定的关系，过高估计了汇改对人民币国际化和促进宏观经济稳定的正面影响。客观上存在以人民币国际化绑架、倒逼汇改和资本账户开放的意图，追求通过加快开放资本项目和人民币汇率制度改革实现人民币国际化的速成，最终反而弄巧成拙，使原本稳定的局面整体陷入被动。

7. **政府的能力短板。**中国当前的宏观经济困境，也折射出政府有关部门在制度设计、金融监管、内部协调、危机应对等多方面能力的不足。除了汇改被搞成"烂尾"工程，近年来各项金融改革和创新，如股指期货、互联网金融、股市熔断、股票发行注册制改革，由于设计不严谨，推行不审慎，对有关风险认知评估不足，监管体系存在重大漏洞和缺陷，监管部门各自为政，金融监管严重缺位，以致互联网金融演变为大规模民间非法集资；熔断机制引发股市"千股跌停"和汇市大跌，实行不到一周即被叫停；沪指期货成为内外勾结的证券市场做空工具。

政府有关部门在危机时刻缺乏系统化的应对策略，缺乏危机应对预案，对不同资产市场联动共振风险认识估计不足，对于如何有效干预股市、汇市缺乏系统研究和充分的准备，对于干预的时间、力度、目标存在分歧，组织领导不力，各部门各自为政、协调不足，甚至出现内部泄密、相互勾结破坏政府救市的行为，不仅造成巨大金融风险，也严重损害了中央政府的政策信誉。李克强总理在国务院会议上，公开、严厉批评有关部门在应对股灾和汇市波动中存在"适时有效应对的问题、在技术层面主动作为不够的问题、甚至还有内部管理的问题"，① 可以说全方位暴光了有关政府部门在应对危机能力方面的短板。

8. 缺乏对大国货币金融博弈的战略认知。汇改及其之后宏观动荡，反映了政府有关部门对国家间货币金融博弈存在认识上的盲区。过去几年，有关部门认识到包括地方政府债务、影子银行、企业债务、房地产价格在内的诸多宏观经济风险，唯独对汇率这个最重要的宏观风险节点认识不够，重视程度不高。整个 2015 年，虽然股市暴跌，但防风险没有被真正排在工作的优先地位。直到汇改之后，汇率和资本外流风险完全暴露，2015 年底举行的经济工作会议仍没有把防风险列入 2016 年的主要工作议程。有关部门似乎缺乏总体经济安全意识，始终没有从中美货币金融博弈的战略高度，认识美国退出量化宽松政策对中国的经济和政治涵义，对于国内资本项目的脆弱性和汇率改革的潜在风险，缺乏审慎评估和有效的风险控制应对措施，以致盲目启动汇改。在股市防风险过程中，又过于激进地去杠杆，导致风险的放大和向汇市的跨市场传递，将中国宏观经济置于前所未有之险境，教训实在太过深刻。

二、特朗普当选与美国对华货币对抗的前景

2016 年 11 月举行的第 58 届美国总统大选，是对中美关系具有深远影响的一次大选。作为奥巴马政府对华强硬政策的主要制定者，深受新

---

① "李克强：中国经济在挑战中越战越勇"，新华网，2016 年 2 月 16 日，http://news.xinhuanet.com/fortune/2016-02/16/c_128721964.htm。

保守主义思想影响的希拉里·克林顿如果当选总统,极大可能会延续前任政府的强硬对华政策。在政治和军事上,美国会强化"亚太再平衡"政策,从军事上加大对中国的遏制;在经济上,"跨太平洋伙伴关系协定"(TPP)会快速落地,在战略上削弱中国的"世界工厂"地位以及中国在东亚的地缘经济影响。同时,可以预料,把遏制中国崛起作为优先议题的希拉里政府,将会继续寻求机会强化对中国发动货币金融攻击。对经历"8·11"汇改震荡,正处于恢复阶段的中国而言,货币对抗的升级将可能对中国经济的长期稳定发展构成重大威胁。

然而,大选结果出乎几乎所有人意料。作为一个成功的商人,唐纳德·特朗普敏锐地抓住美国社会中下层白人反全球化、反移民情绪和白人至上主义意识形态,以"让美国再次伟大"为竞选口号,提出了与民主党和共和党建制派迥然不同的竞选纲领,以微弱优势赢得了大选。特朗普的意外当选,不仅改变了希拉里的政治命运,也令中美政治、经济关系发生了剧烈的变轨。

应该说,特朗普对中国的看法与美国主流新保守主义精英并无本质不同。在竞选阶段以及执政之初,特朗普明显视中国为潜在的竞争对手,几乎全盘继承了奥巴马的"重返亚太"战略,不仅强调要加强美国在亚洲的军力——特别是海军力量,在政治上更极力拉拢日本、澳大利亚、新加坡以及台独势力,积极遏制和围堵中国。不仅如此,特朗普一度试图与俄罗斯和解,旨在分化中俄关系,集中精力遏制中国。这一计划后来因为美国司法部"通俄门"调查以及美国国内反俄集团的强烈抵制而流产,但特朗普并未停下脚步,又在最近提出"印太战略",公开拉拢印度围堵中国。作为升级版的"重返亚太"战略,"印太战略"对印度少了以前的猜忌,将印度在美国遏华战略中的地位提升到前所未有的高度。

特朗普与奥巴马政府和希拉里竞选团队在政策取向上的最大不同还是在经济领域。作为特朗普的竞选和执政的战略目标,"让美国再次伟大"的最初版本包括了内外两个方面的指导思想:对内而言,特朗普政府强调以发展经济为中心,兼顾反对非法移民、反恐等政治和社会目标;对外,特朗普主张增强军力以确保国家安全,同时淡化意识形态之争,令外交服务于国内经济和国家安全。

在国内经济这一核心目标上，特朗普为自己设定了三大任务：

1. 提高美国经济增速。特朗普将美国经济低靡视为美国国力下降的主要标志，主张借鉴里根政府供给学派的经济政策，通过大幅度减税、增加基础设施建设投资、促进出口等措施实现经济增长。目标是将美国经济增速从当前的约2%提高到3%甚至4%。

2. 减少贸易逆差。特朗普本人及其主要阁僚认为，贸易逆差令美国在对外贸易中利益受损。外国政府"不公平的"贸易政策"偷走"了美国的就业机会，削弱了美国企业的竞争力。减少贸易逆差，不仅有利于实现贸易公平，也是提高美国经济增速的必要条件。为了减少贸易逆差，特朗普强调"美国优先"原则，即美国政府和企业要优先"买美国货、雇美国人"。在这一原则下，美国应加大贸易保护力度，"消除货币操纵和其他形式的贸易欺诈"，营造一个"自由、公平、互惠的贸易环境"。①

3. 重塑美国制造业，掌控全球产业链。特朗普政府认为，美国制造业外迁严重削弱了美国的经济竞争力和国家安全。必须采取必要措施，阻止美国制造业进一步对外转移。为此，在其执政后第一时间，特朗普宣布退出由奥巴马政府精心打造，可能强化美国制造业外迁的"跨太平洋伙伴关系协定"（TPP）。同时，特朗普政府力图通过降低企业税收、征收边境调节税、对他国实施贸易制裁等方式推进制造业回流，维护美国在全球供应链的优势地位，同时把重要的制造业就业岗位带回美国。

总体上看，特朗普政府以经济目标为首要目标，为实现经济目标公然奉行贸易保护主义，完全摒弃了美国战后所主导的自由主义国际秩序。自执政以来，特朗普政府轻视联合国，退出跨太平洋伙伴关系贸易协定，抛弃巴黎气候协议，质疑美国在欧洲和亚洲的核心盟友，贬低世界贸易组织和多边贸易协议，并且试图向移民关上大门。特朗普政府对外经济民族主义、单边主义色彩之强烈，为战后美国历届政府之最。

关于对华经济政策，特朗普政府与奥巴马政府在根本目标上差异不

---

① David Lawder, "Trump adviser Navarro: U.S, Germany should discuss trade outside EU", March 6, 2017, http://www.reuters.com/article/us-usa-trump-trade-navarro-idUSKBN16D1KK.

大，但所行策略完全不同。奥巴马政府重在"取势"，基本在多边贸易规则下行事，试图通过签署将中国排除在的多边贸易协定来重组全球供应链，遏制中国全球经济竞争力的上升，取得对华经济长期、战略优势。特朗普政府重谋"实利"，谋求通过双边谈判迫使中国在贸易和投资领域做出让步。特朗普政府同样力图遏制中国工业崛起，但他抛弃TPP之类针对中国的多边经济协定，重点充实、强化"制造业回流"战略，力图通过税改、贸易保护等措施驱动制造业回流美国，直接强行重构全球供应链，实现美国"再工业化"。

特朗普继承了美国政府的一贯做法——对贸易伙伴实施胁迫。在竞选时期，特朗普公开指责中国的贸易政策"不公平"，声称要在当选后将中国列为"货币操纵国"，对中国输美商品加征45%的关税。不仅如此，特朗普还利用诸如朝核、南海等中国周边外交问题对中国施压，公开提出要与中国进行"交易"。特朗普甚至不惜挑衅一个中国政策。在其当选后不久，特朗普公然与台湾地区领导人通话；之后在接受福克斯电视台采访时，特朗普声称"除非与中国在一些事情上达成交易"，否则他将不会受制于"一个中国"政策，公开把"一中原则"作为其对华博取利益的筹码。[1]

毫无疑问，特朗普总统雄心勃勃，"让美国再次伟大"的口号也颇能打动人心。然而，特朗普政府实际执政后的施政成效并未如其所愿。在内政方面，旨在平衡减税的奥巴马医保法案撤销计划，因共和党内部分歧而流产；兼具平衡减税政策和吸引制造业回流双重功能，一度震惊各国的边境调节税，由于国内相关利益集团的强烈反对被特朗普政府中途放弃；作为税改核心内容的企业所得税减让，在最终方案中被设定在21%，而不是特朗普期望的15%；特朗普施政计划中的其他内容，诸如美国企业海外利润汇回税、基础设施投资、放松金融监管等等，要么在税改方案中显著缩水，要么还根本没有纳入讨论日程。在对外经贸关系方面，特朗普的胁迫策略收获了一些商业订单或合作协议，但这些订单、协议最终能否落实存在不确定性。迄今，特朗普政府没有退出北美自由贸易协定，未将中国列为"货币操纵国"，未对包括中国在内的任

---

[1] "Exclusive: Donald Trump on Cabinet picks, transition process", Fox News, Dec. 11, 2016.

何一国发起全面贸易战，也继续承诺恪守"一中原则"，之前对相关国家的汹汹之言根本没有多少兑现。

在货币金融方面，美联储虽然启动加息、缩表来实现货币政策正常化，但特朗普政府的施政重点在国内经济而非不惜代价打击中国。由于以下的原因，美元在短中期大幅走强的可能性已经大幅下降，没有强势美元，美国对华发起全面货币金融攻击的条件也将大大削弱。

1. 全面贸易战的选择已经基本被排除。如果特朗普政府对外发动全面贸易战，将彻底破坏美国一手打造的全球化多边贸易、投资体制，这并不符合美国的经济和战略利益。在长期形成的全球化对外经贸格局下，美国与其他国家利益相互交融，大量贸易逆差来源于跨国经营的美国公司，对外发动全面贸易战也将令美国经济遭受巨大冲击，这显然与特朗普政府的执政目标相背离。[①] 过去一年的现实表明，特朗普政府本质上是务实理性的，对他国发出贸易威胁更多的是一种博弈手段，旨在以恐吓手段博取贸易利益，而非实际开战。没有全面贸易战，基于对发生贸易战的恐慌而流入美国的资本将显著减少，美元将因此而失去一个重要的上涨动力，人民币因美对华贸易战风险而大幅贬值的风险也会大大下降。

2. 联储无法激进加息、缩表。美元长期走强、人民币贬值的一个长期逻辑是美联储货币政策退出。然而，自2013年伯南克首次宣布联储即将启动量化宽松退出以来，联储直到2年后的2015年12月才首次启动加息，到2017年10月仅仅加息四次。预计未来两年最多每年加息2—3次，而非点阵图或利率期货预测的四次。联储无法快速、大幅加息的原因主要是四点：（1）经济复苏疲弱。2016年美国经济增速仅为1.6%，为最近5年最低水平。2017年经济增速稍有提高，达到2.1%左右。但去除能源行业投资增长拉动，经济增长仅为1%左右。虽然受大宗商品价格上涨推动，美国通胀今年一度达到2.5%，但核心通胀只

[①] 根据彼得森国际经济研究所在美国大选之前的一篇报告，如果中美两国爆发全面贸易战，美国对中国征收45%关税，对墨西哥征收35%关税，中墨两国进行对等反击，美国经济将在2019年陷入衰退，损失超过500万个就业岗位。即便发生短暂的贸易战，美国私营领域预计也将失去超过130万个工作岗位。参见Marcus Noland, Gary Clyde Hufbauer, Sherman Robinson, and Tyler Moran, "Assessing Trade Agendas in the US Presidential Campaign", PIIE, Sep. 2016。

有不到1.4%。即使考虑未来减税对经济的刺激,美国都不具备大幅加息的条件。(2)资产价格脆弱。美国经济增长严重依赖资产价格上涨,而现在美国股市处于历史高位,房价、学生贷款、汽车贷款规模接近、甚至超过危机前水平。即使现在具备加息条件,联储也未必敢于连续、快速加息,因为激进加息极大可能刺破资产泡沫,令美国重陷金融危机和经济衰退。这显然并非特朗普政府所乐见。(3)债务负担沉重。美国现在仅联邦政府债务就高达20万亿美元,联储大幅加息将显著增加美国政府债务负担,令美国本已压力巨大的财政更加入不敷出,进而抑制美国的经济增长,加大美国的宏观经济风险。(4)加息空间有限。由于劳动生产率增速下降以及持续的通缩,联储预计美国中性利率仅为2.75%,远低于几年前的4.25%。这意味着未来联储即使加息,可供加息的空间也只有大约1.75个百分点,大幅加息基本不再可能。① 基于几乎同样的理由,未来联储的缩表操作将采取缓慢、渐进的方式进行,在规模上大概率会低于预期。在没有联储大幅加息和激进缩表的情况下,美元走强就失去了最有力的支撑,人民币最大的外部风险也就基本得到缓解。

3. 美欧日宏观政策分化可能逆转。2016年以来,欧洲日本经济明显好于预期,欧元区2016年经济增速为1.7%,8年来首度超出美国。2017年欧元区经济继续保持强势,预计全年经济增速为2.2%,为全球金融危机以来最高,继续超出美国,而失业率则创8年最低水平。如果没有大的变故,欧元区很可能从2018年下半年启动退出"量宽"。日本虽未结束宽松,但日本经济自2015年以来持续回暖,日本央行购债力度明显弱化。在联储无法激进加息缩表的情况下,一旦欧元区和日本明确提出退出量宽时间表,原本推动美元升值的美日欧货币政策分化可能发生逆转,成为掣肘美元走强的关键因素。

4. 特朗普税改低于预期。特朗普税改是今年以来支撑美元的重要因素,但如前文所述,由于美国国内利益集团斗争和共和党内部利益分

---

① 2017年10月20日,耶伦在美国全国经济学家俱乐部发表演讲时,明确承认中性利率下降和加息空间有限。参见 Janet L. Yellen, "A Challenging Decade and a Question for the Future", Speech at the 2017 Herbert Stein Memorial Lecture, National Economists Club, Oct. 20, 2017, Washington, D. C.。

歧，在最终的税改方案中边境调节税流产，企业所得税下调幅度（21%）低于预期，影响跨境资本流动的一次性汇回税率（流动资产15.5%，非流动资产8%），均高于前期参议院版本，显著不及预期。税改也没有扫除抑制投资和竞争力的关键障碍，虽然可以短期刺激需求，但未必带来企业资本开支增加。考虑到美国主要跨国企业因采取避税措施其实际税负远低于21%，预计税改对吸引优势制造业回流从而重构全球产业链的影响有限。从历史上看，除里根政府减税因叠加巨额军事开支，对经济增长影响较为明显外，小布什和奥巴马政府减税只对美国经济在短期产生过较小刺激作用，在中长期几乎没有对经济增长和经济竞争力产生明显影响。特朗普税改也不会例外，根据美国税收政策研究中心（Tax Policy Center）的预测，本次税改众议院版本税改方案对美国经济的拉动作用仅为约0.4%，远低于特朗普政府期待的约1%的拉动幅度。综合上述因素，再考虑到美国企业境外利润中约80%原本已经是美元，即使有部分境外利润汇回国内，其对美元汇率的推动作用也将十分有限。

5. 特朗普政府反对强势美元。当前，美元贸易加权汇率处于20年高位。强美元固然有利于美国吸引境外美元回流，促进货币政策正常化，但强美元与特朗普促进经济增长、缩小对外贸易逆差的目标明显相悖。美国经济眼下面临诸多问题：经济增长疲软，实体经济劳动生产率持续下行，制造业和工业总产值萎缩，经常赤字居高不下，债务规模日趋庞大等等，过于强势的美元与解决这五大难题背道而驰。在美国国内，对强美元政策最大的批评者不是农业、制造业中的利益集团，而是特朗普本人。在2017年四月的一次采访中，特朗普公开批评美元"正在变得过强"，令美国企业"失去竞争优势"。考虑到2018年的国会中期选举，特朗普不会希望美元大幅走强，这可能也是其撤换鹰派色彩浓厚的现任联储主席耶伦的重要原因。

当然，也应该看到，即使不具备近期与中国展开全面货币对抗的条件，并不意味着中国的货币战争警报已经解除。考虑复杂多变的国际国内形势，诱发中国系统性货币金融危机的风险因素依然存在，并可能在未来特定时刻单独或叠加发生，威胁中国经济经定和安全。

（一）可能引起美元走强的因素

1. 未来一至二年，不管特朗普政府态度如何，加息缩表、实现货币政策正常化是联储的头号任务。一旦中期选举结束，不排除特朗普暂时做出妥协，联储可能阶段性加快加息缩表节奏，从而推动美元出现较大幅度上涨。

2. 特朗普税改虽然总体有所缩水，但与原有税制比较，新税制仍将一定程度上吸引部分资本回流美国。如果未来在某些政策条款上进一步调整，对美元或将产生较大拉动作用。

3. 未来一年，欧洲央行何时退出量宽尚存不确定性，英国脱欧谈判、欧洲区域内分离主义、恐怖主义、极右势力可能引起欧元区部分国家政局不稳、经济减速甚至债务危机重现，导致美元相对欧元重新走强。

（二）可能影响中国宏观经济稳定、人民币贬值的因素

1. 中美之间不会有全面贸易战，但知识产权领域以及特定行业出现局部贸易、投资摩擦不可避免，中美贸易关系存在阶段性恶化的风险，这将导致中国贸易顺差下降，人民币贬值压力上升。

2. 中美不会直接发生全面军事对抗，但为了遏制中国，美国会不断强化在"印太"区域的军事存在，在中国周边制造、加剧地缘政治紧张形势。在目前中美军力对比下，朝鲜半岛、钓鱼岛、台海、南海、中印边境如果发生地缘政治摩擦，将引发外界对中国经济发展环境的忧虑，加剧中国资本外流和人民币贬值。

3. 基于特朗普政府与美国石油利益集团的紧密关系，在中东地区出现地缘政治紧张，石油价格因地缘政治因素大幅上涨的可能性在未来一年明显上升。美国与伊朗、叙利亚（俄罗斯），伊朗、卡塔尔与沙特，库尔德武装与区域内国家以及阿拉伯国家与以色列之间任何矛盾的激化，都可能引发石油价格大幅上涨，进而推高中国通胀和实际汇率，加大人民币汇率和中国国内资产价格的下行风险。

4. 中国在过去的 5 年虽然经济保持较快增长，但也在宏观调控、金融改革领域也出现过重大失误。未来如果在错误的时间再度推动汇改，或者去杠杆过于激进，或者资本项目自由化冒进，不排除中国房价、股价出现大跌，再次引发经济恐慌、资本外流和人民币贬值。

我们判断，上述各种推升美元、加大人民币风险情形个别发生的概率较大，但在极端的情况下，也不排除叠加发生的可能。一旦中国政府应对失误，资本大规模外流、人民币大幅度贬值、资产价格大幅度下跌将再度出现，中国或发生比"8·11"汇改更严重的货币金融动荡。虽然这种极端情形是一个小概率事件，但中国政府有必要考虑一切可能，冷静从容，做好应对最坏情形的准备。

三、中国的分阶段应对策略

进入 21 世纪，中国崛起已经势不可挡，而中美之间的博弈也似乎不可避免。这场博弈关系到中华民族的前途命运，是对中国综合实力和外交智慧的一场重大考验。而这场博弈真正的决胜战场，正如我们前面章节分析的，可能不是军事领域，而是不见硝烟的货币金融领域。

在最近的几年中，尽管面临来自美国的遏止打压，中国政府表现出了足够的理智和冷静。不管怎样，在目前实力对比中国仍处弱势的情况下，中国应尽可能避免、延缓与美国的正面冲突，不主动挑战美国霸权，更不能急于与美国展开战略上的决战。奉行某种战略上的守势，在一些领域对美国做出战术性让步以换取和平发展的外部环境，可能还是最符合中国利益的一种选择。在此基础上，中国也必须从中美战略博弈的高度，制定全面应对战略，遏制美国可能的对华货币金融打击和军事冒险行动，确保中国宏观经济的安全、稳定和长期可持续、高质量发展，最终赢得与美国的世纪博弈。

(一) 近期战略:稳定形势,打赢中国经济保卫战

1. 经济

在经济方面,中短期应当在美元升值周期采取稳健、防御性策略,以拖待变,稳妥应对美国货币金融攻击。此阶段,中国应该规避强势美元冲击,要把防风险放到首要位置,防止汇率贬值和资本外逃风险是防风险的重中之重。要努力恢复经济信心,稳定资产价格,消除贬值预期,遏制资本外流,全力打赢中国经济保卫战。

(1) 从战略的高度认识中美货币金融博弈和当前汇率风险。要从战略高度理解中美货币金融博弈及其在中美关系中的角色和影响,充分认识人民币贬值预期和资本持续外流对中国宏观经济的重大威胁。要把防范和控制单边汇率贬值风险,阻止大规模资本外流放在稳定宏观经济的最核心位置。要充分考虑激进改革的风险和代价,人民币国际化、资本项目开放要服从宏观经济稳定而不是相反;要深入研究汇改、资本项目开放时机选择的相关理论,认识到资本项目自由化是推动人民币国际化的必要条件,而非充分条件。要摒弃"闯关""倒逼"思维,不能用汇改、资本项目"闯关"强推人民币国际化,破坏宏观经济稳定。要认识到当前延缓推进人民币国际化和汇率制度改革的必要性,尽快回归稳定路线,以外汇、证券和房地产市场稳定为出发点,为国内稳增长和供给侧结构改革创造适宜的经济环境。

(2) 建立应对货币金融攻击的高层协调指挥机构。要吸取2015—2016年股灾和汇改中因监管失效、应对失策、缺乏协调、各自为战导致市场失控的教训,[①] 从国家金融安全的角度,设立最高级协调、指挥机构,对各种金融风险进行系统性评估和应对,对可能的货币金融攻击进行系统、深入研究,制定具有前瞻性的跨部门、综合应对方案。同时,对现有金融监管体系进行重组,打破目前分业监管、政出多门的监

---

① 证监会、银监会在股市上涨后期和股市第一波暴跌发生后,继续激进去杠杆;央行在汇改时机问题上选择不当,未充分考虑汇市对股市冲击,导致2015年8月和2016年1月爆发第二波、第三波股市暴跌,并强化汇率贬值预期、加剧资本外逃,教训深刻。

管格局，统一宏观审慎和微观审慎监管，改变各监管机构只对本部门负责，导致宏观风险聚集爆发的局面，从根本上降低金融脆弱性，把系统性金融风险消灭在萌芽状态。

（3）纠正汇改路径错误，强化外汇市场干预。央行行长周小川在接受《财新周刊》采访时指出，汇率制度改革"有窗口时就要果断推进，没窗口时不要硬干，可以等一等，创造条件"。[①] 这实际上意味着央行含蓄地承认汇改时机选择错误。事实已经证明，在美国加息预期仍然可能强化，做空力量随时卷土重来的背景下，汇率双向波动不会消除汇率贬值预期。央行应该深刻检讨关于浮动汇率的一系列理论和认识错误，暂缓推进人民币与美元脱钩，延后推进汇率形成机制进一步市场化改革，适当降低而不是扩大人民币汇率波动性，重建汇率稳定的制度和政策基础。

对于稳定汇率，政府应该态度鲜明，措施果断有力。有关部门需要向市场清晰无误地沟通汇率政策目标，在此基础上，应表明坚守承诺的决心和信心，这对于应对各类机构唱空人民币、打破人民币贬值预期至关重要。只有决策者把汇率波动的目标区间告诉市场并坚守承诺维稳，才能打消市场对人民币汇率无底线贬值的恐惧。应不惜以暂停人民币国际化为代价，在离岸市场实施积极有效的汇率干预，缩小、控制离岸、在岸汇差，抑制人民币跨境套利和境内购汇、境外结汇等汇市投机行为，压缩其市场空间，牢牢掌控人民币汇率的定价权，不断提升在岸市场对人民币汇率保持稳定的信心，有效控制资本外流。

（4）稳定经济增长。稳增长是汇率稳定的必要条件。从中长期来说，制定科学合理的宏观经济调控政策，保持国内经济健康、稳定发展，就能提升人民币资产吸引力，有效稳定、提振市场信心，汇率贬值预期就能逐步消除，"资本流动出现的波动，就会逐渐回归理性。"

稳定经济增长首先要恢复宏观政策信誉。2015—2016年的股灾和汇率大幅波动，令中国政府宏观政策信誉受损。宏观政策一旦丧失信誉，政策的有效性将大打折扣，严重影响未来经济目标的实现。恢复宏

[①] 周小川行长接受《财新周刊》专访，中国人民银行网站，2016年2月13日，http://www.pbc.gov.cn/goutongjiaoliu/113456/113469/3016856/index.html。

观政策信誉必须要保持宏观政策的前瞻性和科学性。为此，宏观政策决策要处理好改革、发展、稳定三者之间的平衡，处理好稳增长、调结构、促改革、防风险的平衡。宏观政策决策过程中，一定要加强政策制定部门之间的协调，进行深入充分的调查研究，避免政策草率出台、左右互搏、朝令夕改和前后不一。

稳增长需要货币政策、财政政策、产业政策的有效配合。经济下行压力之下，要实施稳健适度的货币政策，进一步降低社会融资成本，促进和扩大民间投资。要适当扩大财政支出，发挥政府资金对社会资本的带动作用和放大投资的乘数效应，加快补短板项目建设，支持城市轨道交通、战略新兴产业和高速铁路等重大基础设施工程建设。产业政策制定和实施应该更加精准，稳健去除过剩落后产能，促进战略新兴产业和新兴服务业快速成长壮大。应从战略高度推进新型城镇化建设，解决抑制新型城镇化的体制机制问题，适度提升、扩大三四线城市住房消费。

稳增长特别要重视平衡供给侧与需求侧的关系。供给侧结构性改革对于中国经济的转型升级、转换动力具有重要意义。但供给侧结构改革的一些举措，特别是去杠杆、去产能，可能阶段性加大经济下行的压力。要防止调结构大幅削弱经济增长动能在汇率稳定之前，要避免推出过于激进、可能造成经济增长急剧下降的去杠杆、去产能措施。要避免供给侧结构改革产生的经济下行压力与其他经济矛盾叠加，造成经济增长失速和经济风险的集中爆发。要从供需两端加大结构性改革力度，以创新供给带动需求扩张，以需求升级倒逼供给升级，实现稳增长和调结构互为支撑、互促共进。

（5）稳定资产价格。资产价格是影响资本流动进而影响名义汇率和实际汇率的重要变量。稳定资产价格是当前稳定人民币汇率的必要条件。中国资产价格稳定，将提升市场对中国经济稳定的信心，提高人民币资产吸引力，削弱国外资产的相对投资价值，降低国内居民对境外资产的配置需求。同时，稳定资产价格，也有利于避免资产价格与汇率之间出现负反馈，有效稳定人民币汇率预期，减少资本外流。

资产价格也是宏观经济运行情况的重要信号，是宏观经济政策传导的重要机制。稳定资产价格，特别是稳定房价，是稳定宏观经济的重要任务。应根据国内房地产市场实际，实施有针对性的结构性调控。总体上，在经济下行阶段，应保证流动性水平的适度水平，避免房地产市场的整体下滑。对于一线城市和少数房地产过热的二线城市，应采取包括限购、限贷、提高首付比例、增加土地供应、扩大房产税试点在内的一系列措施，同时要加大对房地产中介的监督检查力度，严禁哄抬房价。对于仍存在去库存压力三四线城市，应采取适当降低首付比例、提高公积金贷款额度、税收减免、针对特殊人群提供政府补贴、政府收购库存住房作为保障用房等方式，加大去库存力度，促进房地产行业健康可持续发展。

稳定股票价格应特别注意做好以下工作：一是应高度关注证券市场的供求平衡。放弃或者延缓注册制等可能危及证券市场脆弱供求平衡的股票发行改革实验。[1] 二是应加强对期货、期权等金融衍生品的管理。中国期货市场在历史上多次出现过度投机、市场操纵导致的风险事件。在2016年的股灾中，股指期货成了空头主攻的对象。未来应该谨慎开发股指、利率和外汇的金融衍生品，对于已经设立的品种，监管机构和"金融国家队"应该具有对其波动进行有效干预的能力，防止、打击利用衍生品和程序化高频交易操纵股票价格。三是加强市场运行监管。建立资产价格预警机制，对非正常资产价格波动实施实时监测预警加强对券商、基金、私募股权基金等机构投资者交易行为的窗口指导。四是建立资产价格稳定机构，代表政府在必要时直接入市对抗货币金融攻击和证券市场投机。[2] 要明确市场稳定机构的责任、目标，加强股市干预力量的整合、培育，明确不同"国家队"机构间的组织、协调机制，制定应对不同市场波动和货币金融攻击的具体预案，对跨市场做空人民币和人民币计价资产价格的行为进行坚决反击。五是严明组织纪律。要坚决杜绝内部泄密，严厉打击市场稳定机构与境内外机构相互勾结做空市场，严厉惩处"国家队"机构利用内部消息营私舞

---

[1] 据称中国国务院在2016年1月7日召开的紧急会议上，证监会主席肖钢受到了质询。会上，肖钢解释了熔断机制的原理，但高层随后决定暂停了该机制。"The Man Behind China's Circuit Breaker Gets Grilled", The Wall Street Journal, Jan. 8, 2016. http://www.wsj.com/articles/china-securities-regulator-catches-heat-for-failed-selloff-mechanism-1452257259。

[2] 目前承担证券市场稳定职能的"国家队"包括：中国证券金融股份有限公司（证金）、中央汇金投资有限责任公司（汇金）、中央汇金资产管理有限责任公司、中证金融资产管理计划、国家外汇管理局以及公募基金。

弊、利益输送。

稳定资产价格，既要防止资产价格的持续下跌，更要控制资产价格的非理性上涨。历史经验表明，资产价格波动与金融杠杆水平密切相关。稳定资产价格要对股市、债市、房市等不同资产市场的杠杆水平上升保持高度警惕。要严格控制具有加杠杆性质的金融衍生品的引入和使用，严格禁止股票场外配资，对房地产中介机构、房地产开发企业及其与 P2P 平台合作开展的金融业务要加大力度进行清理和整顿，严厉打击为客户提供首付贷融资等加大购房杠杆、变相突破住房信贷政策的行为。①

(6) 防范化解债务和金融风险。当前，中国经济下行压力犹在，企业债务、地方政府债务、影子银行等不同类型金融风险并存，如果与汇率风险叠加，有可能引发系统性金融风险。

防范和化解这些经济风险，必须以稳增长为前提。特别是风险暴露时，稳增长是防风险的首要和根本策略。在此基础上，要按计划推动地方政府债务置换，降低地方政府偿债负担。要进一步完善地方政府融资机制，并将地方政府融资纳入预算管理，增加地方政府债务的透明度；要控制影子银行的盲目扩张，加强对金融创新产品监管。对于当前杠杆率过高的金融产品，要注意降杠杆的力度和节奏，防止降杠杆直接触发风险。要以控制债务场量为重点，平稳降低存量。应该摒弃强力缩减债务规模的破坏性做法，更多采用增加股本、债转股等加分母而非减分子的方式降低杠杆，避免、缓解由激进降杠杆对宏观经济可能产生的冲击。应规范各类互联网金融业务，严厉整顿、取缔 P2P 企业资金池业务，严厉打击各类非法集资活动。弥补监管漏洞，强化综合经营监管，实现新型金融业态监管全覆盖。强化对资产管理公司、金融控股公司和以基金公司、私募基金、场外配资等为代表的跨行业跨市场交叉性金融业务的全面监管。

(7) 努力扩大经常项目顺差。经常项目顺差是维持人民币汇率稳

---

① 有报道指出，深圳市互联网金融参与房市配资可能加大房市风险。2015 年深圳 86 家 P2P 网贷平台和"链家"（不含首付贷）的涉房资产交易业务成交额为 171.19 亿元，主要为赎楼贷、换房贷、信用贷等。参见"深圳'楼市配资'涉资 172 亿，超 100 家 P2P 平台魅影闪现"，《证券日报》2016 年 3 月 12 日。

定的基本面支撑。当前,要继续商签中国与其他国家的双边、多边自贸区协定;进一步完善当前促进出口的有关政策,以推动"一带一路"倡议为契机,扩大中国商品对沿线国家的出口。在努力扩大商品贸易出口的同时,未来工作的重点是抑制服务贸易逆差继续扩大。应适当放缓与发达国家护照免签谈判,在国际经济规则允许的范围内,通过对出境游征收附加税费,对部分反华国家和地区实施出境游限制等方式,控制国民出境旅游的增速;采取措施,严厉打击海外奢侈品、奶粉等日用品的走私和非法代购活动。

(8)强化资本项目管理,有效管理资本流动。资本项目管理是近期战略的关键内容。

第一,要审慎推出新的资本项目开放政策。人民币国际化是一个长期过程,人民币国际化成功与否,从根本上取决于中国经济竞争力和稳定性的提升,而不是开放资本项目的速度。为推进人民币国际化而贸然开放资本项目,只会加大中国宏观经济风险,将中国暴露在资本外逃和投机性货币攻击的危险之下,最终破坏人民币国际化目标的实现。泰国等国的实践表明,资本管制在某种程度上具有不可逆性,一旦放开资本管制,当出现资本大规模外逃而希望重新恢复管制时,则可能需要付出极高的代价。在当前背景下,继续推动资本项目自由化要慎之又慎。

第二,加强对资本流出的管制。当前,中国资本外流压力仍然较大,必要的资本管制是维护中国宏观经济稳定的最后防线。央行前期已经采取了一些限制资本流出的措施,包括对远期购汇性质的衍生品交易征收外汇风险准备、对境外居民境内人民币存款征收存款准备金、对境外人民币业务参加行到境内平盘提高交易手续费率、加强银行结售汇和跨境人民币业务真实性审核等等。未来在保证正常、合理的汇兑和跨境收付基础上,要特别加强对中国居民境外投资、虚构交易和资产转移、地下金融以及洗钱的监控;严堵各种跨境非法套利行为,阻止人民币和美元非法流出。要控制国内企业在境外非战略领域的非理性投资和并购。在出现极端情况时,要果断下调居民年度换汇额度,避免恐慌性换汇导致外汇储备快速枯竭。

第三,适度放宽资本流入。在加强流出管制的基础上,可以尝试进一步放宽境外资本流入，包括增加QFII和RQFII投资额度，引入外资私募股权基金，放松机构投资者进入银行间市场的限制，放松境外机构投资者投资境内金融资产的品种和规模限制，放松外资银行境内投资持股限制等等，通过吸引更多外资流入，对冲资本流出的压力。

（9）增加战略性资源的海外并购和国内储备。考虑到中国的大宗商品资源储量以及中国作为世界大宗商品最大需求国和进口国的地位，中国对大宗商品的外部依赖在很长时间内是无法改变的。根据历史上美元和大宗商品的波动规律，美元有可能在2018年后再次回归贬值周期，大宗商品价格可能重新走强，推高中国经济运行成本，恶化国际收支。为了将未来大宗商品上涨的不利影响降到最低，当前大宗商品价格相对较低的时期，仍是大宗商品海外资源收购的黄金窗口。中国政府有必要加快完成国内第二阶段原油战略储备和稀缺金属的收储，继续支持有关企业进一步增加石油、国内稀缺有色金属、铁矿石等境外矿产资源的购并。有关政府部门应根据国内资源状况和未来产业发展需求，对境外资源并购做出前瞻性规划和指导，将大宗商品价格未来上涨带来的财富转移效应和对宏观经济的冲击降到最低。

（10）加强货币金融外交。在做好国内汇率、经济增长和资产价格稳定工作基础上，应进一步加强货币金融外交，为人民币汇率稳定创造良好外部条件。首先，利用人民币加入SDR契机，加强对外推介人民币和人民币资产，提高人民币作为国际储备、结算货币的地位；第二，利用美国与俄罗斯的紧张局面，加强与俄罗斯等国在出售美国国债方面的协调，必要时以出售美国国债，牵制美国的货币金融攻击；第三，敦促日本、欧洲采取稳健的宏观政策，择机退出量化宽松货币政策，以避免其内部债务问题的累积和爆发；第四，继续寻求扩大在IMF、世界银行、国际清算银行等多边国际金融机构中的影响力，特别是要持续加强与这些机构中相关研究部门的沟通和联系，减少这些部门发布消极评价中国经济报告的数量；第五，做好中美战略与经济对话框架下的沟通与协调，促进合作，避免误判。

（11）加强舆论、信息管控。货币战本质上是信息战、舆论战，货币金融博弈在根本上是争夺人心的战争。无论稳定经济增长还是资产价格，都要求加强对舆论、信息的管控，避免做空者操纵信息、制造羊群效应做空市场。应规范政府信息发布,严禁政府官员传播所谓"内部信息",唱空中国经济,制造市场恐慌。建立跨部门信息发布沟通协调机制,避免不同部门发布信息引起错误解读而导致市场波动。要提高舆论引导能力,对敏感经济问题应主动发声,澄清是非,有针对性做好舆论引导工作;对境外金融机构、媒体系统性唱空言论,要组织不同机构、媒体展开及时地回应和反击,不能坐等舆论发酵。应该规范、引导境内权威学术机构、国资金融机构研究报告的发布管理,对国资机构在敏感时刻发布、散播看空报告、言论予以适当干预。[1] 对于敏感机构、官员参与公开活动(论坛、讲座、接受媒体采访),发表可能影响市场的言论,应予以事前的审查,引起市场误解的,要事后追究责任。加强对境内外传统媒体、自媒体和金融机构信息发布的监控,对媒体传播未经核实的信息且造成后果的,要予以严肃处理,对制造、传播谣言或蓄意扭曲信息真实内容影响市场稳定的,要依法予以打击。[2]

2. 政治和安全

中国当前面临复杂、严峻的政治和军事形势。在近期,要以维护国家主权,维护和平发展的地区和国际环境,遏止美国、日本和台独势力以军事冒险破坏中国崛起或以激化地缘政治冲突配合对华货币金融攻击为总目标。中国对美总体上应采取防御性策略,在诸如反恐、气候、反洗钱等领域继续维持与美国保持一定程度的合作;重点发展"非对称"作战能力,积极展示在高超声速武器、反卫星武器、核动力潜艇、"东

---

[1] 除此之外,一些中国金融机构主要研究人员长期、系统发布看空人民币和中国证券市场的言论,也应引起高度重视。中国最大、最有影响力的投资银行——国泰君安证券某前首席经济学家,常年发表看空人民币言论,鼓吹国内高净值人群配置美元资产,客观上强化了人民币的贬值预期。中国国有金融机构某驻港策略分析师,2015年前后大肆唱空中国股市,也引起境内外媒体和市场人士的关注,加剧了中国证券市场波动。

[2] 研究机构的研究报告被新闻媒体曲解引发市场波动的例子不胜枚举。2015年12月初,中国社会科学院发布《中国住房发展报告2015—2016》,认为2016年住房市场回暖基础不稳,波动风险较大,分化趋势严重,第二季度房价有出现一波断崖式下跌的可能。该报告内容被《第一财经》刊发,并被众多其它媒体以"明年房价或会出现断崖式下跌"等惊悚标题转载,加剧了市场对中国经济的悲观预期和证券市场的动荡。该报告的起草单位社科院财经战略研究院院长高培勇不得不亲自出面辟谣,称该报道"不准确,以偏概全",但不良影响已经产生。

风"系列导弹等杀手锏武器的研究进展,强化对美、对日战略威慑;加强南海岛礁、东海、中朝边境、中印边境和战略航道的军事部署,提升"反介入"和"区域拒止"实战能力,遏制个别国家可能的战争冒险;加强与俄罗斯的战略协调,避免朝核问题和朝鲜半岛紧张局势升级;利用东盟内部分歧,强化中国与柬埔寨、老挝、马来西亚、泰国等国的合作,与越南新加坡保持高层接触,牵制其在南海问题上与美日印等国的合作。

(二)中长期战略:完成人民币国际化,赢得中美世纪博弈

经济。中国要摆脱美元霸权的影响,需要人民币和美元完全脱钩,最终成为与中国经济规模相适应,能够与美元相匹敌的国际储备、交易和计价货币。为此,在未来新的美元贬值周期,中国应努力提升科技和经济竞争力,择机完成人民币汇率制度改革,扩大金融市场开放,实现人民币国际化,生成、强化人民币国际货币权力,从根本上摆脱美元霸权困扰,赢得中美世纪货币金融博弈的最后胜利。

1. 必须坚持推进供给侧改革,提高科技实力和全球竞争力。一国货币作为国际储备、计价、结算货币的根本原因是其经济的竞争力,以及由竞争力决定的宏观经济稳定性。必须深化供给侧结构改革,通过改革、创新、减负、升级激发微观活力,推进结构调整,矫正要素配置扭曲,提高供给质量,实现由低水平供给向高水平供给的跃升。必须在供给侧改革中,支持鼓励企业的全球化、国际化运营,不断提高中国企业整体科技实力和全球竞争力,打牢人民币国际化的经济基础。

2. 完成汇率制度改革。如果美国未来重回弱势美元政策,中国应该抓住时机,果断推进完成在中短期被搁置的汇率制度改革。改革的重点应是取消目前以中间价管理为核心的汇率形成机制,引入明确的宽幅目标区管理,最终过渡到自由浮动汇率制度。

未来的汇改应分三步进行:第一步,设定对美元和其他主要货币的中心汇率和宽幅汇率波动区间。这一波幅既要能够引导市场参与者的预

期,又不能波幅太大,令汇率波动对实体经济产生显著冲击。① 第二步,如果国际收支状况良好,国内宏观经济运行稳定,考虑扩大目标区汇率波动幅度一次或两次。第三步,在弱美元周期的中段,完全放开汇率波动目标区限制,实现汇率自由浮动。

未来汇率的目标区管理,与当前以中间价管理为核心的汇率形成机制相比宽幅目标区管理,有三个方面明显优势:(1)操作简单。央行充当救火员的角色,只有在人民币兑美元汇率或者是人民币对一篮子货币的加权汇率突破波幅上下限时,央行方才对外汇市场实施干预。当汇率在波幅目标区内运行时,人民币汇率完全由市场供求自发决定。(2)汇率形成机制更具弹性。相较现行机制,宽幅目标区管理在目标区内也更加市场化,更具弹性,能够实现较高货币政策独立性。(3)汇率预期更加稳定。由于在目标区内无需干预,在目标区边界实行硬盯住,能够更有效的稳定汇率预期,减少资本外流,降低干预规模和成本,为国内金融体系改革、人民币国际化、资本项目渐进开放奠定了更好的制度环境。

3. 稳健、扎实推进人民币国际化。人民币国际化是一项复杂的系统工程,要以战略的眼光,从强化人民币各项国际功能入手,扎实做好人民币国际化的各项基础工作。积极扩大双边、多边人民币计价、结算,扎实推进人民币国际化。鼓励并扩大双边本币计价、结算,特别是与主要周边国家和"一带一路"沿线国家的人民币或双边本币计价、结算。通过供给侧改革、技术创新提升中国制造业竞争力,提高中国高端产品出口的人民币计价能力。通过发展境内大宗商品市场,创设相关金融衍生品,提高产业和进口集中度以及与相关国家建立战略关系,构建中国生产主导型大宗商品(如稀土、主粮)和市场主导型大宗商品

---

① 国内学者建议将这一区间设定为对美元或者篮子货币的±7.5%。参见张斌、何帆、张明、郑联盛:"人民币汇改向何处去",《中国证券报》2015年7月20日。需要指出的是,虽然都主张未来汇率制度改革应以扩大区间波幅为重点,但笔者的建议与上述作者的建议存在四点显著不同:1. 笔者认为汇率目标区管理改革目前已失去时间窗口,建议应在未来美元贬值周期再予考虑,而不是仍存在人民币贬值预期的当下;2. 汇率波动的上下限不应设定明确的时间区间,若设定年度波动的上下限,可能导致贬值预期的形成或强化;3. 未来目标区管理应以人民币兑美元汇率为重点,而非对篮子货币,这样更有助于稳定贬值预期强烈的人民币兑美元汇率,有利于阻止资本外流;4. 在汇率波动上下限,实行硬盯住,这样可以强化政府干预的信誉,更有利于消除贬值(升值)预期和抑制资本流动。

（如铁矿石、玉米、豆粕）的人民币定价权。推动中资金融机构走出去，构建境外人民币支付结算网络，提高境外人民币和人民币资产流动性；进一步健全、完善人民币境外支付系统（CIPS），提升系统效率和系统功能，提高人民币交易的流动性和安全性，简化人民币跨境结算流程，减少中间环节，降低结算成本。进一步推动中国对外双边、多边自贸区谈判，推动中国与周边国家和主要贸易伙伴的经济一体化，巩固人民币国际化的贸易和投资基础。鼓励、扩大中国央行与外国央行货币互换；稳步提升中国人民银行、国家开发银行、基础设施投资银行、丝路基金以及中资商业银行对外发放人民币贷款，扩大人民币的离岸使用；稳步推进离岸金融市场建设，丰富离岸金融产品，提高离岸人民币资产收益性；扩大境内人民币债券市场、银行间外汇市场和股票市场对外开放，便利离岸人民币的回流和外国央行、金融机构投资人民币资产。

4. 推进结构性财税制度改革，适度挤压房地产泡沫。在汇改完成后、开放资本项目之前，部分地区适度降低过高的房地产价格，防止未来开放资本项目之后，由资产泡沫诱发大规模资本外逃和人民币汇率大幅度波动。抑制泡沫的最好方法，是推进结构性的财税制度改革，扩大引入房产税、遗产税试点。通过科学稳定地房产税改革，既定向打击房地产投机，抑制房价的进一步上涨，为终极汇改创造条件，又推动中国财税体制的结构性转型，提高财产税在税收中的占比，解决地方政府的财政转型难题。应该避免通过大幅度加息、过度收紧新建住房信贷等激进货币政策抑制新房销售。要把握好客观调控的力度，避免货币调控与财税政策形成共振，引起房价的快速下跌和二手房恐慌性抛售，导致新的宏观不稳定因素的产生。

5. 开放资本项目，实现人民币的真正国际化。当完成上述所有主要工作，汇改完成，人民币国际货币功能不断强化，资产价格实现软着陆，国际收支保持稳健，在弱势美元的中期，可以考虑开放资本项目，消除影响人民币国际化的最后障碍，使人民币具有全面国际货币功能和较强国际货币权力，成为真正意义上的国际化货币。

政治和军事。为了配合完成上述重大经济变革，要全面提升军事能力，遏止美国、日本等国的战争冒险企图，保卫中国海洋运输通道安全，防止美国借助政治和军事手段强化对中国的货币金融攻击，从政治和安全角度助推人民币国际化，捍卫和巩固中国的战略与经济安全。中国要扩大、深化与俄罗斯、金砖国家、周边国家以及"一带一路"沿线国家的合作，保持与欧洲、印度以及广大第三世界国家的关系稳定，整合周边及东亚区域各国，构建以中国为核心的东亚利益共同体。在安全领域，进一步强化非对称作战能力，全面提升杀手锏武器，实现高超声速武器、陆基反导系统、太空武器的实战化部署。突破航空发动机、战略核潜艇、战略轰炸机、核动力航母核心技术，建设远洋海军和战略空军，实现常规军力的实质跃升，缩小与美国军力的整体差距。扩大与俄罗斯及周边友好国家的军事合作和联合军事训练，建立并强化区域安全合作机制，逐步强化中国在战略通道和地缘政治节点的军事部署和军事存在。最用 30 年左右时间，到 21 世纪中叶，使中国成为具有抗衡美国军事威胁能力的现代化全球政治和军事强国，全面实现中华民族的伟大复兴。

参考文献

Aliber, Robert, (1966) *The Future of the Dollar as an International Currency*, New York: Frederick Praeger, Publishers.

Alogoskoufis, George and Richard Portes, (1992) "European Monetary Union and International Currencies in a Tripolar World", in Matthew Canzoneri, Vittorio Grilli and Paul Masson (ed.), *Establishing a Central Bank: Issues in Europe and Lessons from the U. S.*, Cambridge: Cambridge University Press.

Andrews, David M., (1994) "Capital Mobility and State Autonomy: Toward a Structural Theory of International Monetary Relations", *International Studies Quarterly* 38: 2 (June).

Andrews, David M. (ed.), (2006) *International Monetary Power*, Ithaca, NY: Cornell University Press.

Armijo, Leslie E. and Saori N. Katada, (2015) "Theorizing the Financial Statecraft of Emerging Powers", *New Political Economy* 20: 1.

Broz, J. Lawrence and Jeffry A. Frieden, (2001) "The Political Economy of International Monetary Relations", *Annual Review of Political Science* 4.

Bergsten, Fred, (2005) "The Euro and the Dollar", in A. Posen (ed.), *The Euro at Five: Ready for a Global Role?* Washington, D. C.: Institute for International Economics.

Black, Stanley, (1989) "Transactions Costs and Vehicle Currencies", *Journal of International Money and Finance* 10 (4), December.

Bordo, Michael and James Harold, (2008) "A Long perspective on the Euro", NBER Working Paper 13815.

Boston, Kluwer and W. F. Crick, (1948) *Origins and Development of the Sterling Area*, London: Institute of Bankers.

Catherine R. Schenk, (2010a) "The Retirement of Sterling as a Reserve Currency after 1945: Lessons for the US Dollar?"

Chinn, Menzie and Jeffrey Frankel, (2005) "Will the Euro eventually surpass the Dollar as Leading International Reserve Currency?" NBER Working Paper 11510, July.

Chinn, Menzie and Jeffrey Frankel, (2008) "The Euro may over the next 15 years surpass the Dollar as Leading International Currency", NBER Working Paper 13909, Cambridge MA.

Cohen, Benjamin J., (1971) *The Future of Sterling as an International Currency*, London: Macmillan.

Cohen, Benjamin J., (1977) *Organizing the World's Money: The Political Economy of International Monetary Relations*, New York: Basic Books.

Cohen, Benjamin J. (ed.), (1993) *The International Political Economy of Monetary Relations*, Edward Elegard Publishing Limited.

Cohen, Benjamin J. (1993) "The Triad and the Unholy Trinity: Lessons for the Pacific Region," in Richard Higgott, Richard Leaver, and John Ravenhill (ed.), Pacific Economic Relations in the 1990s: Cooperation or Conflict? Boulder: Lynne Rienner.

Cohen, Benjamin J. (1996) "Phoenix Risen: The Resurrection of Global Finance," *World Politics* 48: 2 (January).

Cohen, Benjann J., (1998) *The Geography of Money*, Princeton, NJ: Princeton University Press.

Cohen, Benjann J., (2003) "Global Currency Rivalry: Can the Euro Ever Challenge the Dollar?" *Journal of Common Market Studies*, 41 (4).

Cohen, Benjann J., (2004) *The Future of Money* (Princeton, NJ: Princeton University Press).

Cohen, Benjamin J. (2006) "The Macrofoundations of Monetary Power", in David M. Andrews (ed.), *International Monetary Power*, Ithaca, NY: Cornell University Press.

Cohen, Benjamin J. (2011) *The Future of Global Currency: The Euro versus the Dollar*, London: Routledge.

Cohen, Benjamin J. (2013) "Currency and State Power", in Martha Finnemore and Judith Goldstein (ed.), *Back to Basics: State Power in a Contemporary World*, Oxford University Press.

Cohen, Benjamin J. (2015) *Currency Power: Understanding Monetary Rivalry*, Princeton, NJ: Princeton University Press.

Copper, Richard N., (1986) "Dealing with the Trade Deficit in a Floating Rate System", *Brookings Papers on Economic Activity*, 1986 (1).

Cooper, Richard N., (2000) "Key Currencies after the Euro", in Robert Mundell and Armand Clesse (ed.), *The Euro as a Stabilizer in the International Economic System*.

Courinchas P. and H. Rey, (2005) "From World Banker to World Venture Capitalist: US External Adjustment and the Exorbitant Privilege", in Richard H. Clarida (ed.), *G7 Current Account Imbalances: Sustainability and Adjustment*, Chicago: University of Chicago Press.

Dooley, Michael, J. Saul Lizondo, and Donald Mathieson, 1989, "The Currency Composition of Foreign Exchange Reserves", IMF Staff Papers 36, No. 2.

Eichengreen, Barry, (1992) *Golden Fetters: The Gold Standard and the Great Depression* 1919–39, New York: Oxford University Press.

Eichengreen, Barry, and Jeffrey Frankel, (1996) "The SDR, Reserve currencies, and the Future of the International Monetary System", in Michael Mussa, James Boughton, and Peter Isard (ed.), *The Future of the SDR in Light of Changes in the International Financial System*, Washington, DC: International Monetary Fund.

Eichengreen, Barry, (1996) *Globalizing Capital: A history of the international monetary system*, *Princeton* University Press.

Eichengreen, Barry, (1998) "The Euro as a Reserve Currency", *Journal of Japanese and International Economies*, Vol. 12.

Eichengreen, Barry, Paul Masson, and Others, (1998) "Exit Strategies: Policy Options for Countries Seeking Greater Exchange-rate Flexibility",

Occasional Paper No. 168, Washington, D. C., International Monetary Fund.

Eichengreen, Barry, Paul Masson, and Others, (1999) "Transition Strategies and Nominal Anchors on The Road to Greater Exchange-rate Flexibility", Princeton University: Essays in International Finance, No. 213.

Eichengreen, Barry, and Donald Mathieson, (2000), "The Currency Composition of Foreign Exchange Reserves: Retrospect and Prospect", IMF Working Paper 00/131, Washington D. C.

Eichengreen, Barry, (2000b), "From Benign Neglect to Malignant Preoccupation: U. S. Balance of Payments Policy in the 1960s," in George L. Perry and James Tobin (ed.), *Economic Events, Ideas and Policies: The 1960s and After*, Washington, D. C.: The Brookings Institution.

Eichengreen, Barry, (2005) "Sterling Past, Dollar's Future: Historical Perspectives on Reserve Currency Competition", MBER Working Paper 11336, April.

Eichengreen, Barry, (2007) "Parallel Processes? Monetary Integration in Europe and Asia", in B. and Duck-Koo Chung (ed.), *Towards an East Asian Exchange Regime*, Washington: Brookings Institution.

Eichengreen, Barry and Marc Flandreau, (2008) "The Rise and Fall of the Dollar, or When Did the Dollar Replace Sterling as the Leading International Currency?" MBER Working Paper 14154, July.

Eichengreen, Barry, (2011) *Exorbitant Privilege: The Rise and Fall of the Dollar and the Future of the International Monetary System*. London: Oxford University Press.

Eichengreen, Barry and Andrew K. Rose, (2011) "Flexing Your Muscles: Abandoning a Fixed Exchange Rate for Greater Flexibility", in Jeffrey Frankel and Christopher Pissarides (ed.), *NBER International Seminar on Macroeconomics* 2011, University of Chicago Press, May 2012.

Eichengreen, Barry and Masahiro Kawai, "Issues for Renminbi Internationalization: An Overview", ADBI Working Paper Series, No. 454, January 2014.

Eichengreen, Barry and Masahiro Kawai (ed.), (2015) *Renminbi Internationalization: Achievements, Prospects, and Challenges*, Asian Development Bank Institute and Brookings Institution Press.

Flandreau, M. and Jobst, C., "The Empirics of International Currencies: Evidence from the 19th Century", mimeo, November. 2005.

Frankel, Jeffrey, 1992. "On the Dollar", In Peter Newman, Murray Milgate and John Eatwell (ed.), *The New Palgrave Dictionary of Money and Finance*, London: MacMillan Press Reference Books.

Frankel, Jeffrey, (1995) "Still the Lingua Franca: The Exaggerated Death of the Dollar", *Foreign Affairs*, Vol. 74, No. 4, July/August.

Frankel, Jeffrey, (2012) "Internationalization of the RMB and Historical Precedents", Journal of Economic integration, 27 (27).

Freiberg, Richard, (1998) "In Which Currency Should Exporters Set Their Prices?", *Journal of International Economics*, Vol. 45.

Frieden, J. A., (2000) "The Political Economy of the Euro as an International Currency" in Robert Mundell and Armand Clesse (ed.), *The Euro as a Stabilizer in the International Economic System*, Boston: Kluwer.

Frieden, Jeffry A., (1991) "Invested Interests: The Politics of National Economic Policies in a World of Global Finance", *International Organization*, Vol. 45: 4 (Fall).

Frieden, Jeffry A., (2015) *Currency Politics: The Political Economy of Exchange Rate Policy*, Princeton, NJ: Princeton University Press.

Gill, Stephen R. and David Law, (1989) "Global Hegemony and the Structural Power of Capital", *International Studies Quarterly*, 33: 4 (December).

Goldberg, Linda S., and Cedric Tille, (2004) "The Pattern of Currency Invoicing of International Trade", Federal Reserve Bank of New York, Working Paper, 28 Oct.

Goldberg, Linda S., and Cedric Tille, (2005) "Vehicle Currency Use in International Trade". NBER Working Paper 11127, February.

Goldberg, Linda S., and Cedric Tille, (2006) "The Internationalization of the Dollar and Trade Balance Adjustment", Federal Reserve Bank of New York Staff Report, No. 255, August 2006.

Giovanni, Alberto, (1988) "Exchange Rates and Traded Goods Prices," *Journal of International Economics* 24.

Greenspan, Alan, (2001) "The Euro as an International Currency", the Euro Group 50, Federal Reserve Board, Washington D. C., November 30.

Hale, David, (1995) "A Yen for Change: Why the Yen as a Reserve Currency is Not Far-fetched", *The International Economy*, May/June.

Hartmann, Philipp, (1998) *Currency competition and foreign exchange markets: the Dollar, the Yen and the Euro*. Cambridge, United Kingdom: Cambridge University Press.

Hartmann, P. and O. Issing, (2002) "The International Role of the Euro", *Journal of Policy Modeling*, 24, North-Holland.

Hausmann Richard, Federico Sturzennegger, (2005) "US and Global Imbalances: Can Dark Matter Prevent a Big Bang?", *Financial Times*, Dec. 9.

Helleiner, Eric (2008) "Political Determinants of International Currencies: What Future for the US Dollar?", *Review of International Political Economy*, Vol. 15: 3 (August).

Helleiner, Eric, (2014) *The Status Quo Crisis: Global Financial Governance after the 2008 Meltdown*, New York: Oxford University Press.

Helleiner, Eric and Jonathan Kirshner (ed.), (2009) *The Future of the Dollar*, Ithaca, NY: Cornell University Press.

Henning, C. (1971) *Cooperating with Europe's Monetary Union*, Policy Analyses in International Economics. Washington, D. C.: Institute for International Economics.

Henning, C. Randall and I. M. Deshler, (1988) "From Neglect to Activism: American Politics and 1985 Plaza Accord", *Journal of Public Policy*, 8 (3/4), July-Dec.

Henning, C. Randall, (1994) *Currencies and Politics in the United*

States, Germany, and Japan, Washington, D. C. : Institute for International Economics.

Hudson, Michael, (2003) *Super Imperialism*, 2nd edition, Pluto Press.

Inci Ötker-Robe and David Vávra, and a team of economists, (2007) "Moving to Greater Exchange Rate Flexibility Operational Aspects Based on Lessons rom detailed Country Experiences", Occasional Paper No. 256, Washington, D. C. , International Monetary Fund.

Kamps, Annette. (2006) "The Euro as Invoicing Currency in International Trade", European Central Bank Working Paper Series, No. 665.

Kenen, Peter B. , (1983) "The Role of the Dollar as an International Currency", Occasional Papers No. 13, Group of Thirty, New York.

Kenen, Peter B. , (1996) "The Role of the Dollar as an International Currency", *Eastern Economic Journal*, Vol. 22, 1996 (2) .

Kenen, Peter B. , (2002) "The Euro Versus the Dollar: will there be a Struggle for Dominance?" *Journal of Policy Modeling*, 24 (2002), North-Holland.

Kenen, Peter B. , (2009) "Currency Internationalization-An Overview", Bok-BIS Seminar on Currency internationalization, Seoul, 19-20 March.

Keohane, Robert O. and Joseph Nye, (1977) *Power and Interdependence*, Boston: Little, Brown.

Kindleberger, Charles P. , (1967) "*The Politics of International Money and World Language*" . *International Finance*, No. 61, Princeton: Princeton University Press.

Kindleberger, Charles P. , (1970) *Power and Money*, New York: Basic Books.

Kindleberger, Charles P. , (1973) *The World in Depression*, 1929 – 1939, Berkeley and Los Angeles: University of California Press.

Kindleberger, Charles P. , (1981) *International Money*, London: George Allen & Unwin.

Kirshner, Jonathan, (1995) *Currency and Coercion: The Political Econ-*

omy of International Monetary Power, Princeton, NJ: Princeton University Press.

Kirshner, Jonathan, (2008) "Dollar Primacy and American Power: What's at Stake?", *Review of International Political Economy*, Vol. 15: 3 (August).

Krugman, Paul, (1980) "Vehicle Currencies and the Structure of International Exchange", Journal of Money, Credit and Banking, Vol. 12, No. 3.

Krugman, Paul, (1984) "The International Role of the Dollar: Theory and Prospect", in John Bilson and Richard Marston (ed.), *Exchange Rate Theory and Practice*, Chicago: University of Chicago Press.

Kubarych, Roger M., (1978) "Foreign Exchange Markets in the United States", Federal Reserve Bank of New York, New York.

Kunz, Diane, (1995) "The Fall of the Dollar Order: The World of the United States is Losing", *Foreign Affairs*, Vol. 74, No. 4, July/August, 22 – 25.

Lane, Philip R., (2006) "Global Bond Portfolios and EMU", *International Journal of Central Banking*, No. 2.

Lim, Ewe-Ghee, (2006) "The Euro's Challenge to the Dollar: Different Views from Economists and Evidence from COFER and Other Data", IMF Working Paper, WP/06/153.

Lindert, Peter, (1969) "Key Currencies and Gold: 1900 – 1913", *Princeton Studies in International Finance*, No. 24, International Finance Section, Department of Economics, Princeton University.

Matsuyama, Kiminori, Nobuhiro Kiyotaki and Akihiko Matsui. (1993) "Toward a Theory of International Currency", *Review of Economic Studies* 60, April.

McKinnon, Ronald, (1969) "Private and Official International Money: The Case for the Dollar", Essays in International Finance, No. 74, Princeton University, April.

McKinnon, Ronald, (1979) *Money in International Exchange*, New York: Oxford University Press.

McKinnon, Ronald, (1980) "Dollar Stabilization and American Monetary Policy," *American Economic Review*, May.

McNamara, K. A., (2008) "Rivalry in the Making? The Euro and International Monetary Power", *Review of International Political Economy*, 2008 (3).

Mundell, R. A., (1993) "EMU and the International Monetary System: A Transatlantic Perspective", Working Paper 13, Vienna: Austrian National Bank.

Mundell, R. A., (2000) "The Euro and the Stability of the International Monetary System", in Mundell, R. A. and A. Cleese (ed.), *The Euro as a Stabilizer in the International Economic System*, Boston: Kluwer Academic.

Mundell, R. A., (2000) "The International Financial System and Outlook for Asian Currency Collaboration", *The Journal of Finance*, 2003 (58).

Norrlof, Carla, (2010) *America's Global Advantage: US Hegemony and International Cooperation*, New York: Cambridge University Press.

Nurkse, Ragnar, (1944) *International Currency Experience*, Geneva: League of Nations.

Oatley, Thomas, (2015) *A Political Economy of American Hegemony: Buildups, Booms, and Busts*, New York: Cambridge University Press.

Odell, John S., (1982) *International Monetary Policy: Markets, Power, and Ideas as Sources of Change*, Princeton: Princeton University Press.

Odell, John S., "The U. S. and the Emergence of Flexible Exchange Rates", *International Organization*, 33 (1), Winter.

Panitch, Leo and Martijn Konings (ed.), (2008) *American Empire and the Political Economy of Global Finance*, London: Palgrave Macmillan.

Papaioannou, Elias and Richard Portes, (2008) "The international role of the euro: a status report", Economic Papers 317, European Commission, April.

Persaud, Avinash, (2001) "Heads the Dollar Wins, Tails, the Euro loses: the Evolution of the Dollar's Safe Heaven Status", State Street, New

York, November 26.

Persaud, Avinash, (2004) "When Currency Empires Fall", www. 321gold. com/editorials (11 October).

Portes, R. and H. Rey, (1998) "The Emergence of the Euro as an International Currency", *Economic Policy*, 26.

Prem R. , (2003) "International Currencies and Endogenous Enforcement: An Empirical Analysis", IMF Working Paper, WP/97/29. 2003.

Posen, Adam S. (2008) "It's Not Just about the Money", *The International Economy*, Spring 2008, www. iie. com/publications/papers/posen0408. pdf.

Posen, Adam S. , (2008) "Why the Euro will not Rival the Dollar?", *International Finance*, 11.

Rey, Hélène, (2001) "International Trade and Currency Exchange," *Review of Economic Studies*, Vol. 68, No. 2 April.

Rey, Hélène, (2015) "Dilemma not Trilemma: The Global Financial Cycle and Monetary Policy Independence", NBER Working Paper 21162.

Swoboda, Alexander, (1968) "The Euro-Dollar Market: An Interpretation", *Essays in International Finance*, No. 64, Princeton, International Finance Section.

Swoboda, Alexander, (1969) "Vehicle Currencies in the Foreign Exchange Market: the case of the Dollar", in Robert Aliber (ed.), *The International Markets for Foreign Exchange*, New York: Praeger.

Simmons, Beth A. , (1994) *Who Adjusts? Domestic Sources of Foreign Economic Policy during the Interwar Years*, Princeton, NJ: Princeton University Press.

Simmons, Beth A. , (2001) "The Legalization of International Monetary Affairs", in Judith L. Goldstein, Miles Kahler, Robert O. Keohane, and Anne-Marie Slaughter (ed.), (2001) *Legalization and World Politics*, Cambridge, MA: MIT Press.

Sinclair, Timothy J. , (2005) *The New Masters of Capital: American Bond Rating Agencies and the Politics of Creditworthiness*, Ithaca, NY: Cornell University Press.

Singer, David A., (2007) *Regulating Capital: Setting Standards for the International Financial System*, Ithaca, NY: Cornell University Press.

Steinberg, David A., (2015) *Demanding Devaluation: Exchange Rate Politics in the Developing World*, Ithaca, NY: Cornell University Press.

Strange, Susan, (1971a) "The Politics of International Currencies," *World Politics* 23: 2 (January).

Strange, Susan, (1971b) *Sterling and British Policy: A Political Study of an International Currency in Decline*, London: Oxford University Press.

Strange, Susan, (1986) *Casino Capitalism*, Oxford: Blackwell.

Strange, Susan, (1994) *States and Markets*, second edition, London: Pinter.

Strange, Susan, (1998) *Mad Money*, Manchester: Manchester University Press.

Steil Ben and Robert E. Litan, (2006) *Financial Statecraft*, New Haven: Yale University Press.

Tavlas, George, (1991) "On the International Use of Currencies: The Case of the Deutsche Mark", Princeton Essays in International Finance, No. 181.

Tavlas, George, and Yusuru Ozeki, (1991) "The Japanese Yen as an International Currency", IMF Working Paper, No. 91/2, January.

Tavlas, George and Yusuru Ozeki, (1992) "The Internationalization of Currencies: An Appraisal of the Japanese Yen", IMF Occasional Paper No. 90. International Monetary Fund: Washington, D. C.

Tavlas, George, (1993) "The Deutsche Mark as an International Currency", in Dilip Das (ed.), *International Finance: Contemporary Issues*, London: Routledge.

Tavlas, George, (1997a) "Internationalization of currencies: the case of the US dollar and its challenger Euro", *The International Executive*, 39 (5).

Tavlas, George, (1997b) "The International Use of the US Dollar: An

Optimum Currency Area Perspective", *The World Economy*, (26).

Triffin, Robert, (1988) "Discussion", in Francesco Giavazzi, Stefano Micossi, Marcus Miller (ed.), *The European Monetary System*. Cambridge: Cambridge University Press.

Trichet, Jean-Claude, (2004) "The International Role of the Euro", ECB, Frankfurt, May 14.

Vermeiren, Mattias, (2014) *Power and Imbalances in the Global Monetary System: A Comparative Capitalism Perspective*, London: Palgrave Macmillan.

Viotti, Paul R., (2014) *The Dollar and National Security: The Monetary Component of Hard Power*, Stanford, CA: Stanford University Press.

Volcker, Paul A. and Toyoo Gyohten, (1992) *Changing Fortunes: The World's Money and the Threat to American Leadership*, New York: Times Books.

Walter, A., (2006) "Domestic Sources of International Monetary Leadership", in D. Andrews (ed.) *International Monetary Power*, Ithaca: Cornell University Press.

Wheatley, Alan, (2012) *The Power of Currencies and Currencies of Power*, Routledge.

Webb, Michael C. (1991) "International Economic Structures, Government Interests, and International Coordination of Macroeconomic Adjustment Policies", *International Organization* 45: 3 (Summer).

Wilander, Fredrik, (2004) "An Empirical Analysis of the Currency Denomination in International Trade", Stockholm.

Williams, David, (1968) "The Evolution of the Sterling System", in C. R. Whitlesey and J. S. G Wilson (ed.), *Essays in Money and Banking*, Oxford: Oxford University Press.

Wyplosz, C., (1999) "An International Role for the Euro?", In Dermine, J. and P. Hillion (ed.), *European Capital Markets with a Single Currency*, Oxford: Oxford University Press.

陈平、管清友："大国博弈的货币层面——20世纪60年代法美货币对抗及其历史启示",《世界经济与政治》2011年第4期。

陈平、何帆:"关键货币境外余额的国际政治经济学——美国的境外美元管理及其对中国的影响",《世界经济与政治》2012年第1期。

丁志杰:《中美人民币汇率交锋的得与失》,《中国金融》2010年第21期。

丁志杰、谢峰:"美元过度特权、经济暗物质与全球治理变革",《国际金融研究》2014年第11期。

冯维江:"国际货币权力的历史经验与'第三世界货币区'的可能性",《当代亚太》2010年第5期。

高海红、余永定:"人民币国际化的涵义与条件",《世界经济与政治》2010年第1期。

管清友、张明:"国际石油交易的计价货币为什么是美元?",《国际经济评论》2006年第7—8期。

管涛:《汇率的本质》,中信出版集团2016年版。

胡再勇:"电子货币和虚拟货币影响铸币税的理论及量化研究",《西部论坛》2015年3月。

何帆、张明:"国际货币体系不稳定中的美元霸权因素",《财经问题研究》2005年第7期。

[美]肯尼恩·华尔兹:《国际政治理论》,上海人民出版社2008年版。

华民:"美国基于美元霸权的金融"核战略"与中国的对策",《复旦学报》2010年第3期。

黄河、杨国庆、赵嵘:"美元霸权的困境及其走向",《现代国际关系》2008年第11期。

姜默竹、李俊久:"美国财政部在汇率政策决策体系中的地位研究",《亚太经济》2015年第4期。

[美]杰弗瑞·弗兰克尔、孔莹晖:"美元国际地位的最新研究",《国际经济评论》2014年第1期。

李翀:"'广场协议'是导致日本'失落十年'的原因吗?——一个经济史的谜的解析",《福建论坛(人文社会科学版)》2014年第3期。

李海燕:"国际汇率安排中的美元霸权",《国际金融研究》2003年第3期。

李建军:"三大货币国际化的路径比较与启示",《上海金融》2003年第9期。

李巍:"货币竞争的政治基础—基于国际政治经济学的研究路径",《外交评论》2011年第3期。

李巍:"制衡美元的政治基础——经济崛起国应对美国货币霸权",《世界经济与政治》2012年第5期。

李巍:"人民币崛起的国际制度基础",《当代亚太》2014年第6期。

李向阳:"布雷顿森林体系的演变与美元霸权",《世界经济与政治》2005年第10期。

李晓、李俊久:"美国的霸权地位评估与新兴大国的应对",《世界经济与政治》2014年第1期。

李晓、李俊久:"美元体系内的东亚权力转移:性质及前景",《世界经济与政治》2014年第11期。

廖子光著,林小芳等译:《金融战争——中国如何突破美元霸权》,中央编译出版社2008年版。

刘丰:"分化对手联盟:战略、机制与案例",《世界经济与政治》2014年第1期。

[日]泷田洋一著,李春梅译:《日美货币谈判—内幕20年》,清华大学出版社2009年版。

鲁世巍:《美元霸权与国际货币格局》,中国经济出版社2006年版。

[美]罗伯特·基欧汉:《霸权之后:世界政治经济中的合作与纷争》,上海人民出版社2001年版。

[美]罗伯特·蒙代尔:《蒙代尔经济学文集》,中国金融出版社2003年版。

[美]罗伯特·特里芬:《黄金与美元危机》,商务印书馆1997年版。

[美]马丁·迈耶:《美元的命运》,海南出版社2000年版。

[美]米尔斯海默:《大国政治的悲剧》,上海人民出版社2008

年版。

石建勋："国际金融体系改革与中国的战略选择",《中国金融》2009年第8期。

［英］斯特兰奇,《赌场资本主义》,社会科学文献出版社1997年版。

宋鸿兵：《货币战争②》,中华工商联合出版社2009年版。

宋鸿兵：《货币战争③》,中华工商联合出版社2011年版。

王铁军："美元的结构权力与全球经济调整",《财经科学》2014年第12期。

王泽群："美国'货币权力'的经济学考察",《求是学刊》2014年第3期。

［美］威廉·恩道尔著,顾秀林等译：《金融海啸》,知识产权出版社2009年版。

西蒙·艾弗奈特、茅锐："货币战的本源",《国际经济评论》2013年第3期。

向松祚：《汇率危局》,北京大学出版社2007年版。

熊义明、潘英丽："美元影响油价的国际货币功能视角",《上海金融》2011年第10期。

余永定："国际货币体系改革和中国外汇储备资产保值",《国际经济评论》2009年第3期。

余永定："再论人民币国际化",《国际经济评论》2011年第5期。

余永定："从当前人民币汇率波动看人民币国际化",《国际经济评论》2012年第1期。

余永定：《最后的屏障——资本项目自由化与人民币国际化之辩》,东方出版社2016年版。

张健华、张怀清："人民银行铸币税的测算和运用：1986—2008",《经济研究》2009年第4期。

张明："人民币国际化的进展与隐忧",《世界知识》2011年第5期。

张宇燕："汇率的政治经济学",《当代亚太》2005年第9期。

张宇燕："美元、石油与制裁",《世界经济与政治》2015年第

1 期。

赵柯:"货币的政治逻辑与国际货币体系的演变",《欧洲研究》2011 年第 4 期。

邹三明:"货币金融权力与美国的'软霸权'",《国际关系学院学报》2000 年第 1 期。